U0100555

大展好書　好書大展
品嘗好書　冠群可期

大展好書　好書大展
品嘗好書　冠群可期

易學智慧 17

易學與中國傳統醫學

蕭漢明／著

大展出版社有限公司

题辞

阐发易学的精湛思想
深研天地人三才之道

张岱年题

一九九六年六月

總序一

任繼愈

《易經》這部書幽微而昭著，繁富而簡明。五千年間，易學思想有形無形地影響著中華民族的社會生活、政治生活以及人生哲學。

《周易》經傳符號單純（只有陰陽兩個符號），文字簡約（約二萬四千餘字），給後代詮釋者留出馳騁才學的廣闊天地。迄今解易之書逾數千家。近年已有光電傳播媒體，今後闡釋易學的各種著作勢將更為豐富。

歷代有真知灼見的易學研究者，從各個方面反映各時代、各階層的重大問題。前人研究易學的成果豐富了中華民族的文化寶庫。研究易學，古人有古人的重點，今人有今人的重點。今天中國人的使命是加速現代化的步伐，迎接二十一世紀。

易學，作為中華民族文化遺產，也要為文化現代化而做貢獻。當代新易學的任務之一是擺脫神學迷信。易學雖起源於神學迷信，其出路卻在於擺脫神學迷信。凡是有生命的文化，都植根於現實生活之中，不能游離於社會之外。大到社會治亂，小到個人吉凶，都想探尋個究竟。人在世上，是聽命於神，還是求助於人，爭論了幾千年，這兩條道路都有支持者。

哲學家見到《易經》，從中悟出彌綸天地的大道理；德國萊布尼茲見到《易經》，從中啓悟出數學二進制的前景；嚴君平學《易經》，構建玄學易學的體系；江湖術士不乏之「張鐵口」、「王半仙」之流，假易學之名，蠱惑愚眾，欺世騙財。易學研究走什麼道路，是易學研究者普遍關心的大事，每一位嚴肅的易學研究者負有學術導向的責任。

本叢書的撰著者多是我國近二十年來湧現的中青年易學專家，他們有系統的現代科學訓練的基礎，有較深厚的傳統文化素養，有嚴肅認真的學風，易學造詣各有專攻。這部叢書集結問世，必將有益於世道人心，有助於易學健康發展，為初學者提供入門津梁，為高深造詣者申一得之見以供參考。

這套叢書的主旨，借用王充《論衡》的話——「疾虛妄」。《論衡》作於二千年前，舊迷霧被清除，新迷霧又彌漫。「疾虛妄」的任務遠未完成。如果多數群眾尚在愚昧迷信中不能擺脱，我們建設現代化中國的精神文明就無從談起。我們的任務艱巨而光榮。

本叢書的不足之處，希望與讀者同切磋，共同提高。

（任繼愈先生現任國家圖書館館長、教授，中國哲學史學會會長，東方國際易學研究院首席顧問。）

總序二

朱伯崑

《周易》系統典籍，是中華傳統文化的重要組成部分，繼承和發揚這份珍貴的遺產，是學術界的一項艱巨任務。近年來，海內外出版了多種易學著作，形成了一股周易熱。關於周易文化的論述，提出許多問題，發表許多見解，眾說紛紜，莫衷一是，又為易學愛好者和關心傳統文化的讀者帶來許多困擾。有鑑於此，東方國際易學研究院的同仁，在自己研究的基礎上，編寫了這套叢書，參加爭鳴，希望能為讀者澄清一些問題，將弘揚傳統文化引向較為健康的軌道。我們編寫這套叢書，依據以下幾條原則：

(1)倡導以科學態度和科學方法，研究和評介周易文化，區別精華和糟粕，突出易學文化中的智慧和哲理。《周易》系統典籍，所以長期流傳不息，關鍵在於其中蘊涵的智慧或思維方式，吸引歷代學人不斷追求和闡發。這套叢書的重點在於闡述其智慧，使讀者從中受到教益，故定名為《易學智慧叢書》。

(2)《周易》系統典籍或歷代易學，對中國傳統文化的發展影響深遠，涉及到自然和人文各個領域，如古人所說「易道廣大，旁及天文、地理……」等，在人類文明史上獨樹一幟。弘揚易學智慧，不能局限於《周易》經傳本身，如歷代經學家所從事的注釋工作；還要看到其在實際生活中所起的作用和影響。編這套叢書，著眼於從傳統文化發展的角度，闡述易學智慧的特色及其價值。

(3)任何傳統文化的研究，都應同當代的文明建設聯繫起來考量，走現代化的道路，即古為今用的道路，傳統文化方能重新煥發出其生命力。編寫這套叢書，亦力求體現這一精神。總之，弘揚傳統應根植於現實生活之中。

(4)《周易》系統的典籍，文字古奧，義理艱深，一般讀者難於領會。編寫這套叢書，一方面立足於較為踏實的學術研究的基礎上，對原典不能妄加解釋和附會，一方面又要以較為通俗易懂，用當代學人所能接受的語言，敘述易學智慧的特徵，易學文化流傳的歷史及其對中華文化所起的影響，行文力求深入淺出，為易學愛好者提供一入門途徑。

以上四條，是我們編寫此套叢書的指導方針和要求，參加撰寫的同仁，大都按這些要求努力工作。有的稿本改寫多次，付出了艱巨的勞力，至於是否達到上述目的，要待廣大讀者的批評指正了。總之，編寫這套叢書是一種嘗試，旨在倡導一種學風，拋磚引玉，以便同學術界、文化界的同行，共同實現弘揚優秀傳統文化的任務。

（朱伯崑先生現任東方國際易學研究院院長兼學術委員會主任，北京大學哲學系教授，中國易學與科學研究會理事長。）

目錄

第六章 《易》與中醫治療學

引論

易學與醫學的會通，近十餘年來在一定範圍內也算是一個熱門話題。為此專門召開的國際性的、全國性的、地方性的專題學術會議不下八九次之多，已出版的專著大大小小也有七八本。

至於在一些相關性的學術會議上和學術著作中將此作為專門議題或設置專門章節，更是司空見慣的事情。圍繞這一問題所發表的學術論文那就更是不勝枚舉了。

這一文化現象的出現究竟正常不正常？對目前中國傳統醫學和易學這兩個學科的單項研究的深化是否有必要？如何評價這一文化現象出現的意義？所有這些問題，目前在學術界還是需要進一步討論的問題。

我想問題的關鍵在於易學與醫學究竟是否存在著實質性的會通關係？現在討論醫《易》會通對中醫學實現現代化有無意義？這裡涉及研究方法上的和史料分析上的許多問題，我在引論部分不可能對這些問題全面敷陳，只能在對若干疑義較大問題的答辯中順便加以探討。

一、《周易》與中醫陰陽學說

如果從源頭上說，無論《易》或醫都不是陰陽學說的源頭。張介賓說：「天人一理者，一此陰陽也；醫《易》同原者，同此變化也。」（《類經附翼．醫易義》）他把陰陽變化的學說視作醫與《易》的共同根源，是從理論基礎上立論的，不涉及時間上孰先孰後的問題。有論者據此推斷《易》是醫之源頭，這與張氏「醫《易》同原」之說顯然沒有共同之處，是不足取的。

陰陽學說不是哪一個學派或哪一個學科的專利，春秋末期和戰國初期的道家、陰陽家、醫學和兵家都能講一通陰陽，只是各有心會不同而已。到戰國中期，能夠在陰陽問題上講得頭頭是道的首推道家，因為他們在這個題目下講出了一套系統的道德性命之學，算是把氣化論講活了。其次是陰陽家，他們大講陰陽、四時、八位、十二度、二十四節，把一年之內陰陽升降的周期性變化大致說清了，但這個學派卻制定出過於苛繁的「大祥而眾忌諱」的規定，「使人拘而多所畏」（司馬談《論六家要旨》）。《易經》中是沒有陰陽觀念的，否則面對那麼形象的⚊、⚋爻劃，卦爻辭不會只去講什麼「小往大來」、「大往小來」之類的話。

《易傳》也不是每篇都講陰陽，如《雜卦》還只會講剛柔，到《彖傳》才在講剛柔的基礎上偶涉陰陽與二氣，真正能夠系統地講論陰陽學說的篇目是戰國後期形成的《繫辭傳》。《莊子．天下》稱「《易》以道陰陽」，主要指的是《繫辭傳》。《天下》的作者似乎注意到，陰陽學說流行的中心會隨著各個學派講論水準的高下消長發生轉移，否則他不會輕易地將講論陰陽學說的首席位置謙讓給《周易》。

其實，《易傳》的陰陽學說在很大程度上是從道家吸取的，諸如「各正性命」、「順性命之理」這些命題，便留下了明顯的痕跡。但《易傳》畢竟有自身的優勢，這不僅表現在它創造性地提出了一些發人深思的命題，而且還可以把《易經》的符號系統作為誘發思維創新的依托。一個學說像接力棒一樣傳來傳去，每傳一次，它的面貌都會發生或多或少的變化。這種傳承過程和發展線索，應當是考察兩個相關學派或學科之間交匯處的惟一依據。因此，判斷《周易》陰陽學說與醫學陰陽學說是否有會通關係，主要考察《繫辭》與《內經》就可以了，似乎沒有必要延伸到史官文化那裡去追究源頭。因為根本就不存在哪一個學派從史官文化接受到陰陽學說之後能夠在封閉的狀態下一直孤立地發展到漢代。特別在戰國後期，諸子互相吸取之風盛行，造成了一股「天下同歸而殊途，一致而百慮」（《繫辭下》）的文化大合流趨勢，醫學有什麼特別條件能夠保證它的陰陽學說不受其他學派、學科，特別是《易傳》的影響而維持自身孤立的發展呢？

如果說，氣化論（包括陰陽變化的理論）在不同領域有不同側重，那麼傳統醫學中的陰陽五行說，臟腑經絡說正好可以理解為氣化論在古典人體科學中的特殊表現；換句話說，傳統醫學之所以有自身獨特的陰陽學說，正是氣化論為醫學所接受的產物，不是單靠醫療實踐的經驗積累這一單項因素所能說明的。

的確，先秦乃至秦漢之際，沒有任何一部著作能為醫學準備包括臟腑經絡系統在內的完整的人體氣化論生理學。如果有的話，那也只能是一部醫著而不是別的學科的著作。但從先秦至秦漢之際，絕對不只一兩部著作能夠提供為醫學所樂於接受的氣化論的基本思想，而其中最出色的正是《易傳》。

除了《易傳》之外，道家的道德性命之學，陰陽家的陰陽大順之說，都對醫學有明顯的影響。《易傳》以講論陰陽變化見長，又有以符號系統建構模型的效用，對於醫學由零散的經驗資料到形成思想體系的整合過程，足以起到方法論的作用。因此，臟腑經絡學說雖然不是《周易》提供的，但它的系統和形態與《周易》則不無關係。張介賓早已看到《易》與醫是一般與個別、普遍與特殊的關係，因此，我們不可能超出這種關係，要求《易》為醫提供它不可能提供的醫學領域的實際內容。

還有一點需要回答的是，《易》與醫學的會通，是否必須以陰陽學說在二者中存在的形態完全一樣為標準？實際上，無論一樣還是不一樣，都能得出《易》與醫不存在互相會通的結論。如果醫對《易》只是原樣照搬，甚至連文句都沒有改動，這可以算得上完全一樣了吧！

那麼，論者會立刻對此作出反應：這哪是什麼會通？這只是外在的掛搭，《易》還是《易》，醫還是醫，《易》對醫毫無意義。如果醫學用的陰陽學說在某些方面比《易》說得還要精彩，這當然是不一樣了。論者於是就有了更加充分的理由來加以詰問：《易》有陰陽相入說嗎？《易》有三陰三陽說嗎？《易》有陰陽調平說嗎？既然沒有，醫學的陰陽理論便是它自身實踐的產物，與《易》沒有什麼關係可言。

這樣看來，一樣與不一樣都不足以證明醫《易》會通有什麼合理性。由此我想到一個很不高雅的比喻，人攝取的是食物，長出的卻是血、肉、骨骼之類，二者之間實在太不一樣了，那麼，有誰提出攝取食物對人未必有意義的詰問呢？因此，不一樣也許比一樣更能說明會通的真實性和必要性，但這種不一樣應當以某種一致性為前提，我們的責任是找出其中的起承轉合的蹤跡及其實現的契機。比如說，醫學中的三陰三陽說的基點是什麼？它的形成蹤跡如何？實現的契機何在？進行這一工作需要對史料進行認真的清理耙梳，信手拈來的二手資料至少也得有點旁證才能使人放心。有論者舉《史記·扁鵲倉公列傳》有「三陽五會」字句為證，說醫學的三陰三陽說早在春秋末期就已經形成了。這個證據如果成立，醫的「三陰三陽」說與《易》無關，自然就有了雄辯的史料依據。但這條孤立的史料是不足為證的。原文：「扁鵲乃使弟子子陽厲針砥石，以取外三陽五會」。「三陽五會」是司馬遷以時語描述子陽用針所取的具體部位，至於這個具體部位在扁鵲時代是否也如此稱呼，則需要旁證資料相證。

司馬遷修《史記》改動原始資料是常有的事，如同篇的另一則醫話扁鵲視齊侯疾，《韓非子・喻老》有同樣的記載，文字上的改動不僅表現在描述上，扁鵲的原話也有改動的，如扁鵲曰「君之疾在血脈」，《喻老》作「君之疾在肌膚」。這樣做難免會將漢代才能達到的認識無意識地帶進行文之中，所以沒有旁證資料，很難證明論者的結論。事實上，關於三陰三陽說成於春秋末期的結論，不僅春秋末期提不出有力的旁證，戰國乃至秦漢之際也是搜尋不到的。相反，證明先秦沒有形成三陰三陽說的史料則比比皆是，我在後面的有關章節中將會有所提及。

此外，「三陽五會」指的是一個穴位，其具體部位在前頂後一寸五分，頂中央旋毛心，容豆許，直兩耳尖上對是穴（《類經圖翼》八卷），稱名為百會穴。「三陽五會」中的三陽，也不是指少陽、陽明、太陽，而是指足太陽、手少陽、足少陽。張介賓說：「《史記》載扁鵲治虢太子尸蹶，針取三陽五會而蘇」、「督脈、足太陽之會，手足少陽、足厥陰俱會於此」（同上）。百會穴的名稱還有許多叫法，如巔上、天滿等，三陽五會只是其稱謂之一。

二、《周易》與中醫五行學說

五行學說進入醫學並與五臟對應配置的最早文獻是《管子・水地》，但其中對應的配置關係相當粗澀紊亂，根本不可能進入動態運作。《呂氏春秋・十二紀》對其作過一點更動，但基本面貌依然如舊。直到《素問・金匱真言論》問世，五行五臟的對應配置關係才算定型，並一直沿用至今。

由此可見，雖然五行之說進入醫學甚早，但它被當作一種動態模型使用，卻不可能早於《金匱真言論》成篇之前。至於由唐王冰補入《素問》的七篇講論五運六氣的大論，成書最早也不會超過東漢後期。雖然《素問》的其他篇目也有零星講運氣的文字，但作為一種體系還是在七篇大論中完成的。由於五運六氣學說採用五行的生成數方位圖式作為內在運轉機制的動態功能模型，因此，當人們談論醫與五行說時，實質的部分是醫如何使用了五行生成數方位圖，遠遠不只是五行如何配五臟之類的問題。如果這個說法成立，那麼，東漢末張仲景《傷寒雜病論》的六經辨證論治，不怎麼看重五行，便是情理之中的事情。

持論者或許會問：難道五行生成數方位圖在漢代就有了嗎？這正是我接下來要回答的問題。所謂五行生成數方位圖，北宋中早期劉牧、李覯都稱其為「洛書」，而將九數圖稱之為「河圖」；南宋朱熹、蔡元定才改稱五行生成數圖為「河圖」，而將九數圖稱之為「洛書」。

宋代學者的一大缺失是沒有充分交代十數圖即五行生成數方位圖的淵源，更沒有全面論證這兩個圖之所以被他們稱之為河圖或洛書之類名稱的根據。清代初年，毛奇齡、胡渭等人認為宋人所說的「河圖」與「洛書」都是他們自己偽造的，根本就不是先秦文獻中所說的「河圖」、「洛書」。現在毛、胡之說已被越來越多的學人所接受，實際上毛、胡的見解未必就那樣可信。我們暫時把這個圖的名稱之爭擱一下，先看看這個圖是不是宋代人偽造的。

九數圖，即朱、蔡所稱的洛書圖案，最早被醫學採用而見之於文獻的是《內經・靈樞》中的九宮圖。《靈樞・九宮八風》運用後天八卦方位配八方之數，虛中五太乙所居之宮，說明八面之風逆時而來對人體的危害。隋代楊上善《黃帝內經太素》有《九宮八風》全文和九宮圖，這個圖的標注文字較《靈樞》為多，顯然經過楊上善的增補（見本書圖五和圖六）。中醫界一般認為《靈樞》成書較《素問》為早，而其中的《九宮八風》篇文字古樸，很有可能是戰國後期的作品。《莊子・天運》有「九洛之事，治成德備」之說，說明九數圖在戰國時期就被人們稱之為洛書。這個圖開始時曾被用之於天文，繼之被醫學和數術廣泛採用，一直流傳不絕。因此，稱九數圖為洛書並無不妥，自然這個圖不會是宋代人偽造的。

十數圖，即朱、蔡所稱之河圖圖案，最早被陰陽家採用而局部見之於文獻的是《管子・幼官圖》（圖已佚）。聞一多、郭沫若等以為「幼官」二字不可卒讀，可能與明堂之說有關，那麼「幼官」便為「玄宮」之誤；石一參則認為「幼官」為「五官」之誤。五官，即五宮，五行之宮。從《幼官》篇由中央而四方對圖作標注文字的特點看，當以石一參的見解為允當。由此看來，關於五行的數與方位，早就是有圖存在的。不僅《幼官》篇對這個圖按方位作過標注，《呂氏春秋・十二紀》實際上也是對這個圖作的標注，只不過內容更精微更詳盡罷了。

還有一個事實是揚雄的《太玄》。這是一部仿《易》之作，既然《易》有易數，《太玄》中也就有太玄數。有趣的是太玄數採用的框架正好也是五行方位圖式：「三八為木，為東方」；「四九為金，為西方」；「二七為火，為南方」；「一六為水，為北方」；「五五為土，為中央」。《道藏・靈圖類》載有此圖，圖之黑白點旁云：「一與六共宗，二與七為朋，三與八成友，四與九同道，五與五相守。」范望注云：「重言五者，十可知也。」可見，太玄數也是有圖的。

從上述《幼官》、《十二紀》、《太玄數》的情況看，五行都有相應的數與方位，按方位繪製五行之數的結構也都是相同的，區別只在於所選用的數碼有多有少。《幼官》和《十二紀》只用了五六七八九，按生成數的意義說，六七八九是成數，五是生數；《太玄數》用一二三四六七八九十，沒有用五，因為五五相重為十，五可略而不用。《素問》和《周易參同契》也有五行生成數方位的描敘，用一二三四五六七八九，而不用十。為什麼結構都一樣，而用數有多少之別呢？《素問・六元正紀大論》說：「太過者其數成，不及者其數生，土常以生也。」這是交代運氣學說運用五行生成數方位圖數碼的原則，其中特別強調「土常以生」，說出了只用五而不用十的原因。由此可推知，其他各家學派對五行生成數方位圖的使用，也都是出於闡述自己學派的需要，對圖中數碼有一定的擇取原則，不是都要全圖照搬的。

那麼，五行生成數方位圖的全貌究竟是怎樣的呢？宋代學者邵雍在《皇極經世書・河圖天地全數》篇說「天數五，地數五，合而為十數之全」，顯然是把《易・繫辭》的天地之數看做是這個圖的全貌了。朱熹說得更明確些，他在《周易本義》中解釋《易》天地之數時說：「天地之數，陽奇陰耦，即所謂河圖者也。」持論者可以說，邵、朱是先天河洛學的倡導者與支持者，他們的話不足為證。

那麼，我們再往前看，六朝隋唐時期。這個時期對五行生成數圖有代表性的見解，大多收進孔穎達的《五經正義》疏中。如孔疏引隋・劉焯、顧彪之說曰：「水成數六，火成數七，木成數八，金成數九，土成數十，義亦然也。」孔穎達自己認為，五行是依由微至著的次序排列的：「五行之體，水最微，為一；火漸著，為二；木形實，為三；金體固，為四；土質大，為五。」這是以生數立說。至於成數，他是同意顧彪、劉焯之說的。可見他們都認為由一至十是五行生成數之全數。

那麼，這個五行生成數與《易・繫辭》天地之數有無關係呢？孔穎達援引了鄭玄的說法。孔疏《左傳》昭公九年引鄭玄說：「天地之氣各有五。五行之次：一曰水，天數也；二曰火，地數也；三曰木，天數也；四曰金，地數也；五曰土，天數也。此五者，陰無匹陽無耦，故又合之地六為天一匹也，天七為地二耦也，地八為天三匹也，天九為地四耦也，地十為天五匹也。二五陰陽各有合，然後氣相得，施化行也。」鄭玄是東漢末年大儒，他把天地之數與五行生成數看做是一回事，這對後世影響是很大的。儘管鄭玄在這方面講過很多話，但這個見解還不是鄭玄最先說出的。

以上所引漢、隋、唐、宋各代學者都有認定天地之數就是五行生成之數的見解，特別是漢代學者去古未遠，且於理亦無不合，應當是可信的。

《易・繫辭上》說：「天一，地二；天三，地四；天五，地六；天七，地八；天九，地十。天數五，地數五，五位相得而各有合。天數二十有五，地數三十，凡天地之數五十有五，此所以成變化而行鬼神也。」這段話先交代了分屬於天地的十個數碼，以奇數為陽屬天，以偶數為陰屬地。五個天數一三五七九，五個地數二四六八十。十個數碼何以要說成「五位相得而各有合」？得者，得位也，十個數字分列五位，謂之「相得」。「各有合」，謂在五個位置上由兩個數字組成的五個數組，都具有天地陰陽相合之意，即一與六合，二與七合，三與八合，四與九合，五與十合。

鄭玄說的「二五陰陽各有合」，對《繫辭》原意的把握是很準確的。天地之數分明有十個，而偏偏要說「五位相得而各有合」、「五位」二字豈能視而不見？十個數碼分列五位，便構成了一個圖案。如果要對這個圖案作出解說，除了五行生成數圖式之外，難道還能找到更好的依據？

由此可以得出一個這樣的結論：《易・繫辭上》所列的天地之數是五行生成數方

位圖的全數，各家使用時有所擇取而已。

《易》的大衍之數五十，只是略去其中五不用罷了，可見《易》對天地之數的使用也是有所擇取的。揚雄的《太玄數》不過是對大衍之數的沿襲，其來龍去脈是很清楚的。既然天地之數就是五行生成數圖式的全數，那麼，五行學說的生成數圖式在戰國後期成篇的《繫辭》中得到了完整記載便成為事實。因此，無論這個圖式是否可以稱之為河圖，只要人們承認五行生成數圖式在醫學中被當作一種模型在運用，那麼，同時就得承認這也是醫《易》會通的重要內容之一。

五行生成數方位圖式在宋以前沒有以河圖稱名的記載，至宋代突然冠以這個名稱，的確難以讓人接受。我現在想說：宋代人稱這個圖為河圖也未嘗不可，恐怕也會引起非議。不知從什麼時候開始，討論河圖的人大多把河圖當作只是某種惟一圖案或惟一實物的專用名稱，因此只要有所認定，這一認定同時就具有了排他性。根據先秦文獻的說法，把河圖當作某一圖案或實物的專用名稱的見解大有可疑。《論語．子罕》記孔子的話說：「鳳鳥不至，河不出圖，吾已矣夫。」《墨子．非攻》說：「泰顛來賓，河出綠圖，地出乘黃。」《禮記．禮運》說：「天降甘露，地出醴泉，山出器車，河出馬圖，鳳凰麒麟，皆在郊棷。」《易．繫辭上》說：「河出圖，洛出書，聖人則之。」《管子．小匡》說：「昔人之言受命者，龍龜假，河出圖，雒出書，地出乘黃，今三者未有見者。」這些書中說的都是「河出圖」，而且都把這種現象當作是一種祥瑞的象徵。可以肯定，傳說中「河出圖」的事情一定不止一次，否則孔子何以知道「河出圖」象徵祥瑞而苦苦期待。既然「河出圖」在傳說中不止一次，每次所出之圖又豈能完全一樣，所以《禮運》說「河出馬圖」，《非攻》說「河出綠圖」，《竹書紀年》說「龍圖出河」。

至於漢代的緯書，說法就更多了。《春秋・命歷序》說：「河圖，帝王之階，圖載江河山川州界之分野。」這是說有帝王將興，黃河就會出一種地圖，表示上天授予他可以統治的疆域，這樣的河圖無疑是一種地圖，如果每一位賢明的帝王將興都會河出地圖，那麼，這種地圖也不會個個相同。《河圖・挺輔佐》說：「黃帝問於天老。天老曰：河出龍圖，洛出龜書，所記帝錄，列聖人姓號。」顯然，這個河圖決不是象徵權力的地圖，而只是關於帝王傳承或承命的譜系，《論語》記載堯對舜所說的「天之歷數」之類大約屬此。孔子創儒學，重禮重仁，絕對不會產生「面南」之念，他期盼的「河出圖」決不可能是象徵權力的地圖。

像上述的例子還有不少，足可證明河圖不是某一個圖案的專用名詞。既然傳說中的河圖不止一個，而《易・繫辭》又說了「河出圖」、「聖人則之」之類的話，說明在許多河圖之中必定有一種是與《易》有關係的，這個圖當然不可能是地圖，也不可能是帝王世系。如果以篩選法進行篩選，最後恐怕也只有五行生成數方位圖式足以當之。《易》是通過大衍數五十的推演來尋卦的。占筮者以其中之四十九，經分二，掛一，揲四，歸奇四營而為一變，三變而得一數，此數不出九、八、七、六這四個數字的範圍，據奇數劃一陽爻，據偶數劃一陰爻，十有八變而成一卦。後世有說聖人則河圖而劃卦，實際上不過是占筮過程中運用推演數的方法來遇卦，與八卦的起源問題不相涉。九八七六象徵天道陰陽，其取義也足以與河圖的神聖地位相當。更何況五行生成數方位全圖，各家學派使用它都只取其部分，大有不敢妄用其全的意思，亦可顯見此圖在古人心目中地位之尊高，因此稱這個圖為河圖又有何不可？

《繫辭上》說：「凡天地之數五十有五，此所以成變化而行鬼神也。」又說：「極其數遂定天下之象」，「極數知來」云云，這樣高的評價，《繫辭》說的「河出圖」不是此圖又能是什麼圖？先秦著作被保留下來的本來就百不及一，非要從這百不及一的文獻中找出「從黃河裡出了一件五行生成數圖」的傳說，的確是難以辦到的。清代不少學者在考據學上極有功力，但在這個問題上卻不足取，他們破得很瀟灑，卻沒有立起什麼像樣的東西來。因為他們在這個問題上犯了執一排他之病，結果往往弄得無一可執。

《易》天地之數是不是可以稱為河圖，還是一個需要繼續探討的問題。我在這裡主要想說明天地之數就是五行生成全數，河圖之說只是順便提起而已。如果能夠在這一點上取得共識，便可省去許多討論漢代人如何以五行配八卦之類的文字和醫《易》如何在五行學說上會通的曲折論證。

三、醫《易》會通與中醫學現代化問題

傳統醫學能否前進？這是一個十分令人關注的問題。中國人對這個問題的思考，可以說早在十六世紀就已經開始了。那時候西方傳教士來華的還寥寥無幾，但他們懷中揣的幾本只有中世紀水準的西方醫書，很快便引起了士大夫階層中一些敏銳的習醫者的注意。十九世紀初，西方醫學才帶著它在近代所取得的成就，開啟了第二次向中國的傳入期，並在十九世紀中期即鴉片戰爭之後迅速而廣泛地傳遍全國，西醫自此之後便在中國站穩了腳跟。

在這個時期，一批思想開放的傳統醫家，清醒地意識到吸取西醫之長擯棄中醫之短，是保存、提高和發展中醫的重要途徑。就是在這種認識的基礎上，一個新的醫學流派——中西醫會通派形成並發展起來。時至今日，這個流派已經成為一個獨立於中醫和西醫兩家之外的重要派系，在疾病治療方面兼取兩家之長，常能收到單用中藥或單用西藥所不能達到的療效。

但這個學派尚未形成獨立的思想體系，它的發展目前還存在著很大的依賴性，即依賴於中西醫學的雙向進展。這種依賴性存在的原因在於，它無法將中西醫兩種不同思想體系的基礎理論——人體生理學融通為一，因此，它在病理學、診斷學和藥物學

方面難以形成全面超出中醫和西醫以上的獨立系統。

這個學派目前的發展狀況已經走到了第二階段，即不再以保存中醫為宗旨，而是力求超出中西醫二者之上。現在它離這個新的目標還有很遠的距離，但它卻是一個頗有希望的流派。

西醫在中國站穩腳跟以後，經歷了一段相當長時期的蓬蓬勃勃的發展過程。現在不僅醫術精良，而且人才輩出，在醫學理論和治療方法上都足以屹立於世界醫學之林，惟一不足的是醫療器械的落後與高療效藥品的短缺。西方醫學在當今世界的發展，也有不少短處暴露出來，其中最主要的問題是醫生對儀器診斷的依賴性和病人對化學藥物的厭惡心理，表現在醫學理論上，是對超出解剖生理學以外的有關人體生理方面的一些新的發展尚未形成系統，因此，西方醫學現在也面臨著一個新的發展期。就國內的情況看，目前在生命科學的研究上似乎已經全面拉開帷幕，這項研究一旦取得全面的突破，現代醫學將會獲得堅實的全新的人體生理學作為理論基礎，隨之而來的將是包括病理、診斷和藥物在內的全面大發展。

中醫在近現代的遭遇則實在過於坎坷，它的由生理、病理、診斷和藥理等諸方面組成的獨特的完整的理論體系和古樸的系統思維方式，完全無法讓西方近代醫學所接受，它自身在西醫的衝撞、時代的壓力，乃至行政的粗暴干預下也漸趨衰落。

一八三九年從英國來華的傳教醫師合信，是一位最早試圖溝通中西醫學的外國人。他在研究了中醫學的經典文獻和觀察了中醫學的現狀之後深有感慨地說：「中醫學今不如古。」到後來甚至連魯迅先生對中醫學都不抱絲毫希望。相當一批接受了西方近代文化而對中醫學毫無知識的人，把中醫學當作封建文化加以反對，認定中醫講的陰陽、五行、六氣、臟腑、經絡等等是違反科學的荒唐怪誕的玄學。

這種所謂中醫「阻遏科學」的錯誤思潮，最終導致官方對中醫的行政干預。先是北洋政府把中醫中藥完全排斥在醫學教育系統之外，後又發生了國民政府中央衛生部製造的「廢止中醫案」事件，傳統醫學承受著生死存亡的最為艱難的歷史考驗。從文化史的意義上說，這是傳統與近現代的最為激烈的交鋒，而其結果卻是令人難以置信的：當一切古老學科都先後被近現代思潮征服時，惟獨這一古老的傳統醫學居然還能生存下來。人民政府成立後，中醫學在政府的關懷和扶植下得以迅速恢復和發展。

二十世紀六〇年代，它以針灸麻醉的魔術般的神奇功效震驚了世界醫壇；接下來它在養生和健身方面的各種經驗和具體方法又一次引起了海內外人士的濃厚興趣；八十年代以後，當西方對化學藥品的厭惡情緒日趨蔓延時，中藥學也開始成了世界醫學注目的課題。儘管如此，傳統醫學離傳統所曾達到過的最佳狀況還有很大的距離，它還沒有真正自覺把握住未被近代醫學甚至現代醫學所取代的內在合理性。在近代和現代，力求以當時的科學成就改造中醫者大有人在，如近代醫家楊如候、袁復初、王慎軒、蔣壁山等人，曾經先後用電磁理論、原子結構理論或熱力學理論詮釋中醫陰陽學說，但卻未能形成共識，中醫學依然故我，照樣講那些使現在學中醫的大學生們頭痛不已的古怪的陰陽五行之類的學說。

有論者提出，難道時至今日還讓我們的大學生們去學習那些老掉牙的陰陽五行嗎？如果中醫學已經形成了一套具有當代氣息的概念系統，中醫學院的大學生們早就可以從故紙堆中解放出來了。但在新的概念系統未能形成之前，中醫學還無法迴避或繞開陰陽五行。因此，中醫學現在只得講陰陽五行，也只能講陰陽五行，不講陰陽五行不足以言中醫。

現在有志於在中醫事業上「立功成器」的青年，首先應全面接受傳統醫學的精華，精於傳統醫學的思維方式，了解傳統醫學運用陰陽五行學說建構的各種單項的和復合的天人模型，然後才有可能百尺高竿更進一頭。簡單拋棄陰陽五行對中醫現代化無絲毫裨益，只會使得傳統醫學失去表達思想體系的語言工具。為了中醫學的現代化，首先應當實實在在地回歸傳統，不只是一般地講好陰陽五行，而且要講得前無古人，直到講得與當代甚至後世的科學成就一拍即合為止。

如果把中醫學的現代化僅僅理解為對中藥學的利用，那麼，這種現代化在中西醫會通學派那裡早就開始實現了。假定中醫的精華僅僅在於藥物，那麼，去醫存藥的確是一個十分簡捷的途徑，大不了只是損失了一些「藥物歸經」、「君臣佐使」之類的理論而已。但中醫學偏偏又有些令人瞠目結舌的非藥物性治療手段，使人們必須認真對待它的整個思想體系。當代科學與傳統醫學的確出現了一些能夠互相溝通的環節，諸如以生物場理論解釋氣化生理學，以全息論解釋大小宇宙同構論和藏象表裡關係以及人體局部與整體關係的理論等。但生物場理論和全息論自身還是一種尚未成熟的朝陽科學，它們實際上只研究了某種物質的存在形態，至於這種物質自身的具體規定，還是一個尚待說明的問題。

明末清初思想家王船山曾說：「吾從其用而知其體之有。」主張根據某種東西所表現出來的功效來判斷這種東西的真實存在，這對實驗科學不發達的中國古代醫學，不能不說是一個有力的理論支持。如經絡系統，實驗科學至今尚難證明（特別是定量性公式與流向規律等方面的證明）它究竟是一種什麼樣的物質系統，只是因為它在臨床諸多方面所顯示出來的實際效用，使人們無法否認它的存在。實際上生物場論和全息論目前也只停留在知其用而不知其體的階段。

這些理論可以與經絡學說互相轉釋，但誰也未能使誰產生根本性的飛躍。難怪當代中國科學巨擘錢學森先生說：「中醫如能現代化，將會實現一次科學革命，將是地地道道的尖端科學。」他把中醫現代化當作尖端科學，當作實現一次新的科學革命的前導，敏銳地觀察到中醫學潛在的科學性，意識到這種潛在性一旦實現理論上的突破對當代科學將會產生多麼巨大的影響和作用。中醫學現代化的全部問題自然是從中醫提出，結論也是從回答這些問題中獲得。在回答問題的過程中需要動用和創造最新的科學手段，需要與當代的最新科學成就作各種層面的比較，需要有全新的系統思維方式對新獲得的各種結論進行整合。只有這樣，古老的天人合一的中醫體系才有可能被改造成遠遠超出現代醫學的新的天人合一醫學系統，由此亦將進而推動現代宇宙學、航天科學、物理學、生物化學等的全面大發展。

正因為問題要從中醫中提出，迅速從各個側面開展對中醫學的研究，使中醫學回歸到歷史上的最高水準，便成為一個極待先行解決的問題。開展醫《易》會通方面的研究，只不過是為了準確了解和把握傳統醫學的思維方式，這項研究的結果不可能超出這個範圍而給人們帶來什麼意外的驚喜。正因為醫《易》會通研究不足以包括中醫學的全部課題，所以，它不具有惟一性和排他性；相反，這項研究盼望著中醫學各個課題研究的全面展開，只有在這個基礎上它才能達到應有的深度。

判斷醫《易》會通方面的研究活動有沒有必要開展，不是看它是否對中醫學現代化能夠直接提供什麼現在完全不為人知的新醫學內容；而是看中醫學現代化是否需要有一個對自身的透徹了解作為基礎和前提。

就我個人對醫學現狀的觀察，現代化對這個基礎或前提的要求是必不可少的，因此，醫《易》會通方面的研究也就成為題中應有之義，無論現在這一研究中還存在多少問題和不足，甚至多麼幼稚、荒唐和可笑，都難以成為否定這一研究必要性的理由。

第一章　醫《易》會通源流概要

《周易》是中國古代傳統文化中的一枝奇葩。兩千餘年來，它以精湛深邃的系統思維方式與獨特的結構框架，不僅深刻影響到中國傳統人文科學的各個領域，而且成為推動中國古代自然科學技術發展的強有力的槓杆。其中，最為顯著者莫過於傳統醫學，無論在其基本理論形成的初期，或在其漫長的發展、豐富與完善的過程之中，都與《易》存在著息息相關的密切聯繫。二者在長期的相互影響、相互促進中競相增長，逐漸形成了醫《易》會通的優良傳統，使中醫學最終成為一門具有東方特色的獨立的醫學體系，並在世界人體科學發展史上享有重要的歷史地位。

醫《易》會通是中國傳統文化發展過程中合乎邏輯的文化現象。醫術尚處在襁褓之中時，便與卜筮等巫術並存，成為原始宗教賴以除病消災的重要手段和工具之一。《易經》成書時，便對醫術給予了足夠的重視，當時的醫術成就大都被採擷並被編進卦爻辭之中。因此，如果要對人們常說的「醫《易》同原」這一命題在起源的意義上加以追究，那麼，說醫《易》同源於原始宗教，從人類社會群體意識產生的最早形態的視角考察，應當是可以成立的。

自從人猿揖別以後，人類便形成了特定的社會生活方式而與動物的群居生活相區別。一般認為，原始宗教是維繫人類社會生活的最早的群體意識。如果說在原始宗教之前還有什麼別的意識是維繫人類社會生活的群體意識，這對人類學家們來說恐怕還是一個有待發掘的課題。儘管這種發掘十分困難而且希望甚為渺茫，但勇於嘗試的精神總是令人敬重的，而且新的結論也不是絕對沒有被發現的可能。但在新的結論尚未被發現之前，以原有的結論作為立論的前提，也可以算得上是學術界的慣例了。因此，當有人談及那些與人相類似的動物群體中的舔傷、搔癢、按壓疼痛部位，以及那些與人很不相類的動物伸出舌頭散熱，或在病痛中發出呻吟等等本能行為，是否算得上是經驗醫學的起源時，我們會斷然加以否定。因為至今我們尚未發現建築史學家們把蜂類築巢看作是建築學的起源。

從醫《易》同源於原始宗教的意義上說，在上古時代，醫與《易》都還孕育在原始宗教的腹胎之中；即使進化到人為宗教時期，醫與《易》也不可能一下子成為獨立發展的學科。醫與《易》從宗教神學中剝離出來，經歷了相當漫長的過程，直到春秋戰國之際才開始有了相對獨立發展的條件。隨著周天子宗主地位的動搖，神道設教的種種禮儀規範由於諸侯的僭越而日益混亂；另一方面，西周末期已經粗具規模的氣化論思想逐漸為社會意識的各個層面所汲納，並在這些層面得到豐富、發展和完善。

氣化論的興起，嚴重衝擊著宗教神學的統治地位，加速了醫和《易》與宗教神學的剝離過程。《易》開始以自身的獨特結構，汲納當時有關天地發生與演化以及社會發展的知識成就，並以氣化論為依據，從這些既有的知識中總結出陰陽二氣運動變化的規律。《易傳》的各個篇章便是適應著這種社會意識發展的理論需求而相繼成篇的。《易》由此被人們視為統天地人三才之道的「廣大悉備」的知識寶庫，善論陰陽變化之道的哲理之書。

醫術從宗教神學中剝離出來以後，不僅在診斷手段（諸如望聞問切等）、治療方法（諸如針砭、湯劑、火劑等）諸方面積累了相當豐富的經驗，而且以氣化論為指導，在人體生理、病理，以及胎孕、養氣等方面形成了初步的理論基礎。只有在這種情況下，醫與《易》的會通才會成為二者「合——分——合」的新的起點。

一、醫《易》會通的萌芽期

醫《易》會通的萌芽期為春秋戰國時期。在這個時期，醫《易》會通僅僅表現為一種粗澀的相似性模擬，如採用個別卦象或個別命題，說明某些疾病發生的原因或某種治療方法的理論依據。這個時期最早的文獻記載見之於《左傳》昭公元年醫和論晉侯之疾，後期的資料可見的有《內經》中某些文字古樸的篇章，以及馬王堆西漢墓出土的一批醫學帛書。

本書不可能對《內經》十八卷各篇以及馬王堆醫學帛書各篇形成年代的絕對區限進行詳盡考訂，因此，對於這些篇章本書放在後文中順便論及，這一節中暫置勿論。本節只集中就醫和論疾作些說明。

醫和在觀察了晉侯之疾後說：「疾不可為也，是謂近女室，疾如蠱。」、「女陽物而晦時，淫則生內熱惑蠱之疾。」蠱者，「淫溺惑亂之所生也。於文，皿蟲為蠱；穀之飛亦為蠱；在《周易》女惑男，風落山，謂之蠱。皆同物也。」晉侯因近女室淫溺惑亂而生蠱疾，正好《周易》有一卦的名稱為蠱，巽下艮上。依《說卦》取象，巽為中女，為風；艮為少男，為山，故醫和稱此卦之象為「女惑男，風落山」。這種粗淺的聯繫，看上去似乎可有可無，甚至完全可以說只是一種附會。醫和曾以當時甚為流行的「天六地五」（即天有六氣：陰陽風雨晦明；地有五行：水火木金土）之說，闡述過他的病理學說，廣泛涉及「六氣」太過、「五節」之序，以及五味、五色、五聲與人體健康的關係。醫和說：「天有六氣，降生五味，發為五色，徵為五聲，淫生六疾。六氣曰陰陽風雨晦明也。分為四時，序為五節，過則為災。陰淫寒疾，陽淫熱疾，風淫末疾，雨淫腹疾，晦淫惑疾，明淫心疾。」（同上）淫謂太過，災謂災難。與同時期的其他學科的發展狀況相比較，醫和闡述的醫學理論已經相當豐富，並非採用個別卦象所能概括得了的。

為什麼如此豐富的醫學理論未能在更深的層次中與《易》相互融通呢？其原因與

《周易》本身的狀況不無關係。春秋時期，《易傳》的主要篇章尚未問世，解卦的人只會運用卦象或卦爻辭論斷吉凶、評議事理，因此醫和援《易》說醫，大致也只能達到這個程度。此外，陰陽概念在春秋中期以前，多數場合都是用來表示陰晴寒溫的，只在極個別的時候才被用來區分「氣」的類別。五行生剋之說雖已形成，但僅僅局限在占星術的範圍之內。陰陽五行說在春秋時期尚未進入易學系統，醫《易》之間的相關性聯繫因此不可能進入到更深的層次。

那麼，醫和取卦象說醫是否一點意義都沒有呢？對某個特定專業來說，偶爾轉換一下表述的角度，在當時不一定會引起人們的注意，然而一旦這種轉換在一定條件下成為一種不可逆轉的潮流，並且對該學科的發展產生了良好的效果，那它就在實際上具有了開創之功。正是從這個意義看，醫和採用卦象說醫，對醫《易》會通這種文化現象，確屬開風氣之先的創舉。

二、醫《易》會通的定型期

在醫《易》會通的全面格局出現之前，傳統醫學尚未形成系統的思想體系。其基本狀況可以透過對以下文獻的考察得到大致了解。以臟腑與五行的配屬關係為例，《管子・水地》說：「人，水也。男女精氣合而水流形。三月如咀，咀者咀。咀若何？曰五味，五味者何？曰五藏，酸主脾，鹼主肺，辛主腎，苦主肝，甘主心，五藏已具而後生肉。脾生膈，肺生骨，腎生腦，肝生革，心生肉，五肉已具而後發為九竅。脾發為鼻，肝發為目，腎發為耳，肺發為竅，（按：此處疑脫「心發為口」四字）五月為成，十月而生。」《水地》闡述的是男女構精之後「精生形」的胎孕過程，即由五味而成五臟，由五臟而生五肉，由五肉而發九竅，經過十個月的孕育而出生。胎孕這種由內至外的生長過程的設想，可能與五行生成數圖內生外成的布局有關，但五味、五臟、五肉的對應相關作用項卻十分紊亂。

儘管如此，在戰國中期這已經是了不起的醫學成就，它象徵著人體科學已經開始汲取氣化論並在人體生理學上邁出了重要的一步，而且在思維方式上體現出注重相關聯繫的整體思維傾向。戰國後期的《呂氏春秋・十二紀》將五行與五臟的配屬關係修訂為：木酸脾，火苦肺，土甘心，金辛肝，水鹼腎。雖有改進，但仍很粗澀。直到《素問・金匱真言論》才將這種配屬關係修訂為木酸肝，火苦心，土甘脾，金辛肺，水鹼腎。成書於兩漢之際的緯書《春秋元命苞》關於五行配五臟、五官、五方之說已經與《素問》完全一致了。其說云：「目者肝之使，肝者木之精，蒼龍之位也。鼻者肺之使，肺者金之精，白虎之位也，制割立斷。耳者心之候，心者火之精，上為張星，火成於五，故人之心長五寸。陰者腎之竅，腎者水之精，上為危虛。口者脾之門戶，脾者土之精，上為北斗，主變化者也。」然而，西漢末年揚雄的《太玄・太玄數》仍沿用《十二紀》五行五臟的配屬關係，似乎還不知道《素問》已經對此作了精確的修訂。中醫對五行功能模型的運用，以五行與五臟的精確對應關係為前提。如果《素問》有關五臟配屬關係的章節，直到兩漢之際甚至更遲才成篇，那麼在此之前，五行學說在醫學中便不可能具有功能模型作用。

再從臟腑——經絡——腧穴體系的形成過程看，《韓非子・喻老》記扁鵲為蔡恆公❶視疾，說到疾病部位，只將客邪入侵人體的流程劃分為四個有形的層次：腠理、肌膚、腸胃、骨髓，隻字未提經絡、腧穴之類的名稱。《史記・扁鵲倉公列傳》記扁鵲的醫話有一則與《喻老》大同小異，而記倉公的醫話則提到「經絡」、「經脈」等名詞，並說到「腧」而未及「穴」，如「五臟之腧」之類。倉公是漢文帝時代人。馬王堆帛書中的兩篇醫學論文《足臂十一脈灸經》、《陰陽十一脈灸經》，尚未建立起臟腑與脈的聯繫，也沒有提到五行，臟腑觀點也不全面，經脈也只有十一條。走向由四肢向心，脈與脈之間無絲毫聯繫，更未提到腧穴。墓主人與倉公時代相近，兩篇醫學論文與倉公醫話的醫學水準大致相同。《易緯・通卦驗》已明確提出正經十二之數與名稱，與《素問》大體相同。

由此可見，在醫《易》會通的全面格局形成之前，傳統醫學的科學體系尚未定型，儘管這個體系中的許多構件的雛形已經零星出現，它們自身的進一步完善與它們之間的有機聯結則是由醫《易》的全面會通才得以實現的。

醫《易》會通的全面格局是由《素問》和《靈樞》奠定的。《素問》九卷，主旨在探討人體的生理與病理；《靈樞》亦九卷，又稱《針經》、《九卷》、《九靈》，主旨在經脈和針灸。合《素問》與《靈樞》而成《黃帝內經》。在這部書的現存篇目中，有的文字風格古樸，顯然是先秦著作，有的則又類似漢賦；有的篇目中甚至出現了曹魏時期的官名，顯係後世整理者所附加。然而，《漢書・藝文志》既然著錄《黃帝內經》十八卷，劉歆、班固時此書已經編撰而成當是沒有異議的。從戰國末期至漢代，《易傳》的各個篇章不僅早已成篇，而且得到廣泛傳播，漢易中的各種象數模型如同雨後春筍般湧現出來，卦氣說，八宮世應，爻辰、納甲、納音、互體、旁通等相繼產生，並在整個漢代盛行不衰。《易傳》的傳播與漢易象數學的勃起，使正在形成體系的傳統醫學受到莫大裨益。《素問》和《靈樞》充分運用了《易》的思維框架和範疇系統，對以往積累的醫學資料進行了全新的整體組合，使各種單項分進的醫療經驗上升到理論，並成為傳統醫學體系中互相關聯的有機組成部分。

分而言之，易學在傳統醫學體系形成過程中所起的作用，具體表現為以下幾個方面：

1.《周易》天地人三才之道與漢易卦氣說、九宮圖式，為傳統醫學提供了系統思維的範疇系統和綜合模型，使傳統醫學不可能停留在對人體的孤立考察之上，而是必須將人置於整個大自然之中。《周易》天地人三才之道，強調三才合一，將天道、地道、人道看做是一個互動的有機整體。因此，傳統醫學在思維體系形成之初便以一種極為廣闊的視野，將天體衍化、宇宙結構、氣象規律、地理方位、物候變遷等作為影響人體生理、病理變化的重要因素而納入到體系之中。《素問・陰陽應象大論》說：「故天有精，地有形；天有八紀，地有五里，故能為萬物父母。清陽上天，濁氣歸地，是故天地之動靜，神明為之綱紀，故能以生長收藏，終而復始。惟賢人上配天以養頭，下象地以養足，中傍人事以養五藏。天氣通於肺，地氣通於嗌，風氣通於肝，雷氣通於心，穀氣通於脾，雨氣通於腎。六經為川，腸胃為海，九竅為水注之氣。以天地為之陰陽……故治不法天之紀，不用地之理，則災害矣！」將《易》「三才之道」的思想引進醫學，像這樣鮮明的論述，在《內經》中比比皆是。由此便形成了傳統醫學的一大特色，即它是一種視野開闊的大背景醫學，歷代著名醫家無不精通天象地理及其與人體的關係，遠非那些以孤立研究人體為特徵的醫學所能及其項背。

2.《周易》取象比類的方法論與象、數、理綜合結構系統整體性動態原理，為傳統醫學在黑箱狀態下探索人體生命現象的奧秘提供了理論依據和結構模型，對經絡腧穴系統的完善，藏象學說的系統化、「六經傳變」病理學與「六經辨證」診斷學的形成，起到了很大的推動作用。

從總體上說，傳統醫學在頻繁的戰爭年代儘管積累了豐富的人體解剖學知識，但卻未能在此基礎上形成一門以人體解剖為主要內容的分支學科。《內經》中雖有不少解剖知識的記載，但直到宋代才出現了吳簡的《歐希範五臟圖》和楊介的《存真圖》（又名《存真環中圖》）。二者相比，以《存真圖》為優，在中醫解剖方面有較重要的地位。十九世紀初，王清任著《醫林改錯》推進了中醫解剖學的發展。十九世紀中葉，在中西會通的潮流中，才出現了陳定泰的《醫談傳真》、羅定昌的《中西醫粹》、朱霈文的《華洋藏象約纂》、劉任禎的《中西骨骼圖說》、《中西骨骼辨正》、劉仲衡的《中西匯參銅人圖說》、王有忠的《中西匯參醫學圖說》等一大批解剖生理學著作，全面參照西方生理解剖知識及解剖圖，結合傳統醫學的十二脈、手足三陰三陽，穴位、氣血營衛等另成系統。但經絡系統通過解剖毫無所得，反而引起後世眾多異議。

出現這種狀況的原因在於：傳統醫學並不滿足於對人體有形部件與器官在白箱狀態下的測量。因為從氣化論的意義上說，人體有形可睹的部件與器官只是陰陽二氣神功造化之跡，而寓居在有形部件與器官之中的「道」才是人體生命現象的奧秘。《繫辭上》所謂「一陰一陽之謂道」、「陰陽不測之謂神」這樣的命題，自然便成了傳統醫學向人體生命現象更深層次探索的原動力。《莊子．天下》稱「《易》以道陰陽」，說明陰陽學說雖然並非發源於《易》，但至遲到戰國末期，《易》已成為陰陽學說的集大成者，成為諸家學說暢論陰陽的理論依據。《易》的陰陽學說大致包括以下內容：①陰陽二氣總體上的對稱平衡態；②局部的非對稱非平衡態；③互根互含互動態；④整體性波狀傳遞態；⑤整體性環狀傳遞態；⑥整體性層次傳遞態；⑦整體性網絡傳遞態；⑧萬物運動變化的內在動因原理；⑨萬物運動變化具體軌跡的決定原理。前七點涉及陰陽二氣的各種存在形態，後兩點探討萬物運動變化的內在動因以及決定萬物運動變化具體軌跡的內在作用力。

《周易》陰陽學說的上述內容對正在形成體系的傳統醫學產生的影響是十分明顯的。以經絡系統的十二條正經脈而言，馬王堆西漢墓出土的醫學帛書《陰陽十一脈灸經》和《足臂十一脈灸經》都只講到十一條正經脈。《陰陽十一脈灸經》關於十一脈的名稱有：肩脈、耳脈、齒脈各一，足巨陰巨陽各一脈，臂巨陰少陰各一脈，又少陽脈、陰陽脈、少陰脈、蹶陰脈各一。《足臂十一脈灸經》有關十一經的命名可能較前者為晚，對十一經脈的走向描述較前者秩序清晰，命名也集中於用陰陽概念表述，為足主三陰三陽、臂主二陰三陽，與《易緯．通卦驗》較為接近。❷《通卦驗》由《易》的陰陽二氣的對稱平衡結構出發，以天之二十四氣與人體經脈相對應，於是人體正經脈亦有二十四條。從《足臂十一脈灸經》的足臂陰陽十一經脈，到《通卦驗》的手足十二經脈，實在無法排除《易》乾坤兩卦陰陽對稱結構的影響，經卦乾三陽，坤三陰；別卦乾六陽，坤六陰。醫家視人體與天地同構，而乾為天，坤為地，陰陽對稱平衡，人體自然也應具有同樣的特徵。

唐明邦教授曾多次提到，《周易》「取象比類」的思維方法可以造成誘導理性思維發展的特殊效應❸，這個見解是十分正確的。正是乾坤兩卦的卦象，誘導醫家重新審視人體正經脈的走向，發現正經脈也是對稱平衡的，因此在《黃帝內經》成書時，對十二正經脈的認識便被確定下來，經絡系統的理論也由此而臻於完善。

縱橫交錯分布於體內和體表，聯絡臟腑肢節、筋肉、皮膚與形體諸竅為一個整體的經絡系統，是氣血運行的通道，也是傳遞病邪，反映病變的途徑。《素問・繆刺論》說：「夫邪之客於形也，必先舍於皮毛；留而不去，入舍於孫脈；留而不去，入舍於絡脈；留而不去，入舍於經脈，內連五臟，散於腸胃；陰陽俱感，五臟乃傷。此邪之從皮毛而入，極於五臟之次也。」客邪在人體經絡系統中的層次傳遞，歷代醫家都十分注重，前面提到的扁鵲醫話便是其中的早期例證，只是那時經絡學說尚未形成，扁鵲只能從人體有形部件上進行觀察。

《內經》成書時，經絡系統已經成為一門比較完善的學說，包含了經脈、絡脈、腧穴三個組成部分。經脈又有奇正之分，正經十二脈，奇經八脈，具體走向與互相關聯都有詳盡描述。絡脈大者十五，小者名曰孫絡，不可勝數。《道德經》說「天網恢恢，疏而不失」，以天道擬人，經絡系統正是一個「陰陽相貫，如環無端」的網狀氣場，而腧穴三百六十五則是這個網上的紐結。相對於人體分擔各種具體職能的分支調控系統而言，經絡系統是一個總的調控系統，擔負著人體生命的整體調節功能。《靈樞・本藏》云：「經脈者，所以行血氣而營陰陽，濡筋骨，利關節者也。」又《靈樞・經脈》云：「經脈者，所以能決死生，處百病，調虛實，不可不通。」如果說，整個經絡系統是一個循著一定軌跡流行不息而又「疏而不失」的動態整體質，那麼，經脈就是這個整體質的主幹，是人體網狀氣場中密集程度最高的氣血流通線路。因此，經脈的暢通與否決定了人體健康狀況的好壞。

東漢後期著名醫家張仲景撰寫的《傷寒雜病論》（包括《傷寒論》和《金匱要略》），繼承和發展了《內經》的基本理論，結合臨床實踐，深入探討了臟腑、經脈氣血的生理功能和病理變化，提出了系統的六經辨證體系。以六經（太陽、陽明、少陽、太陰、少陰和厥陰）作為辨證的綱領和論治的準則，抓住了經絡系統的主幹，因此由張仲景開創的六經辨證論治便成為後世醫家一直依循的辨證施治的基本原則。《傷寒雜病論》中的《傷寒論》除了闡述各經病證的特點和相應的治法外，特別注重研究各經病證的兼證、合病、併病和傳變。一般說來，六經傳變的規律是從三陽傳入三陰，少數情況下則是從三陰轉出三陽。從三陽經來說，有由太陽傳入陽明的循經傳，也有由太陽傳入少陽的越經傳。這些都屬於一般正常的傳變形式。但由於致病原因的複雜性，人體會出現一些疑難病變，如不經三陽傳變而直接侵入三陰的「直中」，以及其他一些不能直接以六經辨證診斷的疾病，因此不是所有的病都會按照某種一成不變的套式傳變。疾病傳變有時呈現為往復相推的拉鋸戰，時而由三陽傳入三陰，時而又由三陰轉出三陽，醫者應據病情的實際狀況和可能的傳變趨勢確定治療方案，不能有絲毫僵化的凝固不變的思想干擾。《易．繫辭上》謂：「剛柔相推而生變化」，「變化者，進退之象也」，而進退的形式則依運動事物的不同而有許多差異。

西漢以後，傳統醫藥學在脈學、針灸、藥物學等方面都得到長足進展。西晉王叔和的《脈經》系統總結了中國三世紀以前的豐富的脈學史料，將脈象名稱規範化，歸納為二十四脈，並提出左右手六脈分配臟腑的理論，在切脈上力求與《易》乾坤對稱保持一致。皇甫謐撰寫的《黃帝三部針灸甲乙經》，是現存的最早的針灸專著。該書在《素問》、《靈樞》和《明堂孔穴針灸治要》（已佚）的基礎上，以切合實用和便於傳授為指導思想，「使事類相從，刪其浮辭，除其重複，論其精要」（《自序》），撰集三部十二卷，使針灸學從理論到針法、針感、禁忌和補瀉手法等諸方面臻於完善和系統。在藥物學方面，除了較早的《神農本草經》之外，又陸續出現了《桐君採藥錄》、《蔡邕本草》、《吳普本草》、《李當之藥錄》、《本草經集注》、《名醫別錄》、《雷公炮炙論》等大批著作，體現了藥物學在這個時期所取得的成就。《易》與醫的會通主要體現在思維方式與獨特的結構框架之上，而不在於具體語句式命題的互相徵引。

有論者認為，張仲景的學說與《內經》沒有關係；也有論者退一步說，張仲景與《內經》毫無關係恐怕並非事實，但他的學說只是講如何辨病和下藥，在理論上並無很多創造，此說雖不否認張氏學說與《內經》的關係，但這關係恐怕也實在微乎其微了。的確，張氏的成就主要來自前代人、同代人以及他本人的醫療實踐，但實踐本身恐怕提不出有效的整合經驗的途徑。《內經》正是在這個意義上為張氏提供了三陰三陽的整合框架，才能使他的《傷寒論》將三百九十七條珠玉般寶貴的辨證論治經驗，組成為一個有機的整體。

實際上，細加研究，張氏對《內經》的運用還遠不止此。《內經》也不是一部純醫學理論的書，只是因為它的側重面更多表現為醫學基礎理論的建設，如果以此為由，硬要割斷它與偏重臨床的醫學著作的關係，恐怕不是穩妥的立論方法。從這個不穩妥的立論方法出發，進而推論張氏之後直到唐代孫思邈，《內經》很少有人過問的結論，這樣的推論也過於大膽了。張仲景在《傷寒雜病論序》中說，他攻讀過的書目有《內經》、《八十一難》、《陰陽大論》、《胎臚藥錄》等，其中《八十一難》即《難經》就是針對《內經》就八十一個問題展開的討論，在藏象經絡學說和針灸療法等方面都對《內經》有發展。這是張仲景以前的著作。張仲景以後，晉・皇甫謐的《針灸甲乙經》，有論者說那是一部「直言不諱」地批評《內經》的著作，根據是皇甫謐在自序中說的《內經》「亦有所亡失，其論遐遠，然稱述多而切事少」，推斷皇甫謐有拋開《內經》另起爐灶之意。皇甫謐的《甲乙經》是一部針灸專著，他認為「方治」就該淺近通俗，切合實用，便於教學傳授，因而注重從《內經》中選擇對醫工適用的內容，而捨去其中離實際運作較遠的醫理的論述，這種合乎情理的做法怎麼能作為不過問《內經》的證據呢？更何況皇甫謐只是「刪去浮辭，除其重複，論其精要」，把散存於《內經》各篇章的相同內容，歸納在一起，「使事類相從。」皇甫謐從針灸這種「方治」出發，對《內經》的有關內容進行系統整理，使其概念更為明確，內容更為具體。此外，《甲乙經》儘管以針灸學為主，也並未忽略針灸學賴以建立的精神五臟的形成，以及生理和病理的變化等一般性理論。如《甲乙經·精神五藏論第一》，首先便收錄了《內經》的有關經文。還有一部名為《中藏經》的醫書，據傳為華佗所著，學術界普遍認為不可靠。由於晉代王叔和的《脈經》曾徵引其文，其成書最遲在晉代大概是沒有異議的。該書是從平脈辨證的角度研究《內經》的最早著作，對《素問》、《靈樞》有關色診、脈診和辨臟腑虛實寒熱病症的理論多所發揮，可見《中藏經》也不是與《內經》毫無關係的。

至於對《內經》的全面研究，也不是像有的論者所說的那樣，直到唐代中期王冰才開始注重。王冰之所以自稱其書為「次注」，便是有見於齊梁年間全元起已有首注在前。全元起注釋《素問》八卷，書名為《素問剖解》，這部著作直到南宋才亡佚，林億等校訂的《素問》，還存有該書的編次和部分注解。此外，在王冰之前還有一部注解《內經》的名著《黃帝內經太素》。作者楊上善，北周時任太子文學，隋大業年間出任太醫侍御。這部著作首創對《內經》作全面分類研究，即將《素問》、《靈樞》原編次拆散，重新按內容分類訓注，計有攝生、陰陽、人合、臟腑、經脈等十九大類，每一大類又分若干子類，大大加強了《內經》研究的系統性。

一種學說的基礎理論一旦確定，然後分別向若干方向作縱深延伸，接下來又回到對基礎理論的系統思考，這個「合—分—合」的過程，是科學發展的最為一般的規律。傳統醫學自《內經》奠定體系，然後向臨床辨證診斷、脈學、針灸、方劑等方向延伸，接下來又回到對基礎理論的總結和提高，正是遵循了一般學術發展的正常道路。如果硬要說《內經》對中醫可有可無，把醫學的理與工絕然割裂對待，顯然忽略了理工互相促進的發展規則。在討論醫與《易》的關係時，提到《內經》在傳統醫學中的地位，也是題中應有之義。《易》不可能對醫學在專業具體內容方面提供新的東西，充其量只不過影響到傳統醫學體系的建構，影響到傳統醫學基礎理論的基本形態和結構框架，而《內經》恰恰便是傳統醫學體系和基礎理論的奠基作。

如果連《內經》對傳統醫學的發展尚且無足輕重，那麼，醫《易》會通還有討論的必要嗎？但事實是《內經》一直被傳統醫學奉為經典，歷代詮釋研究不絕，這個歷史現象本身也說明了醫《易》會通大有進一步研究的必要。

三、醫《易》會通的發展期

宋金元明，是醫《易》會通的發展期。在宋代，易學象數派出現了驚人的變化，創造與發掘出一系列嶄新的易學象數圖式，諸如太極圖、先後天圖、卦變圖、河圖（即五行生成數方位圖）、洛書（即太乙下行九宮圖）等。這些圖式除了河圖、洛書早在漢代便已為醫學所採用之外，其他圖式大抵都是宋易象數派據《易傳》的某些內容所作出的別開生面的創造。儘管在宋代便有了關於這些圖式師承接受關係的種種傳言，但也不過將其源頭追溯到五代末宋代初的華山道士陳摶，而且大多無實跡可作考辨依據。這些圖式不僅具有特定的思想理趣，而且具有獨自的結構特點，在探索天地造化和大自然萬物的化生奧秘上，較之漢易象數學更勝一籌。南宋朱熹易學融象數與義理於一體，使宋代象數得以廣泛流傳。此外，道教內丹術在這個時期也格外興盛，其中有關精氣神的人體生理理論與各種養生規則不僅與醫相通，而且很快為醫學所汲取。醫學隊伍的結構在這個時期也發生了變化，不少文士進入醫學隊伍，士人知醫已成為風尚。范仲淹說的「不為良相，當為良醫」，真實反映了宋代士人或者濟世或者救人的共同心願。政治家王安石、文學家蘇軾、科學家沈括等許多人都是既有仕途出身、而又兼精醫學的「儒醫」。宋代名醫朱肱、許叔和、王執中、元代王好古都是進士出身，元代醫家朱震亨和明代李時珍都是先習舉子業，以精通理學而名於鄉裡，後因科舉失利而改攻醫術。《易》為五經之首，大批文士進入醫學領域之前，大都對《易》有相當的功力，這無疑對醫藥理論的發展和臨床經驗的總結起了重要作用，從而也推動醫《易》會通進到一個全新的發展時期。

自唐代王冰次注《素問》補入《天元紀》、《五運行》、《六微旨》、《氣交變》、《五常政》、《六元正紀》和《至真要》等七篇大論後，至宋金元明時期，運氣學說逐漸成為醫界的熱門話題。宋徽宗主持修撰的《聖濟總錄》，理論部分主要講五運六氣，運氣學說因此而盛行。宋代劉溫舒的《素問入式運氣論奧》，金代劉完素的《內經運氣要旨論》（已佚）、《素問玄機原病式》，明代樓英的《運氣類注》，張介賓的《類經》、《類經圖翼》中的「運氣類」等，都是這個時期出現的研究運氣學說的重要著作。運氣學說的最早源頭可以追溯到春秋時期的天六地五說，但那時陰陽學說和五行學說自身尚未完善，五行生成數方位圖也只是作為一種套式被占星術所利用，醫學所積累的經驗材料也甚為粗淺，因此，它們之間根本不具備互相貫通的條件。到漢代，氣象醫學已經有了長足的進展，對一年內氣候變化與人體經絡的周期性相關聯繫，出現了相當成熟的理論探討，《黃帝內經》（《素問》中的七篇大論除外）已經有了許多精彩的論述，《易緯・通卦驗》更是典型的例證。但是如果需要探索氣候與人體在更長時期內的周期性相關聯繫，《通卦驗》中的卦氣說模型便明顯不夠用了。正是在這個時期，五行生成數圖式被醫學汲納，而這個圖式早在戰國時期就在《易・繫辭》中找到了落腳處。鄭康成說：「天一生水於北，地二生火於南，天三生木於東，地四生金於西，天五生土於中；地六成水於北，天七成火於南，地八成木於東，天九成金於西，地十成土於中。」（李道平《周易集解纂疏》引）《易・繫辭》的天地之數五十有五，以生成之意分居五方，正是五行生成數的方位圖式，這個理解不是隨意附會上去的。「天生地成」是一個由來已久的說法，前文曾列舉醫和的「天有六氣，降生五味」即是其例。《易・繫辭》既稱五十五為天地之數，其中的生成關係已在不言之中。十個數碼分列「五位」，除了北南東西中的平面結構之外，不可能有其他選擇。因此，無論王冰補入的七篇大論成書於漢末或是魏晉，《易》早就為運氣學說準備了五行生成圖式的結構模型。由此可見，《易》與醫學中的運氣學說的關係並無半點牽強附會之處，因而不是隨意便能否定得了的。

正當氣象醫學發展到為建立長周期循環圈尋找結構框架的時候，五行生成數方位圖式很快被醫學看中，成為五運六氣學說建構內在運轉機制的動態模型。到宋代，朱熹、蔡元定稱五行生成數方位圖為河圖，並以《繫辭》天地之數為依托，對之詳加闡發，從此這個圖便在易學中紮下了深深的根基。儘管後世不少學者反對將這個圖稱為河圖，但卻缺乏足夠的依據推翻這個圖與天地之數牢固的吻合，剩下的不過僅存其名稱之爭而已。由於宋代先天河洛之學的興起，五運六氣說得到了權威性的強有力的理論支撐，從而蓬蓬勃勃地興盛起來，出現了前所未有的繁榮景象。

五運六氣學說的發展和完善，推進了醫學的理論建設，諸如天人同構的大小宇宙論，天人相應的同步節律論，局部與整體的全息論等都在理論上得到深化；在應用上推動了臟腑六氣病機的探索，對立方用藥也產生了深刻影響。如劉完素的《素問玄機原病式》認為，醫學的五運六氣與易學的五運八卦、儒學的三綱五常具有同等重要的地位。他把《素問‧至真要大論》中的病機十九條，整理歸納為十一條由五運、六氣主病的病機，把心肝脾肺腎五臟之病歸於五運，並將臟腑之虛實與六氣之變化相聯繫。他一方面認為，「識病之法，以其病機歸乎五運六氣之化，明可見矣」，另一方面他又認為，「臟腑經絡，不必本氣興衰而能為病，六氣互相干而病」，辯證地提出了臟腑六氣病機說，克服了惟臟腑本氣致病的機械對應說的片面性，他反對把某年主某氣主某病的機械對應關係固定化，並認為六氣致病只有相對的意義，並非所有的疾病都受五運六氣的支配。任何一門學說，如果過分誇大它的適用範圍，都必然會導致謬誤。劉完素的見解可以使當時已經出現的過分膨脹的狀況回歸本位。

在這個時期，醫《易》會通實現了由自發向自覺的過渡，出現了許多精於易學象數與義理的著名醫學家，如金元時期的劉元素、張從正、李杲、朱震亨，明代的樓英、李時珍、張介賓等。《易》倡導「惟變所適」，「與時偕行」，這些思想無疑成了破除因循守舊、墨守成規的保守習性的原動力，對於解放醫家的思想起了極大的促進作用，使他們不拘泥於前人制定的古方，因時因地創立出與他們自身醫療實踐相應的醫學理論與治療方法，形成了醫學史上盛況空前的學術爭鳴。劉完素的火熱論、張從正的攻邪論、李杲的脾胃論、朱震亨的相火論，分別從不同側面對中醫學理論的發展作出了重大貢獻。除了金元四大家以各具特色的醫學理論和治療方法，形成了獨自的學派之外，還有金代張元素開創的易水學派，明代薛已至張介賓的溫補學派，吳有性開創的溫病學派等。這個時期醫學上出現的空前的學術繁榮，生動體現了醫《易》會通的全盛氣象。

在這個時期，不僅在醫學理論和治療方法上貫穿著醫《易》會通的優良傳統，而且出現了對醫《易》關係的深刻理論闡發，其中極具代表性的當數明代張介賓。張氏的著作有《景岳全書》六十四卷、《類經》三十二卷、《類經圖翼》十一卷、《類經附翼》四卷、《質疑錄》等。張氏自幼聰慧好學，曾從學於醫學名家金英，頗得其傳。年逾不惑之後，力主醫《易》會通，使他長期積累的臨床經驗得到了理論昇華。張氏將《易》分為「外易」、「內易」兩種，「矧天地之《易》，外易也；身心之《易》，內易也。」「天地之道，以陰陽二氣而造化萬物；人生之理，以陰陽二氣而長養百骸。《易》者，易也，具陰陽動靜之妙；醫者，意也，合陰陽消長之機。雖陰陽已備於《內經》，而變化莫大乎《周易》。故曰：天人一理者，一此陰陽也；醫《易》同原者，同此變化也。」他認為，既然天人之理相通，即同涵陰陽動靜消長之規律性，豈可以「醫而不知《易》乎」！為了解除人們對醫《易》會通的疑慮，他還就「內易」、「外易」的遠近親疏難易進行比較，說明醫《易》會通的必要性和迫切性。就遠近親疏而言，「內外孰親？天人孰近？故必求諸己而後可以求諸人，先乎內而後可以及乎外。」就難易程度言，「易天地之《易》誠難，未敢言斡旋造化。易身心之《易》還易，豈不可變理陰陽？」身心之理皆在己，人可以變理自身之陰陽，進而由易而難，由內至外，由近及遠，由親達疏，則「內易」與「外易」、天地之理與身心之理，即可全部得到了（以上引文均見《類經附翼・醫易義》）。

張氏認識到，《易》對醫之所以重要，不在於《易》是否具有多少醫學知識，而是在於《易》的象數與義理。象與理的關係，張氏贊同程頤「體用一原，顯微無間」之說，認為「有是象則有是理，有是理則有是用」。理微妙而象顯著，故據象可以求理；理形上而象形下，故得理又可以推象（以上見《類經圖翼・陰陽體象》）。

張氏崇尚邵雍的先天河洛之學，認為易象是求理的工具和方法。他說：「以《易》之變化參乎醫，則有象莫非醫，醫盡回天之造化；以醫之運用贊乎《易》，則一身都是《易》，《易》真繫我之安危。」張介賓認為，《易》與醫還有一層更深的關係，即共相與殊相、一般與個別、普遍與特殊的關係。他說：「醫之為道，身心之《易》也」，是《易》（一般）寓於醫（個別）之中，而醫（個別）又體現著《易》（一般）。又說：「《易》之為書，一言一字，皆藏醫學之指南；一象一爻，咸寓尊生之心。」《易》（一般）對醫（特殊）具有統帥和制約作用。可見張氏已經明確意識到《易》是對醫具有指南意義的哲學，運用得當，則醫可收事半功倍之效。「醫不可以無《易》，《易》不可以無醫。設能兼而有之，則《易》之變化出乎天，醫之運用由乎我。運一尋之木，轉萬斛之舟；撥一寸之機，發千鈞之弩……氣數可以挽回，天地可以反覆。固無往而非醫，亦無往而非《易》，《易》之與醫，寧有二哉！」張氏如此重視一般對個別的指導作用，標誌醫《易》會通已由自發進到完全自覺的階段，同時也體現出傳統醫學已經走向成熟和完善。

四、醫《易》會通的衰落期

明代末年，西方近代文化伴隨著傳教士的活動開始傳入東土。這一陌生的文化形態立即在中國封建知識階層中引起了反響，一批敏感的文人如李贄、徐光啟、方以智等以會通中西的氣魄，對零星傳入的尚不系統的西方文化進行認真的研究與有選擇的汲取，其中在醫學方面開風氣者當首推安徽桐城派大師方以智。方以智乃明清之際的偉大思想家之一，其學融孔、老、釋於一爐，尤精於宋易中的先天河洛之學與佛教的天臺、華嚴二宗，畢生致力於格物致知之學，於自然科學諸多領域都有所創見。他認為西方醫學有許多「岐黃，仲景所未發」之處，如「以肝、心、腦、筋立論，是《靈》、《素》所未發」（《物理小識》卷三），力主中西醫應當融會貫通。由於當時西醫的傳入並不系統，方氏醫學儘管汲取不少西方醫學知識，而基本的思想體系仍以傳統醫學的構架為主要特徵。方氏以「坐集千古之智」的抱負，在醫學上廣集漢唐至明末諸代之長，擯棄其偏頗與局限，並以易學之象數建構了許多別具一格的醫

《易》模型。唐宗海是鴉片戰爭後中西醫會通派的代表之一，他的著作有《中西匯通醫書五種》、《醫易通解》、《六經方證中西通解》等。唐氏論醫，重視傳統的氣化理論，並採擷西醫解剖生理學加以印證。他認為：「《內經》理明而形自著，西醫詳形而理不足。」（《六經方證中西通解》卷首）與方以智說的「泰西質測頗精，通幾未備」（《通雅》卷首二），意思完全一致。在這一時期，醫家仍以傳統醫學為重，而西醫則主要在解剖生理學方面引起關注，也有個別醫家開始對中藥的氣味和西藥的實驗理論作比較研究，其目的也只在於印證中藥的功能作用。

由於這個時期醫學界重中輕西的學術狀況，醫《易》會通的傳統仍然得以延續，傳統醫學也在某些領域取得了一些重大的成就。如由明代吳有性開創的溫病學派，到清代又形成了一個以葉桂、薛雪、吳瑭、王士雄等為代表的溫熱學分支。首先是葉桂在《溫熱論》中闡明了溫病發生、發展的規律，提出以衛、氣、營、血作為溫病辨證論治的綱領，為溫病學說的理論體系奠定了基礎。薛雪的《溫熱條辨》和吳瑭的《溫病條辨》，又提出關於溫病的三焦辨證理論，使葉桂的溫熱理論更為完整和系統。吳瑭精通《易》理，孜孜於溫病理論的研究，他的三焦辨證之說，不僅與漢代張仲景的六經辨證有一縱一橫之妙用，而且與所師葉桂的衛氣營血辨證相輔相成，完善了溫熱病的臨床辨證方法。又雍正至乾隆年間成書的《秘本傷寒第一書》（沈月光撰，車質中、胡駿寧補），融先後天八卦與河圖洛書為一體，配以五行與天干地支，闡發《內經・熱論》、張仲景《傷寒論》之旨趣要妙，不僅收到「窮源探本，辨晰精微」，「約而明，精而該」之效，而且於醫理上亦大有創獲，如以「三焦包絡水火互用」之說，發明十二經臟腑氣化之原，便是一個以高度的抽象概括之法闡述身心性命之本的創舉。再如唐宗海，他雖是一位主張中西匯通的大家，同時也是一位會通醫《易》的擅長者。在他所著的《中西匯通醫經精義》中，有用河、洛數理闡明經義的；有用卦象解釋藏象的；也有用陰陽水火對立統一之理分析生理、病理和解決臨床辨證施治問題的。尤其在對待《傷寒論》六經辨證的解釋上，他結合《易》理充分闡述了疾病在發展過程中的陰陽消長趨勢，揭示了張仲景六經辨證的真諦，對提高臨床診斷水準有重要意義。唐宗海生當鴉片戰爭以後，能夠像他那樣堅持醫《易》會通傳統的醫家已經非常罕見了。不僅如此，唐宗海的臨床經驗也非常豐富，特別是在血證的辨證論治方面，他提出的止血、消瘀、寧血、補血四條具體治療措施，至今還對中西醫結合研究具有啟示作用。

鴉片戰爭以後，中國進入半封建半殖民地社會，大批傳教士和西方醫生湧入國內。在僅僅半個世紀的時間內，西醫醫院、診所、醫學院校、醫學雜誌，差不多遍及全國各地。西方醫學由此得到迅速的系統的傳播，許多西方醫學著作被翻譯成中文；一大批思想敏銳的傳統醫家充分看到中西醫各有所長，努力探索會通中西醫學的渠道，逐漸形成一股中西醫學會通的思潮。這股思潮開始表現為重中輕西或衷中參西；

進而又發現不能勉強把中西醫兩種醫學硬湊在一起，採取了「通其可通，存其互異」的慎重態度；直到民國初期的惲鐵樵，才從全面系統的比較中認識到中西醫學是兩種不同的學術體系。他在《群經見智錄》中指出，《內經》和《易經》同建築於四時的基礎上，二者的主要理論都是從研究自然界最常見的變化規律中得出來的。他認為那些企圖用近代自然科學理論完全否定中醫的人，根本就不懂得中醫理論體系的特點。在《對於統一病名建議之商榷》一文中，他明確指出「中西醫基礎不同。外國以病灶定名，經細菌定名；中國則以臟腑定名，以氣候定名。此因中西文化不同之故。」「《內經》之五臟非血肉之五臟，乃四時之五臟」，「西醫之生理以解剖，《內經》之生理以氣化」，「故西方科學，不是學術惟一之途徑，東方醫術自有立足點。」

為了捍衛中醫體系，惲氏與主張廢止中醫的余雲岫等人進行了長達兩年的論戰，但他並不是一位盲目崇古的保守派。他主張中醫應取開放姿態，認為「居今日而言醫學改革，苟非與西洋醫學相周旋，更無第二途徑，」並且深信中醫「必能吸收西醫之長，與之化合」。（見《靈素商兌之可商》）惲氏對中西醫之比較抓住了二者之間的根本區別，但對中醫學西醫之長的前途之估計未免過於樂觀了些。在對《內經》與《易經》二者相通的見解上，也說明他對醫《易》會通的傳統不僅注意到，而且所持的態度是肯定的。但由於種種壓力，中醫學已陷入步履艱難的存亡之境，醫《易》會通自然進入到自身的衰落期。

醫《易》會通是中國古代自然科學的一種表現形態。張介賓的《易》為醫之指南說，預示著作為自然科學的醫學與哲學的某種尚不明朗的離合趨向，但由於中國近代社會特定的歷史遭遇，張介賓的這點朦朧意識在唐宗海、惲鐵樵等人那裡未能得到充分展開。也許因為傳統醫學與近代思維方式根本就不具備接軌之處，它在近代的停滯不前正是一種等待。科學發展到今天，傳統醫學終於發現了自身的力量源泉，看到了走向現代化的希望。在這種形勢下，我們重溫醫《易》會通的歷史行程，總結其中的經驗教訓，對傳統醫學走向現代化未嘗不是一件有所裨益的事情。

【註釋】：

❶《史記・扁鵲倉公列傳》作齊恆侯。顧炎武認為蔡恆公與齊恆侯同時，與扁鵲相去幾二百歲。《文選・七發》注，《養生論》注引作晉恆公，即晉孝公是也。

❷但在病候分類方面，《足臂十一脈灸經》所主病候只有七十八種，且無病候分類，而《陰陽十一脈灸經》卻有一百四十七種。並將各脈的病候區分為「是動痛」和「所產病」，為後來《內經》所採用。由這個層面看，《陰陽十一脈灸經》在形成時間上又似晚於《足臂十一脈灸經》。

❸唐明邦《象數思維方法與古代科學技術》，見《大道之源》，湖南師範大學出版社，一九九三年一月版。

第二章　《易》與中醫人體生理學

《易》對傳統醫學生理學的影響，主要表現在以下三個方面：其一，《易》對先秦道家學派有關生命起源的性命之理的總結，有利於正在形成體系的傳統醫學選擇氣化論作為人體生理學的理論基礎。其二，《易》的三才之道思想，有利於傳統醫學天人合一整體觀以及人體小宇宙、天體大宇宙同構論的形成，為傳統醫學與當代宇宙全息論的接軌提供了契機。其三，《易》本身及其在漢代和宋代分別發展起來的象數學，為天人合一同步節律的研究提供了各種單相的和復合的模型，將傳統醫學由一般的整體觀念推進到利用模型實行綜合研究的水準。深入發掘醫《易》會通過程中以《易》象建構的各種醫學模型，對於傳統醫學在廣泛汲取當代科學成就的基礎上如何營造和選擇新的模型實現新的系統整合，可以產生一定的啟示作用。

一、性命之理與傳統人體生理學

春秋末期至戰國中期，是氣化論的定型期。氣化論萌芽於西周史官文化，春秋末期由道家學說的創始人老聃採擷過來，用作建構思想體系的理論基石。後經道家的楊、朱學派，稷下學派，莊周學派等相繼推闡發揮，逐步形成了一套較完整的道德性命之學。所謂「道」是一種「先天地生」（《道德經》語）的宇宙發生的原初形態，是「生天生地」（《莊子．大宗師》語）的「天地之母」（《道德經》語）。道家從宏觀上的「其大無外」、微觀上的「其小無內」（《管子．心術》語）的無限性；「天網恢恢，疏而不失」的網狀性；「綿綿若存」的連綿性；無象無形、「大音希聲」的不可感知性（以上《道德經》語）；「無古無今，無始無終」（《莊子．知北游》語）的永恆性等，對「道」進行多層面的規定。那麼這個「道」究竟是什麼呢？《管子》理解為精氣，《鶡冠子》稱為元氣，異名同實，都是對「道」的原初形態的解說。只是因為當宇宙衍化出天地和萬物之後，道還寓居其中，不能一直稱之為元氣罷了。道分而為天地，道在天地之中；天地化生萬物，道在萬物之中。《管子．心術》謂：「虛而無形之謂道，化育萬物之謂德。」《心術解》說：「德者，得也；得也者，謂其所得以為然也。」道在天地萬物之中，故「德者道之舍」；天地萬物皆由道所生化，故「道之與德無間」。道家的道德之學是中國古代的宇宙發生學和衍化學。如果離開了氣化論，道德之學便成了無源之水，無本之木。

從道的意義上說，「通天下一氣耳」（《莊子．知北游》語），萬物之間在終極意義上的差別是不存在的。但萬物之所以為萬物，恰恰在於物與物的差異性，由此便產生了道家的性命之學。《莊子・天地》說：「未形者有分，且然無間，謂之命；留動而生物，物成生理，謂之形；形體保神，各有儀則，謂之性。」道是無形的，但萬物的基本要素都存在於道中。「有分」的意思是說，使萬物成形的陰陽二氣之精粗良莠和劑量多寡早就存在於未形的道中，這就是所謂「命」。

陰陽二氣在不息的流動中互相交感，或剛或柔的物便由此而生。各種物的形體及其功用，各自具有區別於其他物的獨特性（即所謂「形體保神，各有儀則」），這就是「性」。隋代醫家楊上善對道家的道德性命之學體悟至深，他在《黃帝內經太素》卷五中說：「太初之無，謂之道也。太極未形，物得以生，謂之德也。未形德者，有分且然無間，謂之命也。此命流動生物，物成生理，謂之形也。形體保神，各有所儀，謂之性也。是以血氣精神，奉於一形之生，周於形體所儀之性，亦周有分無間之命。故命分流動成形，體保神為性，形性久居為生者，皆血氣之所奉也。」道家的性命之學，探討了萬物之所以千差萬別的內在原因，屬於研究萬物生成與發展的自然哲學領域，對中國古代天象學、地學、人體科學、植物學、礦物學產生過深遠影響。特別在人體科學上，道家的性命之學不僅從理論上確立了古典人體生理學的氣化論的基礎，而且在實踐上倡導調氣養生，創造出許多行之有效的修煉方法。

《莊子・知北游》說：「人之生，氣之聚也。聚則為生，散則為死。」聚散者，氣之化也。把人的生命現象歸結為氣之聚散，是由萬物皆為天地陰陽交感而生推導而來的，人體是天地中之一物，所以也不例外。《管子・心術》說：「氣者，身之充也。」《管子・內業》說：「夫道者，所以充形也」，「人之所失以死，所得以生也」。道家普遍認為，人體是由氣聚而成的，而且這種氣一直寓居於人體之中。人是怎樣由氣聚而成的呢？《內業》說：「凡人之生也，天出其精，地出其形，合此以為人。和為生，不和不生」。「精也者，二氣之精者也。」陰陽二氣之精粹交感和合而生人。所謂「地出其形」，實即地養其形或地成其形，蓋亦取之於天生地成之意。《管子・水地》說到人的胎孕過程，認為「男女精氣合」之後，開始時呈液態，即所謂「水流形」，然後逐漸生成五臟、五肉、九竅而成人身。這個胎孕過程也可視為天地產生人類的過程。

(一)《易傳》對道家道德性命之學的總結

《周易》對道家的道德之學與性命之理的汲取和改造，偏重於性命之理。《說卦》云：「觀變於陰陽而立卦，發揮於剛柔而生爻，和順於道德而理於義，窮理盡性以至於命。」此是以陰陽和剛柔相配解釋道德性命。又《繫辭上》說：「原始反終，故知死生之說。精氣為物，游魂為變，是故知鬼神之情狀」，此是以精氣解釋人的生命現象，以陰陽二氣的聚散解釋形體和精神的變化。這些都反映了《易》對道德性命之學的汲取。後世易家說《易》對此多有發揮，特別在漢、宋兩代，不僅全面發揮了此種道德性命之學，運用易學的範疇系統和符號結構，廣泛探討了宇宙發生和衍變的行程，而且以此為基礎建構出各種不同立意的哲學本體論和方法論。

《易傳》各篇對道家性命之理的推闡至細至微。性命之理在道德之學中屬於「德」這個層次，以探索萬物化育的根源、運動變化的規律性、萬物差異性存在的原因等為研究的目標。《易》充分運用了自身獨具的符號結構，將氣化論中的陰陽學說發展到相當成熟的程度。

在《易傳》中，《雜卦》可能形成較早，該文作者還不擅長講論陰陽，但他已經知道把六十四卦的內容限定在有形事物的範圍之內，以「乾剛坤柔」表示事物基本的對立因素，認為有的卦說的是剛柔相遇，如「姤，遇也，柔遇剛也」，有的卦說的則是剛柔消長，如「夬，決也，剛決柔也。君子道長，小人道憂也」。

《彖傳》也以剛柔立論，偶爾涉及陰陽。《彖傳》作者充分運用了卦爻的結構特徵，形象生動地對性命之理作了充分闡述。

其一，《彖傳》利用乾坤兩卦天地之象，說明「乾元」、「坤元」是萬物生成的根據。「大哉乾元，萬物資始，乃統天」；「至哉坤元，萬物資生，乃順承天」。乾元、坤元，指天地初分之陰陽二氣；資始、資生，指天地相分以後陰陽二氣所具有的生成萬物的不同作用，《繫辭上》稱之為「乾知大始，坤作成物」。萬物既生，則無一不備性命之理。物之始生皆受命於乾元，即萬物各自的組成要素皆在未形之前含蘊在乾元之中；既生之後，又得坤元之養而成形，於是而「含弘光大，品物咸亨」。乾元是起主導作用的因素，坤元只是順承乾元而已，所以《彖傳》說「乾道變化，各正性命」。《素問・天元紀大論》說：「太虛寥廓，肇基化元，萬物資始，五運終天，布氣真靈，總統坤元。九星懸朗，七曜周旋，曰陰曰陽，曰柔曰剛。幽顯既位，寒暑弛張，生生化化，品物咸章。」這段話基本上是對乾坤兩卦《彖傳》的繼承。化元，意即乾元，起萬物資始的作用；坤順承天而行，故化元「總統坤元」。氣曰陰曰陽，無形為幽；物曰柔曰剛，有體為顯，此氣與物之幽顯。又陽剛主晝，陰柔主夜，此一日之幽顯。自晦而朔，自弦而望，一月之幽顯。春夏主生長，秋冬主收藏，此一歲之幽顯。幽顯既定其位，寒暑往來弛張，萬物於是生化不息，品類亦因此而顯著昭彰。唐代孫思邈說：「《易》稱：天地變化，各正性命。然而變化之跡無方，性命之功難測，故有炎涼、寒燠、風雨、眩冥、水旱、妖災、蟲蝗、怪異、四時、八節種種施化不同，七十二候、日月運行各別，終其晷度，方得成年。……天地尚且如然，在人安可無事？」（《千金要方・傷寒》）他注意到，萬物「各正性命」是「天地變化」的結果。然而天地陰陽變化有常有變，其中炎涼、寒燠、風雨、晦冥、四時、八節、七十二候、日月運行雖有常規，但究竟每年有或過或不及之不同，再加上水旱、妖災、蟲蝗、怪異等偶發現象不時而至，所以他才說「變化之跡無方，性命之功難測」。這是孫思邈對《易・彖傳》「各正性命」之說的理解。應當說孫思邈的理解是與《易》

的基本思想完全吻合的。《易》本來就強調過「神無方而易無體」，「陰陽不測之謂神」，因此《易》的「各正性命」，不可能建立在天地變化之跡有方，性命之功易測的思想之上。把握「性命之功」的難易是認識上的問題，說其認識困難，不等於孫思邈否定了《易》總結的道家的性命之理。

其二，以爻在卦體內的上下、進退、升降、出入，說明事物內部剛柔消息盈虛的運動狀況，後世稱此為卦變說。它以剛柔兩種不同爻性在位置上的變換，揭示事物內在矛盾諸方面空間關係的改變對事物運行變化的意義。如《噬嗑・彖》「柔得中而上行」，即謂噬嗑卦從益卦而來。益六四之九五，五為上卦之中位。故為柔上行而得中位，卦變得噬嗑。像這樣的例證在《彖傳》中比比皆是，《小象》也有一些。

中醫對氣化過程中的升降出入也是十分重視的。《素問・六微旨大論》說：「升已而降，降者謂天；降已而升，升者謂地。天氣下降，氣流於地；地氣上升，氣騰於天。故高下相召，升降相因，而變作矣。」、「出入廢則神機化滅，升降息則氣立孤危。故非出入則無以生長壯老已，非升降則無以生長化收藏。是以升降出入，無器不有。」《六微旨大論》把升降出入的運動變化視作「無器不有」，「無不出入，無不升降」的普遍現象，可以說對《彖傳》卦變之說已達到運用隨心的境界。神機，是根源於體內而能促成人體生命運動不息的動因。《素問・五常政大論》說：「根於中者，命曰神機，神去則機息。」運動是生命的源泉，一旦「神機化滅」，生命機能的運動便告終結。

《繫辭傳》是先秦陰陽學說的集大成者。它全面繼承了道家的性命學說，並在此基礎上提出了一系列具有方法論意義的哲學命題，使陰陽觀念實現了由具體到抽象，又由抽象回到具體的自身完善過程。擇其要而言之，主要體現在以下幾個方面：

第一，改造道家對「道」的規定，使它成為反映天地既分之後陰陽動態統一的一般性新範疇。《繫辭上》為此提出了一個著名的命題：「一陰一陽之謂道。」按照宋代理學家程頤的解釋，所謂「一陰一陽」者，乃是陰陽交相運動之貌。把它作為天道理解，那麼它對萬物便可起到「各正性命」的作用，所以《繫辭上》緊接著說：「繼之者善也，成之者性也。」繼，有接續和承受之意。接續和承受天道即是受命，即物從天道得到一定分劑之陰陽二氣和合而生，生而成形，各從其類而不紊亂，故曰「善」。成形而後成長壯大成熟擴充，品類不變，故曰「性」。因此對於生而成形來說，道在形之上；對於具有成熟穩定特性的器物來說，器在形之下。故《繫辭上》說：「形而上者謂之道，形而下者謂之器。」可見，形上形下之說也是符合性命之理的。上下，指時間之前後❶，歷代注家多作空間之意解說，甚難圓通。《繫辭》對「道」所作的新規定顯然也為醫家所汲取。《素問・上古天真論》「上古之人，其知道者，法於陰陽，和於術數」，「中古之時，有至人者，淳德全道，和於陰陽，調於四時」，又《素問・陰陽應象大論》「陰陽者，天地之道也」。上述文中的「道」，皆以陰陽為訓，與道家混沌之意的「道」明顯有別，而與《易・繫辭》釋「道」之意相同。

第二，揭示萬物發生的根據在於陰陽之道，倡導「生生」、「日新」的發展觀。《繫辭下》說：「乾，陽物也；坤，陰物也。陰陽合德而剛柔有體，以體天地之撰，以通神明之德」。「天地絪縕，萬物化醇；男女構精，萬物化生。」陰陽合德是二氣迭運中出現的交感現象，是道生萬物的契機。萬物或剛或柔之性，皆由陰陽交感之際的實際接受而定。「男女構精，萬物化生」中的「萬物」特指有生命現象的動植飛潛而言。「男女」，不單指人類的男女性別，而是泛指所有雌雄、牝牡、公母之類有生命之物的兩性差別。這種有生命之物的依類蕃衍，是「男女構精」意義上的「陰陽合德」，與無生命之物的「性命之理」同中有異。《繫辭上》說：「日新之謂盛德，生生之謂易。」《繫辭下》說：「天地之大德曰生。」無疑包含著道生萬物的一般意義，其中特別重視的當是有生命之物有生成的特殊意義。因此，這些話不只是對「道」的稱頌，也是對「生」的贊美，更是對生命的謳歌。

㈡傳統人體生理學對《易》氣化論的汲取

如果說在先秦是否有什麼著作為醫學直接提供了某種現存的理論，那就是我在上面簡要提到的氣化論自然哲學。傳統醫學首先以氣化論為理論基點，建立了區別於西方醫學的人體生理學，繼而在此基礎上形成了氣化論病機學、診斷學和藥物學。氣化論（包括解說氣化論的陰陽變化理論）是傳統醫學賴以形成體系的認識基點，離開了氣化論，傳統醫學就不可能具有延續至今的基本面貌。

《素問・寶命全形論》說：「天覆地載，萬物悉備，莫貴於人。人以天地之氣生，四時之法成」，「人生於地，懸命於天，天地合氣，命之曰人；人能應四時者，天地為之父母」。根據《易・坤彖》坤「順承天」的思想，中醫認為天地合氣生人是一個過程。這個過程表現為陽先陰後，即陽先施而陰後受。陽先施，人的肇生之德本於天，故「人懸命於天」；陰後受，人成形之氣本於地，故「人生於地」。《靈樞・本神》篇說：「天之在我者德也，地之在我者氣也，德流氣薄而生者也。」德者，得也，人生之初得之於天者，陰陽二氣之精。薄者，迫也，二精相感，天一生水為液，水流布而為地氣所迫，聚而成形，形成而神生。「故生之來謂之精，兩精相搏謂之神」（同上）。神，在人體生理意義上說，只是一種表示生命活力的機能。人體形成後，人的生命機能也就同時形成了。《素問・六節藏象論》說：「氣和而生，津液相成，神乃自生。」這裡的「神」，指的也是生命的機能。故《素問・上古天真論》說：「失神者死，得神者生也。」關於人體形成的過程，《靈樞・經脈》篇又有一說：「人始生，先成精，精成而腦髓生。骨為幹，脈為營，筋為剛，肉為牆，皮膚堅而毛髮長。」與前引諸說的形成過程亦不相同。天地合氣後人體成形的具體過程，對於傳統醫學來說，是一個無法交待清楚的問題。因為人根本就不是與萬物同時產生的。西漢時期的醫家還不可能懂得生物進化論，他們只是依據氣化論對人類的生成作一些推想。因此，有關人體各種部件形成的先後，說法自然會各有不同。

《易・乾彖》的「各正性命」之說，本身就否定了物種變易的可能，這種局限性對傳統醫學的影響是不可低估的。但醫學究竟抓住了兩個基本點：其一，「人生有形，不離陰陽」（《素問・脈要精微論》）。這是人體與萬物之共性。由於這一共性，人體的各種部件都可以理解為氣聚的結果。《靈樞・決氣》篇所謂「人有精氣津液血脈」，通為「一氣」之說，正是從這個意義上立論的。其二，人有複雜的高級思維器官，這是人與萬物相殊的個性。《靈樞・本神》篇說：「故生之來謂之精，兩精相搏謂之神；隨神往來者謂之魂，並精而出入者謂之魄；所以任物者謂之心，心有所意謂之意，意有所存謂之志，因志而存變謂之思，因思而遠慕謂之慮，因慮而處物謂之智。」兩精交構而形生，形生則有生命機能之類的「神」存於其間，人的精神活動是隨神往來的。魄，指生理本能，是與形生俱來的，故稱「並精而出入」。人有了形體便有了生命，有了生命便具有了生理本能和思維能力。古人認為心為思之官，心之所能思，是因為心有貯存記憶的功能。意有所存必有所擇取，取而有所立即為志；志有反覆計度為思，思有憂疑為慮，慮而得其善途為智。意、志、思、慮、智，皆為心的思維能力的發動過程。《靈樞・邪客》篇說「心者，五臟六腑之大主也，精神之所舍也，其臟堅固，邪弗能容也。容之則傷心，心傷則神去，神去則死矣。」心既是思之官，又是神之舍，故心靜則神清，神清則智明。心如受損傷，則神明失，嚴重者危及性命之存亡。《靈樞．本臟》說：「人之血氣精神者，所以奉生而周於性命者也。」豈止血氣精神，人體的全部組成部分，都是與性命之理相合無誤的。

唐宋以降，隨著道教內丹術的興盛和宋代易學象數派先天河洛之學的傳播，傳統醫學對人體生理學的研究逐漸集中到精氣神三個方面。金代著名醫家劉完素說：「精中生氣，氣中生神，神能御其形也。」（《素問玄機原病式．六氣為病．火類》）他認為「精為神氣之本」，而氣為「形之主，神之母」（同上）；「形以氣充，氣耗形病；神依氣位，氣納神存」（《素問病機氣宜保命集．原道論》）。神能御形，是人體生命的活動機制，故養生之要首在持滿御神，神藏於心，宜靜以養之；精藏於腎，太勞則竭，故宜專嗇之；氣充塞全身，而形氣貴乎安，故調氣通塞，起居坐臥有其常，則形氣有倫而不亂。劉完素的這些攝生原則，還是從形、氣、精、神等四個方面提出來的。明代著名醫家張介賓則將形與精歸併為一，認為「精血即形也，形即精血也。天一生水，水即形之祖也」（《景岳全書．傳忠錄．治形論》）。張介賓的這一歸併，目的在於汲取道教內丹術提出的元精、元氣、元神之類的概念，系統總結傳統醫學人體生理的氣化理論。張介賓根據宋代象數易的先天河洛之學，首先提出：「造物之初，因虛以化氣，因氣以造形，而為先天一氣之祖」；「有象之始，因形以寓氣，因氣以化神，而為後天體象之祖」（《類經附翼・醫易義》）。據此以推，則人體亦有先天後天之別，「先天因氣以化形，陽生陰也；後天因形以化氣，陰生陽也」（《類經附翼・大寶論》）。「先天因氣以化形」，謂由先天之氣的作用而生精，再由精之聚合而形成人身形體。「後天因形以化氣」，謂由形體內在機制的作用而產生人身通體之恆溫，五官五臟神明不測之功能，進而產生人體活活潑潑的生機，這也就是所謂神機。「形即精也，精即水也，神即氣也，氣即火也」（同上），水陰火陽，故先天以氣化形為陽生陰，後天以形化氣為陰生陽。「元陽者，即無形之火，以生以化，神機是也，性命繫之，故亦曰元氣；元陰者，即無形之水，以生以主，天癸是也，強弱繫之，故亦曰元精。元精元氣者，即化生精氣之元神也。生氣通天，惟類乎此」（《景岳全書・傳忠錄・陰陽》篇）。元精，即先天之元陰；元氣，即先天之元陽；元神，即元陰元陽相搏所生之神機。張介賓汲取先天、後天、元精、元氣、元神這些概念，對傳統醫學以氣化論為本質特徵的人體生理學進行了系統總結。但由於傳統醫學對人體胎孕過程缺乏詳盡的觀察了解，這使張介賓的總結僅僅表現在條理性與系統性方面比以前有進步，而在氣化生理學本身卻未能向前跨出明顯的步伐。

一般說來，任何一門學科的理論都是該學科範圍內實踐或實驗結果昇華的產物。但實踐是主觀見之於客觀的能動過程，成功的實踐活動不僅以該學科的全部成就為前提，而且與當時整個社會的文化背景有著密切的關係。傳統醫學中有一些理論的形成事實上很難直接從醫療實踐中找到原因，它的源泉往往直接存在於當時的文化背景之中。儘管這些文化背景的源頭也直接與社會實踐有關，但與醫療實踐相比較則並非同一範圍內的問題。比如說，直到今天我們還不知道氣化論所講的「氣」究竟是一種什麼樣的物質實體，誰也無法通過實踐獲得天地開闢的知識，了解「乾元」、「坤元」的狀況。現代宇宙學對這些問題的探索尚且困難重重，春秋戰國時會有什麼更高明的實驗手段？首先對氣化論宇宙發生學說發難的是戰國末期的屈原。他在《天問》中問道：「遂古之初，誰傳道之？上下未形，何由考之？冥昭瞢暗，誰能極之？馮翼惟象，何以識之？」這一連串的質疑，分明要求氣化論為自身的合理性提供證據，但是誰也難以滿足屈原的要求。到唐朝出了一位思想家柳宗元，寫了一篇《天對》，試圖回答屈原的質疑。他說：「本始之茫，誕者傳焉。鴻靈幽紛，曷可言焉！」對於那些有關開天闢地的神話，他可以輕易地說成是一些荒誕之人傳播的不經之言。但屈原《天問》並不全是針對神話，可以說主要還是針對氣化論的道德性命之學，柳宗元對此根本無法回答，不得已而以否定神話的真實性了結。醫學從自身的醫療實踐活動根本不可能得出「天地合氣，命之曰人」之類的性命之學方面的結論，因此，這類結論的來源只有從當時的文化背景中去追尋。在道家和《周易》，道德性命之學幾乎被作為無須證明的真理。其影響不僅深深波及到天文、醫學，一些根基深厚的學派（如儒家的荀況和《中庸》學派等）也都主動向其靠攏。直到今天，性命之學也不能被簡單地說成是一種陳舊不堪的歷史陳跡。用時興的語言說，道德性命之學是中國古代人提出的一種科學假設，而陰陽五行則是描敘這個科學假設的範疇系統和結構框架。

任何一種科學假設，無論提出者是古人還是今人，只要它沒有被後續的科學系統全盤推翻，它就有繼續存在的價值。傳統醫學之所以能夠一直存在到今天而未能被現代醫學所取代，就是因為它的整個思想體系是以這個沒有被後續科學全盤推翻的科學假設為理論基礎，並以它出色的醫療成就維繫著這個科學假設，維繫著這個學科為等待和期盼實驗科學證明而一直能夠頑強存在的合理性。

二、《易》的三才之道與中醫生理學的整體觀念

《周易》的「三才之道」，《繫辭》和《說卦》作過反覆申述。三才，亦作三材，又稱三極，即天地人；三才之道，指天道、人道、地道。《繫辭上》說：「《易》與天地準，故能彌綸天地之道」。在宏觀上，《易》將整個宇宙看作一個有機整體，以河圖模型象之。這個有機整體又被分作三個層次。外層七八九六象徵天道陰陽，內層五十象徵地道柔剛，中層一二三四象徵人道仁義。體現於每一卦，則部分正是整體的濃縮。因此，整個宇宙之運動，即是天地人三才之動，在《易》卦則以六爻之動象之。《易》卦六十有四，每卦都以上兩爻象天，中兩爻象人，下兩爻象地，

表示一種靜態結構。而在任何一卦中，爻都是該卦體中最活躍的因子。《繫辭下》說：「彖者，材也；爻也者，效天下之動者也。」彖，即卦體，《易》六十四個卦體代表了天地人三才合一的各種形態。爻則「變動不居，周流六虛；上下無常，剛柔相易」（《繫辭下》），是天地萬物運動變化的象徵。《易》的三才之道，以陰陽二氣的運動變化為基礎，要求人們全面地看待事物，善於從總體上把握事物各個部分之間的有機關聯。中醫以人為研究中心，同時密切注意到天地之道對人體的影響，注意到人與整個大自然的互動效應，這正是中國傳統醫學優於西方醫學的長處之所在。而傳統醫學的這一長處與《周易》的影響有著密不可分的關係。

傳統醫學接受《周易》的三才之道思想，開頭也經歷了一個簡單比附的時期。其中最有代表性的例證莫過於《靈樞．邪客》篇中的一段議論：

天圓地方，人頭圓足方以應之；天有日月，人有兩目；地有九州，人有九竅；天有風雨，人有喜怒；天有雷電，人有音聲；天有四時，人有四肢；天有五音，人有五臟；天有六律，人有六腑；天有冬夏，人有寒熱；天有十日，人有手十指；辰有十二，人有足十指、莖垂以應之，女子不足二節，以抱人形；天有陰陽，人有夫妻；歲有三百六十五日，人有三百六十五節❷；地有高山，人有肩膝；地有深谷，人有腋膕；地有十二經水，人有十二經脈；地有泉脈❸，人有衛氣；地有草蓂，人有毫毛；天有晝夜，人有臥起；天有列星，人有牙齒；地有小山，人有小節；地有山石，人有高骨；地有林木，人有募筋❹；地有聚邑，人有䐃肉；歲有十二月，人有十二節；地有四時不生草，人有無子。此人與天地相應者也。

這段話有可能在戰國末期至董仲舒之前就已成篇了，董仲舒講「天副人數」，所舉例句大都由此段話採擷而來。這種簡單比附現象是醫《易》會通初期的正常現象，所舉人體二十六形對應天地之形，不僅毫無內在聯繫，連外在聯繫都談不上，而作者卻講論得十分認真。作者的用意不過是想說明天地人三才相類似因而具有相應關係。他採取的辦法是以人體的有形部件與天地形象作比較，使人們容易接受天地人三才同構的思想。隨著醫學水準的提高，這種簡單比附本皆屬於淘汰之列，但由於《內經》已經成為醫學經典，而且這種比附的本身具有一定的形象性，與天地人三才合一的整體觀念亦不相悖，所以，一直到明朝末期的張介賓，對此都還津津樂道不已。

當氣化論被中醫學全面汲取以後，儘管比附的痕跡依然存在，但立論的內容已經別有新意了。如《素問・陰陽應象大論》說：「惟賢人上配天以養頭，下象地以養足，中傍人事以養五臟。」這裡所說的「上配」、「下象」、「中傍」，無非效法天地人三才之道而已。《素問・三部九候論》講脈搏的部位與所候之氣，也採用了天地人三才的框套，但說法卻細微得多。該篇將人身上中下動脈分為三部，三部又各有三候，「三候者，有天有地有人也」。「上部天，兩額之動脈；上部地，兩頰之動脈；

上部人，耳前之動脈。中部天，手太陰也；中部地，手陽明也；中部人，手少陰也。下部天，足厥陰也；下部地，足少陰也；下部人，足太陰也。」人身三部九候之脈，又與內臟的各個部位有相應關聯。下部之「天以候肝，地以候腎，人以候脾胃之氣」；中部之「天以候肺，地以候胸中之氣，人以候心」；上部之「天以候頭角之氣，地以候口齒之氣，人以候耳目之氣」。《素問．三部九候論》要求脈診時應實行全身遍診。當然這種全身遍診法實行起來相當麻煩，且不易普及，成書於東漢中後期的《難經》提出了「獨取寸口」法❺，以寸關尺為三部，三部之浮中沉為九候，單以寸口而分三部九候之診。張仲景脈法，上取寸口，下取趺陽，與軒岐之旨尚還相去不遠。顯然，張仲景對《難經》的獨取寸口法尚存疑慮，對《素問》的全身遍診法又覺過繁，這才採取上取寸口為主，下取趺陽為輔，即對《難經》有所增益而對《素問》有所減損的診脈法。《難經》切脈獨取寸口的理論依據，是寸口為「脈之大會」，是十二經脈氣匯聚之所，因此，寸關尺三部的浮中沉之候，同樣能夠反映出臟腑經絡緊密配合的關係。

天地人三才合一的思想對醫學的影響，經歷了一個由形式到實質的轉換過程。如上述切脈的全身遍診法，人體上中下三部各有天地人三候；至《難經》的獨取寸口法，雖然仍講三部九候，而天地人這些形式便再也派不上用處了。「人與天地相應」的關係，也遠遠不只是人的軀體與天地的某些似是而非的外在相似性，而必須從中發掘出人體與天地之間的聯動效應。《素問・氣交變大論》說：「夫道者，上知天文，下知地理，中知人事，可以長久。」只有合用天地人三才之道，才能永保天命。三才之別，「本氣位也」：「位天者，天文也；位地者，地理也；通於人氣之變化者，人事也」（同上）。所謂「天文」，如日月五星，陰陽風雨寒暑之類的天象變化，包含現在所說的天文學、曆法、氣象學等眾多的學科。所謂「地理」，如水土方位，物產習俗，草木昆蟲，總括人群所在地面的生態環境。所謂「人事」，主要指人的社會環境對人體健康狀況的影響。傳統醫學在天地人三才之道思想指導下所取得的人體生理學方面的成果，可以分作表層與深層兩個方面進行概括。

從表層方面看，傳統醫學總結了人體與各種自然現象之間的相關聯繫。如《靈樞・五癃津液別》篇說：「天暑衣厚則腠理開，故汗出」；「天寒則腠理閉，氣澀不行，水下於膀胱，則為溺與氣」。說明人體具有與天氣寒暑變化相適應的生理調節功能。又如《靈樞・歲露論》說：「月滿則海水西盛，人血氣積，膚肉充，皮膚致，毛髮堅，腠理郄。」❻

在傳統醫學的整體觀念向更深層次推進的過程中，陰陽氣化理論無疑是連接天地人三才合一的紐帶。自《內經》起，醫學領域中的陰陽，大致包含兩種意思。

其一，陰陽分別為兩種性質相異的物質，如以陰陽升降表示天氣的寒（陰）溫（陽）變化，或表示人體（陰）及其功能（陽）的平衡與不平衡狀態；進而向陰陽的普遍性引而申之，宇宙萬物以及人類自身，無不可以劃分為兩大類。如「天為陽，地為陰；日為陽，月為陰」（《素問・六節藏象論》）；「水為陰，火為陽；陽為氣，陰為味」（《素問・陰陽應象大論》）；「言人之陰陽，則外為陽，內為陰；言人身之陰陽，則背為陽，腹為陰；言人身臟腑中陰陽，則臟者為陰，腑者為陽，肝心脾肺腎五臟皆為陰，膽胃大腸小腸膀胱三焦六腑皆為陽」（《素問・金匱真言論》）；「脈有陰陽」，「所謂陰陽者，去者為陰，至者為陽；靜者為陰，動者為陽；遲者為陰，數者為陽」（《素問・陰陽別論》）；病亦有陰陽，「陽勝則身熱，腠理閉，喘粗為之俯仰，汗不出而熱，齒幹以煩冤，腹滿死，能冬不能夏；陰勝則身寒，汗出身常清，數栗而寒，寒則厥，厥則腹滿死，能夏不能冬」（《素問・陰陽應象大論》）；藥物五味亦分陰陽，「辛甘發散為陽，酸苦涌泄為陰；鹹味湧泄為陰，淡味滲泄為陽」（《素問・至真要大論》）。總之，萬事萬物莫不可以分別為陰與陽。

其二，從陰陽之間動態聯結的各種形式探討天人之間各種規則性與非規則性的關係，以及人體自身陰陽升降與調平的生理、病理狀況和診斷治療途徑。《素問・生氣通天論》所謂「凡陰陽之要，陽密乃固。兩者不和，若春無秋，若冬無夏，因而和之，是為聖度。故陽強不能密，陰氣乃絕；陰平陽秘，精氣乃治；陰陽離決，精氣乃絕」，將整個人體生理、病理的複雜的變動狀況歸結為陰陽二者之間的平衡與非平衡，固密的和合統一與統一體的破裂，具有高度的概括性。陰在這裡通常指精、血、形、體，陽指神、氣、意及全部生命機能。診斷與治療也就是觀察陰陽失衡的狀況和相應採取的恢復陰陽平衡的手段。

以上關於陰陽的兩層意義，後一種無疑是醫學關注的重點。

醫學對陰陽之間的動態聯結形式的歸結，有的直接從易學中擷取，有的則屬醫家在《周易》陰陽學說基礎上發揮出來的創新之見。《素問・天元紀大論》說：「天有陰陽，地亦有陰陽，故陽中有陰，陰中有陽……陰陽相錯，而變由生也。」陰中之陽謂之少陽，陽中之陰謂之少陰，再加上陽中之陽（老陽）、陰中之陰（老陰），漢代易學以此詮釋「四象」幾成通例，醫家之說有取於此是很明顯的。明代張介賓據此引申出陰陽中復有陰陽、陰陽互藏與一二同根之說，他以臟陰腑陽為例，說明臟腑陰陽之分並不是截然對待的，臟陰腑陽中又各有陰陽。如臟之心肺居於膈上為陽，肝脾腎居於膈下為陰，是臟陰之中復含陰陽。進而深求，臟陰之陽又分陰陽，心為陽中之陽，肺為陽中之陰；臟陰之陰亦分陰陽，腎為陰中之陰，肝為陰中之陽，脾為陰中之至陰。這種陰陽互根互藏的狀況，說明陰陽之間不存在絕對的界限。他說：「天為陽矣，而半體居於地下；地為陰矣，而五岳插於天中。高者為陽，而至高之地冬氣常在；下者為陰，而污下之地，春氣常存。水本陰也，而溫谷之泉能熱；火本陽也，而蕭丘之焰則寒。陰者宜暗，水則外暗而內明；陽體宜明，火則外明而內暗。聲於東而應於西，形乎此而影乎彼；浴天光於水府，涵地影於月宮；陽居盛暑而五月靡草死，陰極嚴寒而仲冬薺麥生。此其變化之道，寧有紀極哉？」（《類經圖翼・陰陽體象》）張介賓由陰陽中復含陰陽，進而認識到陰陽對立的相對性，不僅對提高醫家識別真假順逆與會通變化的診斷能力有著重要意義，而且對易學哲學的發展起了很大的促進作用。明末清初的著名思想家王船山的易學哲學，在陰陽對立的相對性方面的論證中明顯汲取了張氏的思想。

如果將上述陰陽互藏之說稱為四分陰陽，那麼醫家還有六分陰陽之說。六分陰陽之說，有取於乾坤二經卦的三陽三陰之爻象，而具體內容則完全是為了滿足區分六氣與六經的陰陽對應之需要。《素問・陰陽離合論》曾假黃帝之口問：「餘聞天為陽，地為陰；日為陽，月為陰。大小月三百六十日成一歲，人亦應之。今三陰三陽，不應陰陽，其故何也？」這樣設問，目的在於引出醫家六分陰陽的理論依據。岐伯回答說：「陰陽者，數之可十，推之可百；數之可千，推之可萬；萬之大不可勝數，然其要一也。」所謂「其要一」者，即最終歸結為一氣而已。所謂「數」與「推」是就陰陽離合的層次與形態而言。「數之可十」、「數之可千」，是陰陽相合離的狀況。就合而言，不過一陰一陽，且最終歸於一氣；就離而言，則十百千萬乃至於無可窮盡之數，都是陰陽存在的不同形態。因此，陰陽只是個一般的道理，具體應用起來則要根據實際對象的範圍和層次，選定陰陽形態的數量關係。故「陰陽之變，其在人者，亦數之可數」（同上）。前面說到的臟腑陰陽，那是一種說法；這裡說的三陰三陽，在人而言，是針對正經脈的陰陽離合的。人體之正經脈，併而合之則表裡歸於一氣，分而離之則陰陽各有其經。「是故三陽之離合也：太陽為開，陽明為闔，少陽為樞。三經者，不得相失也，摶而勿浮，命曰一陽」（同上）。就相離而言，三陽經之太陽主表，氣發於外，故曰「為開」；陽明主裡，氣蓄於內，故曰「為闔」；少陽介於表裡之間，出入如同樞機，故曰「為樞」。就相合而言，三陽的開、闔、樞不是各自為政，而是互不相失，依類上下相處，摶合而不散亂，故可合而稱之為「一陽」。三陰經的離合道理也是這樣的，「太陰為開，厥陰為闔，少陰為樞。三經者，不得相失也，摶而勿沉，名曰一陰」（同上）。就相離而言，太陰為三陰之表，厥陰為三陰之裡，少陰為太陰厥陰表裡出入之戶樞。就相合而言，三陰的開、闔、樞也是互不相失、相互協調、緊密聯繫的，故亦可合而稱之為「一陰」。陽脈性浮，而過浮則為病象；浮而勿過為陽和之象。陰脈性沉，而過沉則為病象；沉摶有神，則得陰脈中和之體。人之正經，數之一陰一陽，推之則有三陰三陽；再以三陰三陽為一層次，分手足而推之則有六陰六陽；再以六陰六陽為一層次，分左右而推之則有十二陰十二陽。離有六、十二、二十四之別；合則「內外相貫，如環無端」（《靈樞・經水》篇），成一動態整體質。《靈樞》的《經脈》篇、《經別》篇等對每條正經脈的起止、絡屬、分支和離合交接有詳盡描述。《靈樞・逆順肥瘦》篇對正經的循行走向簡要概括為：「手之三陰，從臟走手；手之三陽，從手走頭。足之三陽，從頭走足；足之三陰，從足走腹。」《邪氣臟腑病形》篇則合而言之，說：「陰之與陽也，異名同類，上下相會，經絡之相貫，如環無端。」從上述陰陽離合之論看，醫家並不認為三陰三陽之離與一陰一陽之合有什麼本質的區別。因此，如果硬要說醫家的三陰三陽之說只是醫家根據醫療實踐獨自總結出來的思想體系，與《周易》的一陰一陽之說毫無聯繫，恐怕難以成立。

《素問．陰陽離合論》說：「陰陽𧱓𧱓，積傳為一周，氣裡形表而為相成也。」經脈，是人體內周身流行的陰陽之氣。「𧱓𧱓」，往來流行不息之貌。「積傳」，累積經脈陰陽之氣的流傳。形立於表，氣運於裡，形氣相生，表裡相成。所謂人與天地同構，即同此陰陽之氣；所謂人與天地相應，即應此陰陽變化。可見，經絡系統不僅是氣化論生理學臻於完善的標誌，同時也是傳統醫學天人合一論進入更深層次的理論前提。《素問．天元紀大論》說：「寒暑燥濕風火，天之陰陽也，三陰三陽上奉之」。寒暑燥濕風火，是天之六氣。依據「陰陽之氣，各有多少，故曰三陰三陽」（同上）的離合原則，天之六氣與三陰三陽是相應的。寒是太陽的本氣，暑是少陽的本氣，燥是陽明的本氣，此天之三陽；濕是太陰的本氣，風是厥陰的本氣，火是少陰的本氣，此天之三陰。天氣以六六為節，六氣各治一步，首尾相銜，每步六十日，六六三百六十日，故謂「周天氣者六，期為一備」（同上）。一年之內，六氣之動又有主客之分，主氣為常，客氣為變。主氣之序每年相同，客氣則以每年司天之氣更番，依次主客之氣相錯而動。六氣的運行又以五運為制約，五六相合，三十年為一紀，六十年為一周。六十年內，氣運有主客交錯之用，太過不及之時，從而使人體的經脈循行和正常生理秩序受到程度不等的周期性影響。這是一種十分複雜的天人相應關係，本書在第四章有專論。

《素問・生氣通天論》說：「自古通天者，生之本，本於陰陽。天地之間，六合之內，其氣九州，九竅、五臟、十二節，皆通乎天氣。」天地之間、天人之間，皆以一氣相通，故人之生氣通天亦以陰陽之氣為本。《素問・陰陽應象大論》說：「天氣通於肺，地氣通於嗌，風氣通於肝，雷氣通於心，穀氣通於脾，雨氣通於腎。六經為川，腸胃為海，九竅為水注之氣。」嗌，《甲乙經》作「咽」；穀氣，山谷之通氣；六經，正經脈之三陰三陽，氣血循行之路徑。這裡具體描述了人與天地之氣相通的直接的連接部位，實際上這些連接關係都過於粗澀，後來便為經絡腧穴系統的精致描述所取代。《靈樞・九針十二原》說：「經脈十二，絡脈十五，凡二十七氣以上下，所出為井，所溜為滎，所注為腧，所行為經，所入為合，二十七氣所行，皆在五腧也。節之交，三百六十五會……所言節者，神氣之所游行出入也，非皮肉筋骨也。」二十七氣，指十二經加十五絡（十二經及任督二脈各有一絡脈，身脾之大絡又一絡脈，共十五絡）之氣；五腧，五臟經脈各自分別有井、滎、腧、經、合五個腧穴，五五共二十五個腧穴。二十七氣上下循行，出處為井，象井泉之初出；所流為滎，氣尚微，象泉水之涓涓而行；所注為腧，氣漸盛，象水之灌注而轉輸；所行為經，氣正盛，脈氣大行；所入為合，脈氣匯合收藏。六腑經脈各自分別有井、滎、腧、原、經、合六個腧穴，六六三十六個腧穴，是六腑氣血循行出入的部位。節之交會為氣穴，二十七氣所發者共三百六十五個穴會，正是神氣游行出入和絡脈滲灌諸節的地方。這樣，所謂「人與天地相參」，乃是透過這些氣穴才溝通了天地陰陽與人體經絡之間的關聯，而不再是像以前那樣只看某些人體有形部件與天地的相似性。

元代著名醫家朱震亨說：「天地以一元之氣化生萬物，根於中者曰神機，根於外者曰氣，立萬物同此一氣。人靈於物，形與天地參而為三者，以得其氣之正而通也。故氣升亦升，氣浮亦浮，氣降亦降，氣沉亦沉，人與天地同一槖籥。」（《格致餘論・夏月伏陰在內論》）人之所以與天地相參，不僅在於人與萬物同秉天地之氣；而且人靈於萬物，所得天地之氣正而通，所以能與天地之氣保持同步節律，升降沉浮與共。劉完素也說：「形體者，假天地之氣而生，故奉生元氣，通計於天，稟受陰陽而為根本，天地合氣，命之曰人，天地不絕，真靈內居，動靜變化，悉與天通。」（《素問病機氣宜保命集・原脈論》）張介賓更進而提出「天之氣即人之氣，人之體即天之體」，宇宙大天地與「人身小天地，真無一毫之相間」（《醫易義》）的天人同構論，突破了《靈樞・邪客》篇天人相類的簡單比附，開啟了宇宙全息論的端倪。天人之間的節律同步性和氣化同構論，是醫學從《易》天地人三才合一之道得出的科學結晶，至今還影響著當代中醫學的發展方向。

三、易學象數與氣化論生理模型

易學象數是在易學的形成和發展過程中逐步得到豐富和完善的。開始出現的只是八經卦的各種物象，後來出現了向宏觀方向發展的全《易》之象和向微觀方向發展的陰陽爻象。易學以象數與義理為兩大支柱，在漢代出現了始於孟喜而盛行於京房的卦氣說、納甲說，京房的八宮世應飛伏說，鄭玄的爻辰說，荀爽的升降說，虞翻的互體說和旁通說等，形成了直接從卦爻之象引申和模擬四季變遷、月相死生、陰陽升降等為特徵的漢代易學象數派。

在這個時期，天地生成數方位圖式和九宮數，也在部分易學著作和天文、曆數、醫學和數術等領域中流行。至宋代，易學象數派又得到一次大發展，出現了以邵雍為代表的先天河洛學派。這個學派堂而皇之地直接稱十數圖為河圖、九數圖為洛書，並創先後天方位和次序的多種圖案，又周濂溪製作的「無極而太極」圖，至南宋得到朱熹、蔡元定的推崇，這些圖案的影響由此而遍及各個文化層面。

《易・繫辭上》說：「聖人有以見天下之賾，而擬諸其形容，象其物宜，是故謂之象。」《繫辭下》甚至乾脆將《易》歸結為象，說：「是故《易》者象也。象也者，像也。」像，就是「擬諸其形容，象其物宜」。擬，就是以《周易》的象數系統對萬物進行各種類型的模擬，這是古老的易學模型說。建立模型的目的是為了更深刻地闡發義理，即所謂「擬之而後言，議之而後動，擬議以成其變化」（《繫辭下》），擬之議之以揭示萬物運動變化的規律，達到「開物成務」、「崇德而廣業」的目的。以易圖建構素樸模型，是中國古典系統思維方式的一大特徵。這一特徵使中國古典系統思維方式找到了整合各種經驗材料的綜合方法，有力推動了中國古代科學技術的發展。《繫辭上》說：「《易》有聖人之道四焉：以言者尚其辭，以動者尚其變，以製器者尚其象，以卜筮者尚其占。」把「製器者尚其象」作為聖人用《易》的四道之一，說明《繫辭》作者明確意識到易象對古代從事「製器」的科技工作者建構模型的重要意義。傳統醫學是東方經典的人體生命科學，它從自身思想體系奠定之日起，便開始注意到運用易象建構各種醫學模型，以後歷代醫家循之不絕。現僅就氣化論生理學範圍略舉一二，以見其犖犖大端。

㈠五臟河圖模型

五臟河圖模型，是採用中央土數五和四方水火木金之成數六七八九的方位框架，配以五臟及其與體內體外環境相對應的各種五的單相性系列組合而成的復合模型（見圖2—1）。

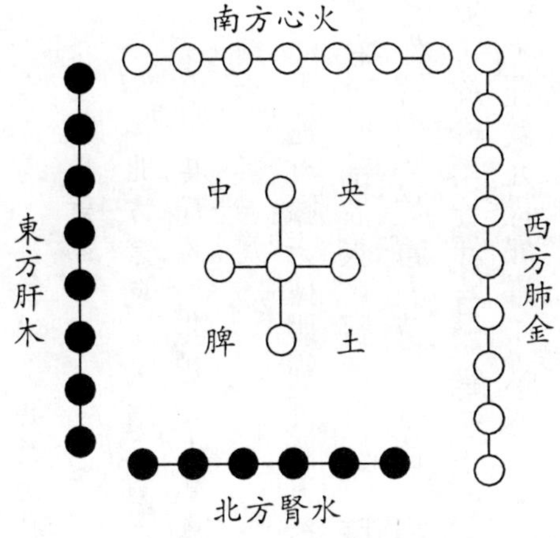

圖 2-1　五臟河圖模型

這個圖中的數碼，土數五為生數，而水六、火七、木八、金九皆為成數。按照「土常主生」的觀點，醫學中的河圖模型，土只用五而不用十。在這個模型中，五臟有著複雜的對應關係，將人體的內外環境整合為一個不可分割的有機整體。《素問・金匱真言論》說：

東方青色，入通於肝，開竅於目，藏精於肝，其病發驚駭；其味酸，其類草木，其畜雞，其穀麥；其應四時，上為歲星，是以春氣在頭也；其音角，其數八，是以知病之在筋也。其臭臊。

南方赤色，入通於心，開竅於耳，藏精於心，故病在五臟；其味苦，其類火，其畜羊，其穀黍；其應四時，上為熒惑星，是以知病之在脈也；其音徵，其數七，其臭焦。

中央黃色，入通於脾，開竅於口，藏

精於脾，故病在舌本；其味甘，其類土，其畜牛，其穀稷；其應四時，上為鎮星，是以知病之在肉也；其音宮，其數五，其臭香。

西方白色，入通於肺，開竅於鼻，藏精於肺，故病在背；其味辛，其類金，其畜馬，其穀稻；其應四時，上為太白星，是以知病之在皮毛也；其音商，其數九，其臭腥。

北方黑色，入通於腎，開竅於二陰，藏精於腎，故病在谿；其味鹹，其類水，其畜彘，其穀豆；其應四時，上為辰星，是以知病之在骨也；其音羽，其數六，其臭腐。

上述五臟方位服從河圖五行數方位，《素問・刺禁論》所說的「肝生於左，肺藏於右，心部於表，腎治於裡，脾為之使，胃為之市」，也是指的河圖模型方位，不能當作解剖學位置看待。五色，指的是五天之氣。《素問・五運行大論》說：「丹天之氣，經於牛女戊分；黅天之氣，經於心尾己分；蒼天之氣，經於危室柳鬼；素天之氣，經於亢氐昴畢；玄天之氣，經於張翼婁胃」，認為五天的五色之氣的出現，在經天二十八宿中都有一定的位置。這五天之氣分別與五臟有對應的相通關係。《素問・金匱真言論》對五臟內外環境的描述還不很完備，《內經》中的其他篇目尚有許多論述，也都是以這個模型作為基本框架的。

這個五臟河圖模型，實際上是一個以五臟為中心的天人合一的復合模型，這個模型不僅反映了人體的各個部分是一個有機整體，而且把人體的內外環境看做是一個具有聯動效應的巨型系統。從靜態意義上觀察，模型中所有的單相性五的系列之間都具有相關性的對應關係，從而可以形成五個大型板塊。從動態意義上觀察，這五個板塊之間又由各種單相性五的系列構成一種震蕩的整體網絡，通過五行內在的相生相剋機制產生環狀性的或層次性的、網狀性的等多種形態的傳遞運動。

根據天地人三才合一的思想，可以先將這個模型分解為天、地、人三個分支系統加以考察，然後再進行動態的整體整合。

傳統醫學關於人體組織形態的各個部分的生理特性、生理功能及其相互關係的全部內容，包含在它的藏象學說之中。藏象學說以五臟為中心，把臟與臟、腑與腑、臟與腑、臟腑與形體各器官組織之間，聯結成為一個有機的整體。五臟，即肝、心、脾、肺、腎。《素問・五臟別論》說：「所謂五臟者，藏精氣而不瀉也，故滿而不能實。」又《靈樞・本臟》說：「五臟者，所以藏精神血氣魂魄者也。」「五臟者，所以參天地，副陰陽，而連四時化五節者也。」神、魂、魄，是人體的生命機能，血、精、氣，是人體內極寶貴的物質，而此六者皆為五臟所藏，故滿而厭其實。這是就五臟的內部功能看五臟的重要性。再就五臟的外部功能看，「肺心居其上，故參天也；肝脾腎在下，故參地也。肝心為牡，副陽也；脾肺腎為牝，副陰也。肝春、心夏、肺秋、腎冬，即連四時也。從五時而變，即化五節。節，時也。」（楊上善《黃帝內經太素》卷六）由於五臟的對內對外功能，傳統醫學一直認為五臟是人體的主導部分，六腑皆準五臟而已。所謂六腑者，即膽、胃、小腸、大腸、三焦、膀胱。《靈樞·本臟》說：「六腑者，所以化水穀而行津液者也。」《素問·五臟別論》說：「六腑者，傳化物而不藏，故實而不能滿也。所以然者，水穀入口，則胃實而腸虛；食下，則腸實而胃虛。」「夫胃、大腸、小腸、三焦、膀胱，此五者天氣之所生也，其氣象天，故瀉而不藏，此受五臟濁氣，名曰傳化之腑，此不能久留，輸瀉者也。魄門亦為五臟使，水穀不得久藏。」六腑除膽之外，餘皆在受水穀之氣後，或吸收，或運化，或分泌，把精華輸送到五臟，把糟粕排泄出體外。魄門即肛門，也是為五臟行使排泄功能的。此外還有奇恆之腑，「腦、髓、骨、脈、膽、女子胞，此六者地氣之所生也，皆藏於陰而象於地，故藏而不瀉，名曰奇恆之府。」從功能上說，膽被歸入奇恆之腑也許比歸在六腑之中更為恰當。奇恆之腑雖名之為腑，但與腑的性質和功能有別。一般說，臟為陰腑為陽，但奇恆之腑屬陰不屬陽；臟主藏腑主瀉，但奇恆之腑主藏不主瀉。儘管五臟、六腑以及奇恆之腑都有各自獨特的生理功能，但在整個機體的生命活動中，它們之間的關係則呈現為以五臟為中心的互相配合、互相協調的有機整體。《靈樞·本輸》說：「肺合大腸，大腸者，傳道之腑；心合小腸，小腸者，受盛之腑；肝合膽，膽者，中精之腑；脾合胃，胃者，五穀之腑；腎合膀胱，津液之腑也。……三焦者中瀆之腑也，水道出焉，屬膀胱，是孤之腑也。是六腑之所與合

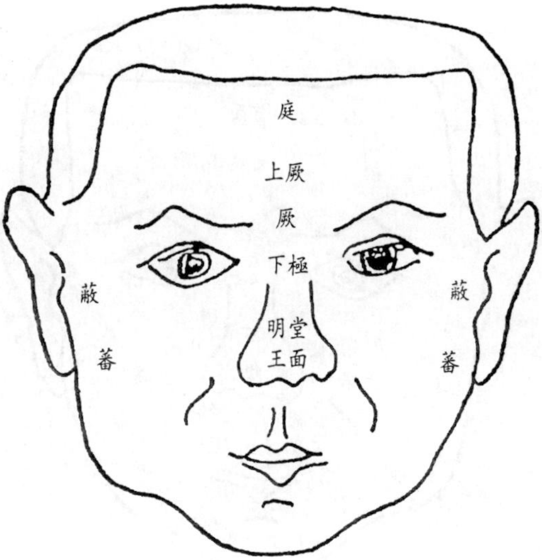

圖 2-2　面部圖

者。」明確說明臟與腑是陰陽表裡相應的。所以河圖模型中儘管只列五臟，而實際上包含了所有臟腑器官的全部功能性聯繫在內。

臟腑系統與體表器官的相關性聯繫，是傳統醫學診斷學的理論依據，因而也正是藏象學說著力探討的生理現象的重要內容。它所著重研究的問題是藏於體內的臟腑器官功能與它在機體外部的特定表徵之間的聯繫。除河圖模型所列五臟與九竅（肝開竅於目，心開竅於耳，脾開竅於口，肺開竅於鼻，腎開竅於二陰），與五體（「肝生筋」，「心生血」，「脾生肉」，「肺生皮毛」，「腎生骨髓」）的關係外，傳統醫學還依局部是整體濃縮的觀點，認為面部的不同部位可以反映對應臟腑的狀況。面部的各個部分，「明堂者鼻也，闕者眉間也，庭者顏也，蕃者頰側也，蔽者耳門也」（見圖2—2）。

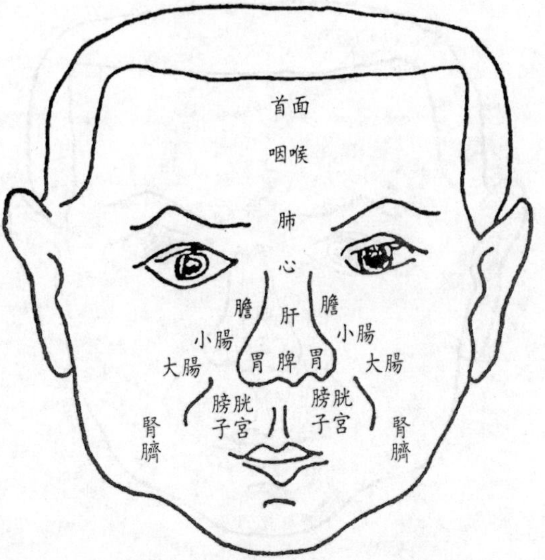

圖 2-3　臟腑色見面部圖

臟腑在面部的對應位置，「明堂骨高以起，平以直，五臟次於中央，六腑挾其兩側，首面上於闕庭，王宮在於下極。五臟安於胸中，真色以致，病色不見，明堂潤澤以清」。詳言之，「庭者首面也，闕上者咽喉也，闕中者肺也，下極者心也，直下者肝也，肝左者膽也，下者脾也，方上者胃也，中央者大腸也，挾大腸者腎也，當腎者臍也，面王以上者小腸也，面王以下者，膀胱子處也」（見圖2－3）。以上引文均見於《靈樞．五色》篇。該文還列舉了身體各部肢節在面部的對應位置，表明整個人體的健康狀況都能集中呈現在面部氣色之上。此外，寸口脈象、耳廓、掌指以及體表每一個具有相對獨立性的肢節，都可以局部反映整體狀況。

臟與腑、臟與臟、腑與腑之間之所以

能夠形成為一個互相配合互相協調的整體，臟腑系統內在氣質性和功能性的變化之所以能夠由體表局部的色澤和其他方式反映出來，關鍵在於經絡腧穴系統在人體生理上具有運行氣血的功能，能起到溝通五臟、六腑、四肢、百骸、九竅、皮毛、筋肉等的整體聯結的作用。以臟腑關係為例，肺之所以與大腸合，原因在於營氣在經絡通道中的循行次序，起於手太陰肺經而流注於手陽明大腸經，故肺與大腸互為表裡；心之所以與小腸合，因於營氣沿手少陰心經，橫出於腋窩部，下沿臂內側後緣流注小指而與手太陽小腸經合；肝之所以與膽合，因於營氣由足少陽膽經循經下行至足背，流注到足大趾間，與足厥陰肝經相合；脾之所以與胃合，因於營氣由足陽明胃經循經下行至足背，流注於大趾之端，與足太陰脾經表裡相合；腎之所以與膀胱合，因於營氣由足太陽膀胱經沿脊柱兩旁經尻部，流注足小趾端，再至足心而流注於足少陰腎經，故腎與膀胱表裡相合。再以面部反映人身整體為例，《靈樞・邪氣臟腑病形》說：「十二經脈，三百六十五絡，其血氣皆上於面而走空竅，其精陽氣上走於目而為睛，其別氣走於耳而為聽，其宗氣上出鼻而為臭，其濁氣出於胃，走唇舌而為味。」這段話不僅說明了面部諸竅生理功能產生的原因，而且說明了面部之所以能反映整體的根據。整個經絡系統是一個「疏而不漏」的無形網絡，穴位則是這個縱橫交織的網上紐結，正是這個在臨床上有極寶貴價值的無形的系統，將人體全部的有形部件聯結成為一個有機的整體。

天地是人類生存的宏觀的外部自然環境。在河圖模型中，主要列舉了五季、五氣、五星等有關天象和五畜、五穀、五音、五味、五臭等有關地物的諸種單相性系列。這些單相性系列只不過略舉其要而已，還有五方、五色這類系列既關乎天象，又關乎地物和人體，不必一定以天地定其歸屬。

以人與地理環境的關係而言，《素問・異法方宜論》說：「東方之域，天地之所始生也，魚鹽之地，海濱傍水。其民食魚而嗜鹼，皆安其處，美其食。魚者使人熱中，鹽者勝血，故其民皆黑色疏理，其病皆為癰瘍，其治宜砭石。」「西方者，金玉之域，沙石之處，天地之所收引也。其民陵居而多風，水土剛強，其民不衣而褐薦，其民華食而脂肥，故邪不能傷其形體，其病生於內，其治宜毒藥。」「北方者，天地所閉藏之域也，其地高陵居，風寒冰冽。其民樂野處而乳食，臟寒生滿病，其治宜灸焫。」「南方者，天地所長養，陽氣之所盛處也，其地污下，❼水土弱，霧露之所聚也。其民嗜酸而食胕，故其民皆致理而色赤，其病攣痹，其治宜微針。」「中央者，其地平以濕，天地所以生萬物也眾。其民食雜而不勞，故其病多痿厥寒熱，其治宜導引按蹻。」五方水土不同，人的生活環境相異，由此而產生的生理狀況和地域性疾病各有差異，因而形成了各自相應的治療方法。

從五臟與五味、五穀、五畜、五果等的關係看，《素問・至真要大論》說：「夫五味入胃，各歸所喜，故酸先入肝，苦先入心，甘先入脾，辛先入肺，鹼先入腎。久而增氣，物化之常也。氣增而久，夭之由也。」五味在通常情況下有益氣的作用，故五味之入皆從其本臟之氣。肝氣溫和故喜酸，心氣暑熱故喜苦，肺氣清涼故喜辛，腎氣寒冽故喜鹹，脾氣兼四而併之而故喜甘。五味益氣不可以偏勝。氣有偏勝則臟有偏絕，此即所謂「氣增而久，夭之由也」。五味對五臟還具有調節作用。這種調節作用表現為與五臟之氣具體狀況相應的緩、收、軟、泄、散、堅等效用。

《素問・臟氣法時論》說：「肝色青，宜食甘，粳米、牛肉、棗、葵皆甘。心色赤，宜食酸，小豆、犬肉、李、韭皆酸。肺色白，宜食苦，麥、羊肉、杏、薤皆苦。脾色黃，宜食鹹，大豆、豕肉、栗、藿皆鹹。腎色黑，宜食辛，黃黍、雞肉、桃、蔥皆辛。辛散、酸收、甘緩、苦堅、鹹軟。毒藥攻邪，五穀為養，五果為助，五畜為益，五菜為充，氣味合而服之，以補精益氣。此五者，有辛酸甘苦鹹，各有所利，或散，或收，或緩，或急，或堅，或軟，四時五臟，病隨五味所宜也。」如肝苦於氣有餘之急，則可用甘甜之食以緩其氣；心苦於氣虛之緩，則可用酸味之食收斂其氣；脾苦於氣濕，則可用苦味之食使其燥之；肺苦於氣有餘而上逆，則可用苦味之食加以宣泄；腎苦於氣燥，則可用辛辣之食加以津潤。這是五味食療的一般做法，具體實行起來還須考慮到季節的推移和臟氣的實際狀況。

以腎病為例，如果腎氣需要堅燥而不是苦於堅燥，則應「急食苦以堅之，用苦補之，鹹瀉之」（同上），而不可以辛辣之食加以津潤，亦不可單以鹹味之食柔軟其氣。五味之用，同樣有滋生和制約（即相生相剋）的道理存乎其間，但必須根據臟氣的狀況和五味的功用而定。

五行學說的確有局限性，特別當醫家無限誇大了它的運用範圍之後顯得尤其突出。但它作為一種復合的功能模型，為醫學提供了整體綜合的方法，直到今天也還難以找到一個更好的功能模型取而代之。五行學說將許多五的單相性系列作對應排列，粗看起來，依靠事物外在形式上的相似性連接起來的似乎不倫不類的整體性體系，幾乎沒有絲毫的科學性；然而經過不斷的思維錘煉，外在的相似性連接便逐漸讓位於內在的實質性連接。如以五臟聯繫五方，可以形成區域性生理學和病理學方面的基本原理；以五臟聯繫五色、五味，可以形成藥物學和營養學方面的基本原理。而所有這些分支學科的基本原理又都服從於臟腑系統的功能狀況，是整個模型不可分割的組成部分。

人體與天象的關係，模型能夠顯示的主要是一些可變的有規律的天象，如五星、五氣等。此外，五天、五官（或五宮）這些天象也可列於其中。但日月相推之象，八節十二時七十二候等卻無法包容進模型中，因此，這個模型不足以全面反映天人相應的關係。如果說五星、五氣、五天、五宮這些單相性系列只是天象中的若干局部，那麼，有關天人相應的內容還需要有若干相關的單相作為補充。

㈡陰陽消長月窟天根模型

月窟天根圖與先天六十四卦方圓圖之間存在著相因關係，但這兩個圖孰先孰後一下子也不容易辨清。從文獻上出現的時間看，先天六十四卦方位圖載於朱熹《周易本義》卷首，並說這個圖是由陳摶傳出，經穆修、李之才而至邵雍。圖上所注說明文字為：「此圖圓布者，乾盡午中，坤盡子中，離盡卯中，坎盡酉中。陽生於子中，極於午中；陰生於午中，極於子中。其陰在南，其陰在北。方布者，乾始於西北，坤盡於東南。其陽在北，其陰在南。此二者，陰陽對待之數，圓於外者為陽，方於中者為陰。圓者動而為天，方者靜而為地者也。」朱熹《易學啟蒙》中說：「天以始生言之，故陰上而陽下，交泰之義也；地以既成言之，陽上陰下，尊卑之位也。乾坤定上下之位，坎離列左右之門，天地之所闔辟，日月之所出入，春夏秋冬，晦朔弦望，晝夜長短，行度盈縮，莫不由乎此。」在朱熹看來，這個圖對天地結構和陰陽分布與消長態勢的模擬，彷彿佛自然天成一般，當然是與天地之道相吻合的了。但後世學者不僅從這個圖的過於整齊規範與陰陽運動有序與無序相統一的狀況並不吻合的意義上提出了批評，而且對這個圖的出處亦有不少質疑。

月窟天根圖（見圖2—4）實際上只採用了先天六十四卦圖中的圓圖，劃法以黑白塊代陰（⚋）陽（⚊）爻。邵雍有一首《觀物吟》詩（見《擊壤集》卷十六），最早

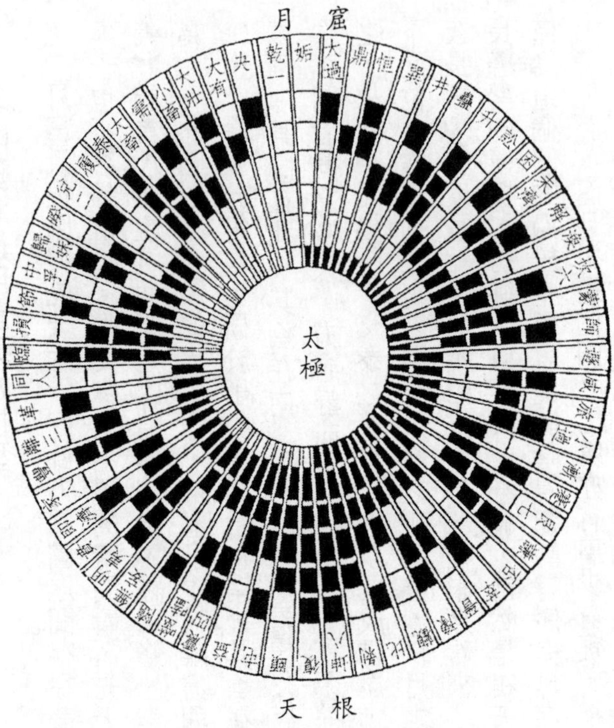

圖 2-4　月窟天根圖

提到「天根」、「月窟」之說。詩云：

耳目聰明男子身，洪鈞賦予不為貧。因探月窟方知物，未躡天根豈識人。乾遇巽時觀月窟，地逢雷處見天根。天根月窟閑來往，三十六宮都是春。

宋末元初人俞琰說：

月窟在上，天根在下，往來乎月窟天根之間者，心也。何謂三十六宮？乾一、兌二、離三、震四、巽五、坎六、艮七、坤八是也。三十六宮都是春，謂和氣周流乎一身也。如此，則三十六宮不在紙上，而在吾身中矣。

（《易外別傳》）

俞琰這段話既是對邵雍《觀物吟》的解釋，也是對月窟天根圖的說明。「乾遇巽」為姤，故月窟在圖之上方；「地逢雷」為復，故天根在圖之下方。把三十六宮說成是先天八卦序數之和，意恐欠妥，不如以六十四卦之三十六象解得貼切。六十四卦以綜卦言得二十八象，不可綜而以相錯言者八象（如乾䷀、坤䷁、坎䷜、離䷝、頤䷚、大過䷛、中孚䷼、小過䷽），共三十六象，如此外圖中六十四卦盡在其中矣。天根復卦一陽初生，位處正北子中，自復至乾，為陽升陰降；月窟姤卦，一陰始起，位處正南午中，自姤至坤，為陰長陽消。天根月窟，陰陽升降，自復而始，至坤而終，終始相循，如環無端。故俞琰說：「圖之妙在乎終坤始復，循環無窮，其至妙則又在乎坤復之交一動一靜之間。」（《易外別傳・序》）坤復之交，在一歲為冬至，在一月為晦朔之間，在一日為亥末子初之時。俞琰認為，先天圖是人「身中之《易》」，「人之一身即先天圖也。心居人身之中，猶太極在先天圖之中……圖自復而始，至坤而終，終始相連如環，故謂之環中。環中者，六十四卦環於其外而太極居其中也。在《易》為太極，在人為心，人之心為太極，則可以語道矣。」（《易外別傳・先天圖》）俞琰視月窟天根先天圖為天地大宇宙與人體小宇宙合一的修煉內丹的模型，認為「冬至後自復而乾屬陽，故以為呼；夏至後自姤而坤屬陰，故以為吸。呼乃氣之出，故屬冬至之後；吸乃氣之入，故屬夏至之後。大則為天地一歲之呼吸，小則為人身一息之呼吸」（同上）。故人身合於先天六十四卦陰陽之升降，邵雍《觀物吟》詩句講的原來是內丹功法，「如此則三十六宮不在紙上，而在吾身中矣」，而「三十六宮都是春」，說的正是「和氣周流乎一身」（同上）。俞琰對邵雍《觀物吟》的解釋及對月窟天根圖的說明，對明代醫學家張介賓產生過重要的影響。

張介賓也採用月窟天根先天圖作為天與人陰陽消長同步節律的復合模型。張氏說：「六十四卦列於外，昭陰陽交變之理也。太極獨運乎其中，象心為一身之主也；乾南坤北者，象首復之上下也；離東坎西者，象耳目之左右也。」（《醫易義》）進而他以圖外圈六十四卦陰陽之流行，模擬人體生命生長壯老已的變化過程。他說：「自復至同人，當內卦震離之地，為陰中少陽之十六，在人為二八」（同上）。復為一陽初生於子，經頤、屯、益、震、噬嗑、隨、無妄（以上內卦皆為震），明夷、賁、既濟、家人、豐、離、革，至同人（以上內卦皆為離），共十六卦，為陽生與漸長之過程。其象為陰中之少陽，當一年之春，以人言則為童年與少年時期。「二八」指十六歲，少年之年限。「自臨至乾，當內卦兌乾之地，為陽中太陽之十六，在人為四八」（同上）。自臨經損、節、中孚、歸妹、睽、兌、履（以上內卦皆為兌），泰、大畜、需、小畜、大壯、大有、夬，至乾（以上內卦皆為乾），共十六卦，為陽占主導地位，其象為陽中之太陽，當一年之夏，以人言則為青壯年時期。「四八」指三十二歲，壯年之限。「自姤至師，當內卦巽坎之地，為陽中少陰之十六，在人為六八」（同上）。姤為一陰初生於午，經大過、鼎、恆、巽、井、蠱、升（以上內卦皆為巽），訟、困、未濟、解、渙、坎、蒙，至師（以上內卦皆為坎），共十六卦，為陰生與漸長之過程。其象為陽中之少陰，當一年之秋，以人言則為中年時期。「六八」指四十八歲，中年之年限。「自遁至坤，當內卦艮坤之地，為陰中太陰之十六，在人為八八」（同上）。自遁經咸、旅、小過、漸、蹇、艮、謙（以上內卦皆為艮），否、萃、晉、豫、觀、比、剝，至坤（以上內卦皆為坤），共十六卦，為陰占主導地位，至坤而達於極盛。其象為陰中之太陰，當一年之冬，以人言則為老年時期。「八八」指六十四歲，老年無確定上限，蓋卦僅六十四而已。總而言之，「陽生於子而極於午，故復曰天根，至乾為三十二卦，以應前之一世；陰生於午而極於子，故姤曰月窟，至坤為三十二卦，以應後之半生。前一世始於復之一陽，漸次增添，至乾而陽盛已極，乃象人之自少至壯；後半生始於姤之一陰，漸次耗減，至坤而陽盡以終，乃象人之自衰至老」（同上）。

張氏說：「即此一圖，而天人之妙，運氣之理，無不具矣。」（同上）無論天地之氣或人身之氣，其陰陽升降消長的共同規律，都體現為量的積累引起質的合乎規則的變化。「以屈伸言之，如寒往則暑來，晝往則夜來，壯往則衰來，正往則邪來。故難易相成，是非相傾，剛柔相制，冰炭相刑。知乎此，則微者甚之基，盛者衰之漸，大由小而成，遠由近而遍。故安不可以忘危，治不可以忘亂，積羽可以沉舟，群輕可以折軸」（同上）。故養生之道要在把握陰陽升降之機，適時培陽抑陰，不可因量變事小而輕忽。少壯之際，陽漸長而盛，當培陽以漸升；中年以後，陰漸長而盛，則當遞而降。「死生之機，升降而已。欲知升降之要，則宜降不宜升者，須防剝之再進；宜升不宜降者，當培復之始生。畏剝所從衰，須從觀始；求復之漸進，宜向臨行」（同上）。臨為青少之交，是一陽初生之復的漸進方向；觀在剝之前，剝與坤相臨，近於陽竭陰極之時，為防剝之再進，一定要早從觀時著手防止陽之再降。

以上陰陽升降僅就一般規則性運動而言。事實上，無論天象或人體，陰陽升降的規則性都是通過一系列或過或不及的非規則性的上下波動實現的。仍以卦象譬之，「則泰為上下之交通，否為乾坤之隔絕；既濟為心腎相諧，未濟為陰陽各別；大過、小過，入則陰寒漸深，而出為症痞之象；中孚、頤卦，中孚如土藏不足，而頤為膨脹之形；剝復如隔陽脫陽，夬姤如隔陰脫陰；觀為陽衰之漸，遁藏陰長之因」（同上）。復為一陽初生而偏有「脫陽」之象，中孚在少壯之際卻有「土藏不足」之嫌，頤從復長本為陽升之漸，其象卻為「膨脹之形」，以上種種足見漸進之中有著許多起伏波動，不是簡單套用模型所能說明得了的。這正是張介賓出入於先天學而又高於邵雍、俞琰等人之所在。

規則性與波動性是事物運動之兩面。規則性是事物運動之「常」，而波動性則是事物運動之「變」。張氏說：

以常變言之，則常易不易，太極之理也；變易常易，造化之動也。常易不變，而能應變；變易不常，靡不體常。是常者，《易》之體；變者，《易》之用。古今不易，《易》之體；隨時變易，《易》之用。……由是以推，則屬陰屬陽者，稟受之常也，或寒或熱者，病生之變也；素大素小者，脈賦之常也，忽浮忽沉者，脈應之變也；恆勞恆逸者，居處之常也，乍榮乍辱者，盛衰之變也；瘦肥無改者，體貌之常也，聲色頓異者，形容之變也。（同上）

「常易不易」與「變易常易」是體與用的關係。根據「體用一原」之說，張氏認為，體雖常易而不變，用雖變易不常而不失常。因此，對於人們的認識來說，「不通變不足以知常，不知常不足以通變」（同上）。先天圖模型顯示的是整齊規則性的運動，醫者應善於透過卦象從中看到各種非規則性的變動現象。一般說來，「常者易以知，變者應難識」（同上），故對「變」應特別下功夫。張氏說，「知常變之道者，庶免乎依樣畫瓠蘆，而可語醫中之權矣」（同上）。張氏對先天圖模型的規則整齊的推排，從體用常變關係上進行反覆的說明，目的在於避免對這個模型作死板僵化的理解。他特別強調權變的重要性，認為那些能識「醫中之權」者，方能把握陰陽常變之機，曲盡起死回生之神。清代初年，黃宗羲、王船山等人都對先天圖的整齊推排提出尖銳的批評，而張氏運用此圖時實已先見及此了。

【註釋】：

❶《尚書·微子》「我祖底遂陣於上，我用沉酗於酒，用亂敗厥德於下」。上下，即指時間之前後。

❷原作「三百六十節」，《太素》卷五有「五」字。疑上句「三百六十五日」亦無「五」字，兩句中的「五」字皆為西漢中期以後添補。

❸《太素》作「地有靈氣」。

❹「募」，《太素》作「幕」。丹波元簡《靈樞識》：「募，當作幕，幕膜同。《瘻論》：肝主身之筋膜。全元起注云：膜者，人皮肉上筋膜也。」

❺寸口，又名氣口或脈口，指腕後橈骨動脈部位。《素問》對這個部位的脈象本來就十分重視。《經脈別論》說：「脈氣流經，經氣歸於肺，肺朝百脈，輸精於皮毛。毛脈合精，行氣於府。府精神明，留於四臟，氣歸於權衡。權衡以平，氣口成寸，以決死生。」又《五臟別論》說：「氣口何以得為五臟主？」、「胃者水穀之海，六腑之大源也。五味入口，藏於胃以養五臟氣，氣口亦太陰也。是以五臟六腑之氣味，皆出於胃，變見於氣口。」《難經》倡獨取寸口法，正是由此得到的啟示。

❻「腠理郄」，《黃帝內經太素》作「焦理郄」，楊上善注：「三焦之氣發於腠理，故曰焦理。郄，曲也。」故此處「腠」為「膲」之誤，膲焦通。

❼《素問》無「污」字，據楊上善《黃帝內經太素》補。楊注：「污下，濕也。」

第三章 《易》與中醫病源病機學說

傳統醫學的病源病機學說，以人體疾病發生與變化的外部條件和內在機理為主要內容，大致包括疾病產生的原因，人體對疾病的反應機制，以及疾病在人體內可能出現的變化。這些內容本身是醫學長期臨床實踐的經驗結晶，至於對這些臨床經驗的整理並使之條理化，則與《易》有著密切的關係。

一、《易》與病源理論

病源理論是隨臨床經驗的日益豐富而逐漸趨於完善的。由對病源理論發展過程的考察，可以發現其中有兩個明顯的相互關聯的階段。

㈠五臟河圖模型病源論階段

五臟河圖模型中的病源理論，由《內經》總結先秦及西漢時期的經驗材料而成，是五臟河圖模型整體結構的有機組成部分之一。模型中的病源理論，主要表現為五臟與五氣、五志、五味等對應系列的動態聯結。

1. 五臟與五氣

《素問・陰陽應象大論》說：「天有四時五行，以生長收藏，以生寒暑燥濕風。」寒暑燥濕風，是天氣變換的五種基本要素。這五種要素是人體生理正常發育的必不可少的條件，但當其出現異常變化的時候，又會成為人體致病的原因。在模型中，「肝生筋」，與肝對應的氣為風，風氣異常則傷筋，從而產生痙攣等症；「心生血」，與心對應的氣為熱，熱氣異常則傷氣血，氣血傷則易出現紅腫；「脾生肉」，脾與濕氣對應，濕氣異常則傷肌肉，又脾與胃合，濕氣過盛則易引起濕泄；「肺生皮毛」，肺與燥氣對應，燥氣異常則皮毛乾澀；「腎生骨髓」，腎與寒氣對應，寒氣異常則傷骨與血，導致浮腫等症發生。總之，「風勝則動，熱勝則腫，燥勝則乾，寒勝則浮，濕勝則濡瀉」❶（同上）。

上述五氣過勝對人體健康之影響，僅僅是從單相對應聯結引發的始發症立說的，實際情況當然要比此複雜得多。以風氣對人的影響而論，《內經》認為，五氣之中以風邪對人體危害最大。《素問・風論》說「風者善行而數變」，極易對人體造成傷害，引發出許多類型的「其病各異，其名不同」的病痛，「故風者，百病之長也」。《素問》的《風論》，《靈樞》的《賊風》篇、《九宮八風》篇、《歲露》篇、《刺節真邪》篇等，對風邪走向及其入侵人體後引起的各種症狀，以及察診和針刺方法，

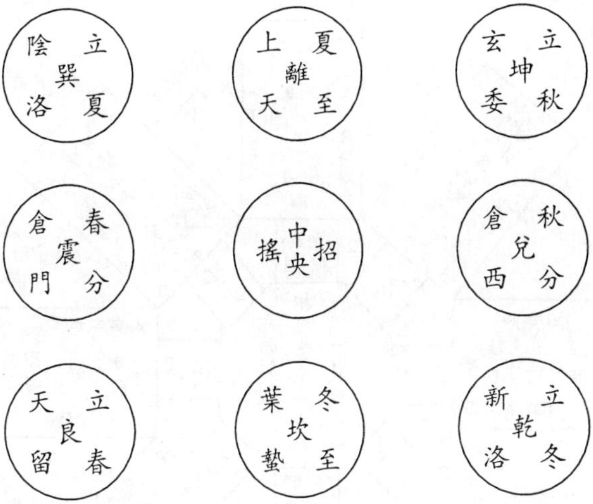

立夏	四	陰洛 東南方	夏至	九	上天 南方	立秋	二	玄委 西南方
春分	三	倉門 東方	招搖	五	中央	秋分	七	倉果 西方
立春	八	天留 東北方	冬至	一	葉蟄 北方	立冬	六	新洛 西北方

圖 3-1　《靈樞》九宮圖

作了詳細探討，並在表敘方法上成功地建構出相應的單相性模型。

如《靈樞・九宮八風》篇從人體與天地自然的相應關係出發，以後天八卦方位為框架，根據天體的運行規律，確定中央和四正四隅九個方位，配以「四立」、「二分」、「二至」八個節令，以推知八方風氣變化對人體的影響。篇中所載的九宮圖（見圖3—1和圖3—2），中央招搖宮為太一（北極星）之位。《夏小正》已有依北斗一年內斗柄移動所指方向判斷季節之記

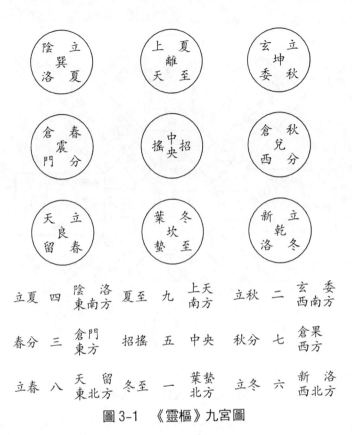

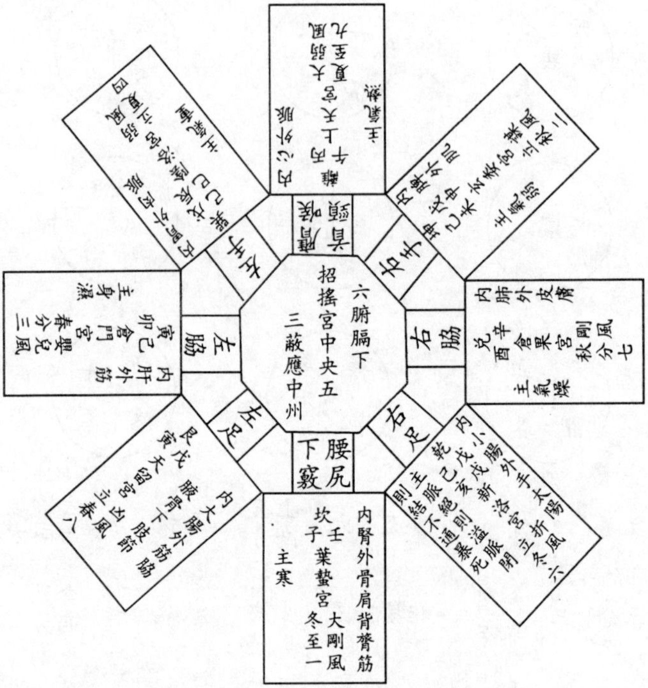

圖 3-2　《太素》九宮圖

載。以八卦配八宮，依據的是《說卦》：「帝出乎震，齊乎巽，相見乎離，致役乎坤，說言乎兌，戰乎乾，勞乎坎，成言乎艮」。帝，指太乙。「萬物出乎震，震東方也」。

《九宮圖》據此定震配東方倉門宮，其辰己卯，其節令春分，其數三，其風嬰兒風。「齊乎巽，巽，東南也。齊也者，言萬物之絜齊也」。故巽配東南方陰洛宮，其辰己巳、戊辰，其節令立夏，其數四，其風弱風。「離也者明也，萬物皆相見，南方之卦也」。故離配南方上天宮，其辰丙午，其節令夏至，其數九，其風大弱風。「坤也者地也，萬物皆致養焉」。故坤配西南方玄委宮，其辰己未、戊申，其節令立秋，其數二，其風謀風。「兌，正秋也，萬物之所說也」。故兌配西方倉果宮，其辰辛酉，其節令秋分，其數七，其風剛風。「戰乎乾，乾，西北之卦也，言陰陽相薄也」。故乾配西北方新洛宮，其辰戊戌、己亥，其節令立冬，其數六，其風折風。「坎者水也，正北方之卦也，勞卦也，萬物之所歸也」。故坎配北方葉蟄宮，其辰壬子，其節令冬至，其數一，其風大剛風。「艮，東北之卦也。萬物之所成終而所成始也」。故艮配東北方天留宮，其辰戊寅，其節令立春，其數八，其風凶風（以上引文均見《說卦》）。中央招搖宮為帝太乙之所居，其數五。九宮圖本是遁甲術的一種式盤，其配十二辰隱天干甲癸，其配八卦取後天八卦方位，其配數為洛書布局。其配八風配節令，便是利用這個式盤的結構框架，推斷節令推移與氣候變化對人體的具體影響。

《靈樞‧九宮八風》云：「風從所居之鄉來為實風，主生長養萬物；從其衝後來為虛風，傷人者也，主殺主害者」。風從所居之鄉來，為與季節相應的當令之風，如春季東風，夏季南風，秋季西風，冬季北風之類。風從其衝後來，為與季節相應的當令之風正相對衝的方向而來之風，如春行西風，夏行北風，秋行東風，冬行南風之類。所謂大弱風、謀風、剛風、折風、大剛風、凶風、嬰兒風、弱風等八風，凡是從當令季節相對衝的方向而來的都屬於虛邪賊風，能使人致病。如大弱風，「其傷人也，內舍於心，外在於脈，其氣主為熱」；謀風，「其傷人也，內舍於脾，外在於肌，其氣主為弱」；剛風，「其傷人也，內舍於肺，外在於皮膚，其氣主為燥」；折風，「其傷人也，內舍於小腸，外在於手太陽脈，脈絕則溢，脈閉則結不通，善暴死」；大剛風，「其傷人也，內舍於胃，外在於骨與肩背之膂筋，其氣主為寒也」；凶風，「其傷人也，內舍於大腸，外在於兩脇腋骨下及肢節」；嬰兒風，「其傷人也，內舍於肝，外在於筋紐，其氣主為身濕」；弱風，「其傷人也，內舍於胃，外在肌肉，其氣主體重」。八風逆來對人的影響不可低估，特別當人體虛弱，輕則易於疲困，患寒熱相間之病，重則暴病突然死亡。故古之深諳養生之道的人，「避風如避矢石」（以上引文均見《九宮八風》篇）。

除了季節性風氣變異對人的影響之外，人體受風氣傷害的途徑還有很多，如「飲酒中風，則為漏風；入房汗出中風，則為內風；新沐中風，則為首風」（《素問·風論》篇），不一而定。邪風之傷人，自淺而深，可以遍傳五臟，引起其他疾病，不可拘於模型的靜態對應關係理解。其他四氣寒暑燥濕對人體之影響同樣十分複雜，僅以風氣一例足見一斑，餘四氣暫略而不議。

2. 五臟與五志

《內經》五臟河圖模型中，五臟與五志的對應關係是人體內在的一種生理聯繫。五臟與五志是互相影響的。《靈樞·本臟》說：「五臟者，固有小大、高下、堅脆、端正、偏傾；六腑亦有小大、長短、厚薄、結直、緩急。臟腑的大小、質地、位置，不僅密切影響到人體的健康，而且決定著人們的情志。如心臟小的人神氣安定收斂，但易傷於憂患；心臟大的人神氣疏闊，不易因憂患而傷。」總之，「五臟皆小者少病，苦燋心，大愁憂；五臟皆大者緩於事，難使以憂。五臟皆高者，好高舉措；五臟皆下者，好出人下。五臟皆堅者，無病；五臟皆脆者，不離於病。五臟皆端正者，和利得人心；五臟皆偏傾者，邪心而善盜，不可以為人平，反復言語也」。五臟之所以會對人的情志產生影響，原因在於血脈營氣精神皆為五臟所藏。

《素問・宣明五氣論》篇說：「心藏神，肺藏魄，肝藏魂，脾藏意，腎藏志，是謂五臟所藏」。因此，五臟之氣的虛實變化，都會由人的情志表現出來。一般說來，肝「在志為怒」，心「在志為喜」，脾「在志為思」，肺「在志為憂」，腎「在志為恐」（《素問・陰陽應象大論》）。但隨臟氣虛實的變化，情志有不同表現，如「肝藏血，血舍魂，肝氣虛則恐，實則怒」；「心藏脈，脈舍神，心氣虛則悲，實則笑不休」（《靈樞・本神》）。

以上說明五臟的大小、質地、位置上下偏正和臟氣虛實，都對人的情志有一定影響。對五臟河圖模型中這一方面的內容，人們在相當一段時間內誤認其為庸俗唯物論以至於諱莫如深，結果倒是一些高明的相命先生往往能根據藏象原理，從人們的面部狀況準確地推斷出一個人的情性氣質，贏得受相命者的信任。只有將這方面的內容回歸於人體科學，相命術才會喪失一種博取人們信任的手段。

五臟與五志的關係還有另一方面的內容，這就是情志對五臟有一定的反作用。《靈樞・本臟》說：「志意和則精神專直，魂魄不散，悔怒不起，五臟不受邪矣」。精神專直，意謂精神集中，思維敏達。人在五志不過、精神狀態良好的情況下，有較強的抵禦外邪入侵的能力；反之，「喜怒不節則傷臟，臟傷則病起於陰也」（《靈樞・百病始生》）。從模型的直接對應關係講，「怒傷肝，悲勝怒」；「喜傷心，恐勝喜」；「思傷脾，怒勝思」；「憂傷肺，喜勝憂」；「恐傷腎，思勝恐」（《素問・陰陽應象大論》）。

從整體聯動效應講，「怒則氣逆，甚則嘔血及飧泄，故氣上矣；喜則氣和志達，榮衛通利，故氣緩矣；悲則心系急，肺布葉舉，則上焦不通，榮衛不散，熱氣在中，故氣消矣。恐則精卻，卻則上焦閉，閉則氣還，還則下焦脹，故氣不行矣」（《素問・舉痛論》）。怒則陽氣上逆而肝氣乘脾，故甚則有飧泄及嘔血之症，「大怒則形氣絕而血菀於上，使人薄厥」（《素問・生氣通天論》），亦謂大怒使氣血上逆。菀者，積也；薄者，相迫也；厥者，氣逆也。《靈樞・邪氣臟腑病形》篇更明確地指出：「有所大怒，氣上而不下，積於脇下，則傷肝」。喜則氣和志達，是就一般情況言；心喜太過也會導致心氣過緩而漸至渙散不收。《靈樞・本神》所謂「喜樂者，神憚散而不藏」，即此之謂。悲乃心氣虛所發，心氣虛則因於肺氣相生不及所至。張介賓說：「悲生於心則心系急，並於肺則肺樂舉，故《素問・宣明五氣論》篇曰「精氣並於肺則悲」也。心肺俱居膈上，故為上焦不通。肺主氣而行表裡，故為榮衛不散。悲哀傷氣，故氣消矣」。恐懼傷腎，腎藏精，腎氣傷則精卻上而不下流，故上焦閉而下焦脹滿，氣塞而不行也。

五臟之氣相互制約相互滋生，五志太過始則累及本臟，繼則依人體各自臟氣虛實的不同狀況而分別對五臟所藏之神、意、魂、魄、精（志）等生命機能造成傷害，嚴重者乃至危及人的生命。《靈樞・本神》說：「心，怵惕、思慮則傷神，神傷則恐懼自失，破䐃脫肉，毛悴色夭，死於冬。脾，愁憂而不解則傷意，意傷則悗亂，四肢不舉，毛悴色夭，死於春。肝，悲哀動中則傷魂，魂傷則狂忘不精，不精則不正，當人陰縮而攣筋，兩脇骨不舉，毛悴色夭，死於秋。肺，喜樂無極則傷魄，魄傷則狂，狂者意不存人，皮革焦，毛悴色夭，死於夏。腎，盛怒而不止則傷志，志傷則喜忘其前言，腰脊不可以俛仰屈伸，毛悴色夭，死於季夏；恐懼而不解則傷精，精傷則骨疾痿厥，精時自下」。五臟之氣是一個動態整體質，相互之間存在著聯動效應。如憂傷肺，而喜可以制約憂，但喜樂無極則傷及肺所藏之魄，魄傷則狂亂以至旁若無人。又如喜傷心，而恐懼可以制約喜，思慮則又賴喜以滋盛，故「怵惕、思慮者則傷神，神傷則恐懼流淫而不止」（同上）。

再如怒傷肝，而悲勝怒，但過於悲哀又成反克而傷魂，輕則攣筋，兩脇骨不舉，重則「竭絕而失生」（同上）。再如思傷脾，而愁憂又賴思以滋盛，導致脾氣不舒而拘悶傷意。最後，如恐傷腎，而怒因恐而滋，故盛怒傷志。

由上可見，五志太過，其傷不僅在於本臟之氣，而且累及其他臟氣。累及他臟的途徑，或由倍克、或由反克，或由相生而母子通氣所致。

《內經》還就精神病的發生與五志的關係進行了初步探討。《靈樞‧癲狂》說：「狂始生，先自悲也。喜忘、苦怒、善恐者，得之憂饑」；「狂言、驚、善笑、好歌樂、妄行不休者，得之大恐」；「狂者多食，善見鬼神，善笑而不發於外者，得之有所大喜」。思滋憂，母子通氣而傷意，「意傷則悗亂」，悗者，苦悶、煩悶之謂。又憂傷魄，喜樂無極倍克憂亦傷魄，「魄傷則狂，狂者意不存人」。恐懼傷神，神傷而心亂，「神蕩憚而不收」（《靈樞‧本神》）。大怒傷魂，魂傷則狂妄而失精明。以上五志對精神病的發生都因傷及精神魂魄意等五臟所藏之精而致，這些說法與現代以腦科學為基礎的神經學說的致思方向完全不同。

傳統醫學向現代醫學提出了一個必須解答的問題，精神病的發生是否只能局限在神經系統的範圍內研究？現代醫學同樣可以反過來向傳統醫學提出質疑，精神病的發生怎麼會與五臟之氣有關係？儘管傳統醫學不可能像解剖學那樣向人們展示臟氣的功能，但它卻能以針刺取穴在一定條件下治癒癲狂患者，從功效上證明五臟之氣與五臟所藏之神魂魄意志的內在聯繫。如因悲憂或過喜而傷及肺所藏之魄者，針刺取肺經手太陰之太淵、列缺，又因肺與大腸合，故針刺需兼取大腸經手陽明之偏歷、溫溜諸穴，俟血色改變而止；隨即再取足太陰之隱白、公孫和足陽明之三里、解谿等穴以輔之，血變亦止。足太陰脾經，脾主思而滋憂，母子同氣而傷魄；足陽明胃經與脾合，故同取之。根據病情不同，取穴部位與經絡走向亦隨之有所不同，但基本原理不出五臟經、五臟氣、五臟精、五臟志之間的有機聯繫。這種不過問神經系統而能治療精神病的做法，並不是天方夜譚，它的致思方向是從經絡系統的功能出發的，與注重質體的致思方向完全不同。目前，我們在治療精神病方面儘管也積累了不少經驗，但成功率並不算高，而且療程太長，因此，不妨在中醫針灸療法上多作些探索，或許有可能一舉改變精神病治療的滯後狀況。

3. 五臟與五味

《素問・六節藏象論》說：「天食人以五氣，地食人以五味。五氣入鼻，藏於心肺，上使五色修明，音聲能彰；五味入口，藏於腸胃，味有所藏，以養五氣，氣和而生，津液相成，神乃自生」。五臭：臊、焦、香、腥、腐；五味：酸、苦、甘、辛、鹹。五臟與五臭、五味的對應關係：肝，其臭臊、其味酸；心，其臭焦，其味苦；脾，其臭香，其味甘；肺，其臭腥，其味辛；腎，其臭腐，其味鹹。五氣與五臟相宜，人之面部便會五色明潤，音聲亦甚為洪亮；反之，則面部失去光澤，音聲缺乏氣力。因為五氣入鼻藏於心肺，心主榮面色，肺主宏音聲。五味與五臟相宜，則津液相成，潤澤臟髓，神氣由此而健旺；反之，「多食鹹則脈凝泣而變色；多食苦則皮槁而毛拔；多食辛則筋急而爪枯；多食酸則肉胝皺而唇揭；多食甘則骨痛而發落」（《素問・五臟生成論》）。五味入口而藏於腸胃，經過消化，以養五臟之氣。只有當五味之穀氣與五臟之氣兩相和合時，五臟之氣才能受到滋養；如果出於偏愛，長期只食用某一種味道的食物，就會造成臟氣的偏勝，成為疾病發生的原因。

《素問・生氣通天論》說：「味過於酸，肝氣以津，脾氣乃絕；味過於鹹，大骨氣勞，短肌，心氣抑；味過於甘，心氣喘滿，色黑，腎氣不衡；味過於苦，脾氣不濡，胃氣乃厚；味過於辛，筋脈沮施，精神乃央」。偏食不僅傷及本臟，而且由此造成偏勝而殃及他臟。如酸太過則肝氣偏勝，肝木剋脾土，導致「脾氣乃絕」；鹹太過則腎氣偏勝，腎水剋心火，導致「心氣抑」；甘太過則脾氣偏勝，脾土剋腎水，導致「腎氣不衡」；苦太過則心氣偏勝，心生脾，母子通氣，導致「脾氣不濡」，又脾胃相合以至「胃氣乃厚」（濡謂潤澤，厚謂脹滿）；辛太過則肺氣偏勝，筋脈因而衰敗鬆弛，精與神俱受傷害。「是故謹和五味，骨正筋柔，氣血以流，腠理以密，如是則骨氣以精」（同上），足見調和五味對人體健康之重要。

飲食饑飽適度適時與否也是至關重要的問題。《管子・內業》說：「凡食之道，大充，形傷而不臧；大攝，骨枯而血沍。充攝之間，此謂和成」。大充，謂食過飽；大攝，謂酒過量；血沍，謂血液消減而凝澀。充攝之間：之，至也，間，中也，謂酒食適度而恰到好處。《內經》對先秦積累的有關經驗材料進行了系統整理，不僅從直接的意義上認定「飲食自倍，腸胃乃傷」（《素問・痺論》），而且對「飲食不節」所導致的各種病候作了具體分析。

如《素問・厥論》分析熱厥證時說：「酒入於胃，則絡脈滿而經脈虛。脾主為胃行其津液者也，陰氣虛則陽氣入，陽氣入則胃不和，胃不和則精氣竭，精氣竭則不營其四肢也。此人必數醉若飽以入房，氣聚於脾中不得散，酒氣與穀氣相薄，熱盛於中，故熱遍於身，內熱而溺赤也。」酒氣陽盛而性烈，腎氣性陰必受其損傷，陰氣虛而陽氣獨盛於內，所以小便呈現為赤色。

又如《素問・奇病論》在分析脾癉證時說：「夫五味入口，藏於胃，脾為之行其精氣，津液在脾，故令人口甘也。此肥美之所發也。此人必數食甘美而多肥也。肥者令人內熱，甘者令人中滿，故其氣上溢，轉為消渴」。消渴者，其症狀為口渴、易饑、小便多，內熱日久，傷及陰氣所致。又《生氣通天論》說：「高粱之變，足生大丁，受如持虛」。足，謂足以，即「能夠」之意；丁者，疔也。持虛，拿著空虛的器具以盛東西，謂得病很容易。多食高粱（肥肉為膏，膏借為高，精製糧食為粱）美味與甘美味厚之食，是疔瘡與脾癉的病因。既然飲食與人體健康至關重要，因此，人在患病時要特別注意飲食適度，如「風客淫氣，精乃亡，邪傷肝也。因而飽食，筋脈橫解，腸澼為痔；因而大飲，則氣逆；因而強力，腎氣乃傷，高骨乃壞」（《素問・生氣通天論》）。又如熱病患者，「熱甚而強食」，則熱不能退清，遺熱與「穀氣相薄，兩勢相合」，導致熱病不能痊愈。故熱病患者應當謹記：「病熱少癒，食肉則復，多食則遺，此其禁也」（《素問·熱論》）。

除此之外，對患者的飲食要善於運用五味加以調養，且須注意某些禁忌。《素問·宣明五氣論》說：「辛走氣，氣病無多食辛；鹹走血，血病無多食鹹；苦走骨，骨病無多食苦；甘走肉，肉病無多食甘；酸走筋，筋病無多食酸。是謂五禁，無令多食」。《靈樞·九針論》有「五裁」之說，與此段大致相同，但於鹹苦二味之禁說法有異。其謂「病在骨，無食鹹；病在血，無食苦」，合於「苦入心」、「鹹入腎」之理。楊上善注《太素》卷二說：「腎主於骨，鹹味走骨，言走血者，以血為水也。鹹味之氣，走於中焦血脈之中，以鹹與血相得，即澀而不中，胃汁注之，因即胃中枯竭，咽焦舌乾，所以渴之」。又《靈樞·五味》提出「五禁」：「肝病禁辛，心病禁咸，脾病禁酸，腎病禁甘，肺病禁苦」。這樣便將所克之味也列入了禁食範圍。綜上可見，禁食之味似乎太多，以心腎之病為例，五味已去其三，幾至無味可食。《內經》包含了不同醫派的思想，運用者應因病制宜，擇善而從，不可拘泥於經說。

此外，房事不節，形體過勞，起居不時，都是常見的病源。如房事沒有節制，「思想無窮，所願不得者，意淫於外，入房太甚，宗筋弛縱，發為筋痿，及為白淫」（《素問·痿論》）。宗筋，男外生殖器之稱，當諸筋之聚合處；白淫，在男為精滑，在女為白帶。肝主筋，筋痿生於肝病，主要由於意欲不遂或入房過甚，內傷精氣所致。此外，酒醉入房和過勞後入房，皆為房事之大忌。酒醉後入房，精氣竭而患熱厥（見《素問．厥論》）。「有所擊撲，若醉入房，汗出當風則傷脾；有所用力舉重，若入房過度，汗出浴水則傷腎」（《靈樞．邪氣臟腑病形》篇）。總之，「卒多食飲則腸滿；起居不節，用力過度，則絡脈傷」（《靈樞．百病始生》篇）；房事不慎，或生筋痿，或患熱厥，或傷脾腎，故善攝生者不能不慎之又慎。

(二)三因致病論階段

三因致病論的形成是傳統醫學病因學說成熟的重要標誌。宋代陳言所著的《三因極一病證方論》（又稱《三因極一病源論粹》，簡稱《三因方》，共十八卷），是一部闡述病因學說的專著。這部著作總結了自《黃帝內經》以來傳統醫學積累的豐富的人體致病原因方面的經驗資料，以「三因極」的理論形式，將這些極其複雜的致病因素歸結為三大類（內因、外因、不內外因），並結合各種疾病的證候進行了詳細論述。陳言提出的三因致病論，其基本內容在《內經》中從屬於五臟河圖模型，以後經過歷代醫家的探討，才使病源學說成為具有相對獨立意義的理論體系，而與《內經》的五臟河圖模型相揖別。

張仲景在《金匱要略．臟腑經絡先後病脈證》中說：「千般災難，不越三條：一者，經絡受邪入臟腑，為內所因也；二者，四肢九竅血脈相傳壅塞不通，為外皮膚所中也；三者，房室金刃蟲獸所傷」。「因」為因循之因，「中」為射中之中。張仲景的「內所因」和「外所中」，主要涉及的是病邪所在部位，他雖然認為「以此詳之，病由都盡」，然而真正講到病由的不過僅限於「房室金刃蟲獸所傷」一條而已。所謂「內所因」，指發於體內經脈傳臟腑的病是有所因循的；所謂「外所中」，指發於體表之血脈壅塞之類的病是體表皮膚有所中的。至於所因所中者為哪些因素，張氏未作交代。實際上，病位表裡不同而病源相同的情況是很多的，所以，張仲景提出的三條「病由」還不是嚴格意義上的病源學。但張氏的「內所因」、「外所中」之說顯然對陳言有一定的啟發，陳言將張氏指人體部位的「內」、「外」概念改造成為人體內部和外部的致病原因，而將無法歸進「內因」和「外因」的其他因素稱之為「不內外因」，從而使病源學說實現了條理化和系統化。

《三因方》所說的「內因」，指由喜怒憂思悲恐驚七情所導致的「先自臟腑鬱發，外形於肢體」的狀況；「外因」，指由寒暑燥濕風熱六淫和溫疫之氣所導致的「先自經絡流入，內合於臟腑」的狀況；「不內外因」，指飲食饑飽、虎狼毒蟲、金瘡踒折等偶然性致病因素。這裡的「內因」、「外因」和「不內外因」中的「因」字，也取因循之意。七情致病，突破了五臟河圖模型中五臟五志對應系列的局限；六淫和溫疫之氣致病，不僅突破了五臟河圖模型中五臟與五氣對應系列的結構局限，而且也突破了運氣學說六氣加臨於五運的結構局限；不內外因所歸結的致病因素也比以前的豐富得多。

由此可見，三因致病理論體系的形成，反映出傳統醫學由《內經》的整體性模型式綜合，進入到解散模型結構並朝局部深化方向發展的趨向。造成這種發展趨向發生的原因，是病因方面的經驗材料的日益豐富，逐漸超出了五臟河圖模型的包容量；而這種發展趨向的出現，也使傳統醫學在氣化論生理學基礎上開始表現出實驗科學的某種傾向。宋代吳簡根據尸體解剖繪製的《歐希範五臟圖》和楊介根據屍體解剖繪製的《存真圖》，較《三因方》成書略早，也是這種傾向的表現。

早在《內經》建構五臟河圖模型時，便有許多致病因素無法安排進模型的對應系列，如五志喜怒思憂恐之外，《內經》還經常提到悲對臟氣的影響，但模型中卻沒有悲的對應位置；又如五氣風寒暑濕燥之外，《素問・刺法論》中講到的具有強烈傳染性的「疫氣」，也不能進入模型；此外，酒食過量，房事過勞等等這些後來被稱為不內外因的致病因素自然也都只能置於模型之外。

《內經》以後，醫家在臨床中發現的致病因素越來越多。如六朝劉宋時人陳延之撰寫的《小品方》一書，最早提出傷寒與溫病應當分立的見解，便是從二者所感之氣相異即病源不同上立論的。《小品方》對癭病（即缺碘性甲狀腺腫大）的病源也提出了極有價值的見解，認為與「沙水」（缺碘）有關，治療可以海藻（含碘量高）為主要藥物。陳延之還提出一種類似「病原體」理論的大膽猜測，認為凡是化膿性感染都與某種蟲的作用有關，如謂「金傷無大小……已膿，中有蟲」，「耳中膿出血，作聤耳，治之不癒，是有蟲也」，所以，凡是化膿性感染必須待到其中的蟲被清除乾淨才能好轉。可惜由於像顯微鏡這類觀察儀器發明得太晚，像陳延之這樣完全依賴實驗證明的猜測長期內得不到科學驗證，因而未能被人們當作是一種科學認識而進一步得到拓展。

成書於隋大業年間的《諸病源候論》是一部早於《三因方》的病源理論專著。❷這部著作廣泛搜集了隋代以前乃至當時記載的各種病源證候資料，並結合臨床實踐進行了系統整理，提出了許多創新之見，如對溫病、疫癘時氣之病，該書特別注意到這類疾病的流行性和傳染性特徵。作者認為溫病係由「人感乖戾之氣而生病」，這種病具有「病氣轉相染易，乃至滅門，延及外人」（《溫病諸候》）的特徵。至於這種乖戾之氣何由而生，作者則認為「疫癘皆由一歲之內，節氣不和，寒暑乖候，則民多疾病，病無老少，率皆相似」（《疫癘病候》）；「夫時氣病者，此皆因歲時不和，溫涼失節，人感乖戾之氣，而生病者多相染易」（《時氣令不相染易候》）。可見該書雖然注意到疫癘時氣之病的特徵，但在致病原因的解釋上仍未突破六氣致病的藩籬。《三因方》雖明確將瘟疫之氣與寒暑燥濕風熱六淫相區別，可惜在理論說明上也未能提出更深刻的見解。直到明代吳有性創戾氣學說，才對溫疫病的病源提出了卓越的創見。他在《溫疫論・原序》中說：「夫溫疫之為病，非風、非寒、非暑、非濕，乃天地別有一種異氣所感」。這種異氣，也就是雜氣，或稱之為戾氣、癘氣、疫氣。疫氣有不同的種類，侵犯人體的臟器部位各不相同，因而引起的疾病也互有區別。他認為，「劉河間作《原病式》，盡祖五運六氣，百病皆原於風寒暑濕燥火，無出此六氣為病者，實不知雜氣為病更多於六氣。六氣有限，現在可測；雜氣無窮，茫然不可測。專務六氣，不言雜氣，豈能包括天下之病歟！」（《溫疫論·雜氣論》）吳有性終於突破了明代以前的時氣說、伏氣說、瘴氣說、六氣說，開創了疫病源理論探討的新局面，而這個新局面的實現無疑會導致實驗醫學的誕生。

《諸病源候論》還對蛔蟲、蟯蟲、羌蟲、血吸蟲，以及類似條蟲的寸口蟲等多種寄生蟲引起疾病的情況作了詳細論述。此外，關於各種創傷性感染的病源，漆瘡之類過敏性疾病、缺碘性瘻病，以及疥瘡、不育症等的病源，都作了探討，其內容之廣博，記載之精詳，為《三因方》建立系統的病因學說提供了豐富的資料準備。

《三因方》的成就不僅在於它提出了「三因極」的理論形式，更為重要的意義在於它將察知病源作為辨證施治的首要之務，對提高傳統醫學治療水準有著不可估量的作用。因為就證候與病源的關係而言，有一證多源，一證一源，同證異源，同證同源等，情況是相當複雜的。以眩暈證為例，凡中傷六淫，邪在三陽經者皆有眩人頭重，強項之證，屬外所因；凡因七情太過而致臟氣不行，鬱而所生，隨氣上逆，伏留陽經者，亦使人眩暈嘔吐，屬內所因；飲食饑飽，房勞過度，下虛上實者，亦可致人眩量，屬不內外因。「眩暈既涉三因」，故「不可專為頭面風」，必須根據不同病源施治，才能收到療效。「不知其因，施治錯謬，醫之大患，不可不知」，因此「治之之法，當先審其三因，三因既明，則所施無不切中」。陳言的三因致病論提出以後，很快成為醫家的共識。臨床中，審證求因成為辨證施治的必不可少的前提，完善了傳統醫學臨床實踐的運作程序。

從認識論的意義上說，疾病的證候是果，造成某種證候的病源是因。一因多果，一果多因，同果異因，同因異果，因果轉化，因果相循等等，在事物發展變化的過程中存在著復雜的鏈鎖與環套關係。三因致病論無疑豐富了人們對因果關係的認識，對傳統哲學思維的發展起到了一定的推動作用。《易傳》提出的最高認知水準是「窮神知化」，醫家認為要達到這一水準，必須深察事物運動變化的軌跡，即《素問．氣交變大論》所說的「善言化言變者，通神明之理」。審證求因，是傳統醫學通過考察疾病發生與演變的完整軌跡，以達到把握病機，實現調平陰陽恢復人體健康的正確途徑。無論病源或是證候，都是患者已經表現出來的既陳之跡，只有審證求因才能達到對這種既陳之跡的全面把握，避免單純根據證候進行診斷的片面性。所謂「善言化言變」，本身便包含著對化與變的全面和透徹的了解，否則何來「善」之可言；而不善言化言變者，自然也就談不上「通神明之理」。因此，傳統醫學中病源學的成熟，亦可視為醫家追求「窮神知化」認知境界所結出的一枚碩果。

二、《易》與病機理論

傳統醫學中的病機理論，以探討疾病發生和變化的內在機理與傳變規律為主要內容。《素問・至真要大論》兩次提到把握病機的重要性，其一說「審察病機，無失氣宜」，其二說「謹守病機，各司其屬」。張介賓《類經》卷十三：「機者，要也，變也，病變所由出也。」各種病源加於人體以後都會引起一定的反應，疾病的發生與否決定於反應雙方（人體與病源）當時力量強弱的對比。有了致病因素的存在，並不等於人一定會生疾病，關鍵在於人體是否強壯，正氣是否充裕。《素問・上古天真論》說：「精神內守，病安從來？」《靈樞・百病始生》說：「風雨寒熱，不得虛，邪不能獨傷人。卒然逢疾風暴雨而不病者，蓋無虛，故邪不能獨傷人，此必因虛邪之風與其身形兩虛相得，乃客其形。」當然人體對病源的抵禦能力也是有限度的，如對某些傳染性能極強的疫癘之氣，當其疫而能免受其傷者往往百不及一。排除掉某些極為特殊的情況，常見性的病源對人體的侵襲都會表現出各自一定的證候，這些證候都與病源有一定的對應的因果關係，而疾病發生的部位、性質、症狀的強弱則取決於正邪雙方力量的對比。疾病發生以後如未能及時治療，便有發生傳變的可能，而傳變過程一般也有規律可尋。這些問題，都是傳統醫學病機理論業已取得許多重要成就的問題。

經過歷代醫家的總結，形成了多種病機學說，如六經病機說、臟腑病機說、六氣病機說、氣血病機說等。本節力圖以證候為線索，盡量從中尋找出一些帶共性的東西。

(二)病機理論的靜態要素

疾病的種類是十分繁多的，傳統醫學在長期的臨床實踐中終於發現，所有這些紛繁複雜的疾病對人體生理所造成的損傷，大致都離不開邪正盛衰、陰陽失調、氣血失常、經絡臟腑虛實與功能紊亂等。由此我們是否可以說，所謂疾病的發生，從整體意義上看，是人體正常生理相對平衡被打破的一種現象。因此，任何一種疾病都不是僅僅孤立存在於證候所顯示的有限部位，而是與人的整體生理功能密切相關聯的。從局部意義上看，證候所在部位對其他局部，由於經絡氣血循環的遠近以及各自的功能之間的相類與相異，影響有先後快慢輕重之別。因此，病機之發在整體上出現陰陽偏勝偏衰；而局部上則在於與證候所在部位相關的經絡氣血的通塞與臟氣之虛實。證候的部位有表裡，特徵有寒熱虛實，都與整體上的陰陽偏勝偏衰有不可分割的從屬關係。表裡、寒熱、虛實、無非陰陽之升降。這些問題，既是病機理論的重要內容，亦是醫家辨證的基本綱領。

如何歸納疾病發生的部位，表裡說之前曾經有一種三部說。《靈樞・百病始生》篇說：「夫百病之始生也，皆生於風雨寒暑、清濕、喜怒……三部之氣各不相同，或起於陰，或起於陽……喜怒不節則傷臟，臟傷則病起於陰；清濕襲虛，則病起於下；風雨襲虛，則病起於上，是謂三部。」三部之氣，即天地人三才之氣。風雨寒暑繫天之氣；清濕繫地之氣；喜怒繫人之氣。三部之氣始傷人，人氣傷臟而病起於陰，陰指人體之內；❸地氣傷人，故病起於下；天氣傷人，故病起於上。「氣有定舍，因處為名，上下中外，分為三員」（同上）。三員，指天地人三才之氣在人體有三個對應的「定舍」，邪之中人亦此三部而已。百病始生，邪分三部，此說是西漢早期《易》三才之道盛行時期的產物。在早期，此說對疾病的「因處為名」（因證候所在部位而定名）與簡單的分類整理，起過一定的作用，但對病機理論的形成與發展沒有多少實際意義。

《素問·玉機真臟論》在闡述四季臟脈之象時說：春脈，「其氣來，實而強，此謂太過，病在外；其氣來，不實而微，此謂不及，病在中」。夏脈，「其氣來盛去亦盛，此謂太過，病在外；其氣來不盛去反盛，此謂不及，病在中」。秋脈，「其氣來，毛而中央堅，兩旁虛，此謂太過，病在外；其氣來，毛而微，此謂不及，病在中」。冬脈，「其氣來如彈石者，此謂太過，病在外；其去如數者，此謂不及，病在中」。氣有餘多外感，氣不足多內傷，病之在外在中者，即此外感內傷之謂。病變部位以中外劃分，易於把握疾病環狀性的整體傳遞運動，與經絡系統的分布結構狀態相吻合，顯然較「邪分三部」之說為優。楊上善《太素》卷十四注謂：「春脈少陽有餘，邪在膽腑少陰，故曰在外也」，「春脈厥陰脈來，雖然不實而更微弱，此為不足，邪在肝臟厥陰，故曰在中也」。夏脈「來去俱盛，太陽氣盛也，邪在少陽大陽，④故曰在外也；其來不盛，陽氣有衰，脈行衰遲，去反盛者，陰氣盛實，病在心臟也，故曰病在中」。秋脈「其脈來如以手按毛，毛中央堅，此為陽盛，病在大腸手陽明，故曰在外；如手按毛，毛中央微，肺氣衰微，故曰在中也」。冬脈「如石擊手，如彈之以石，謂腎大陽氣有餘，病在膀胱大陽，故曰在外也」；「腎氣不足，故其氣去，按之如按於毛，病在於腎，故曰在中」。

楊上善以《素問·血氣形志》篇三陰三陽相為表裡之說注解在外在中之義，是明確將外中作表裡看待了。以表裡定部位在《內經》的多篇論文中都提到，可見此說至遲在西漢末期便已形成。張仲景著《傷寒論》對疾病所在部位亦取表裡說，他的長處在於沒有把表裡概念絕對化，從六經在人體的循行層次上說，太陽病屬表證，少陽病屬半表半裡證，其他各經病變則屬裡證。但在三陽與三陰的意義上說，則三陽病皆屬表證，三陰病皆屬裡證等。注意到表裡概念的相對性，有利於提高辨證的精細程度，對後世醫家避免簡單化傾向有良好的典範作用。

百病之生，證候繁雜，傳統醫學僅以虛實寒熱四個字分辨百病的基本特徵，表現出高度的概括能力。

《素問·調經論》說：「人有精氣津液，四肢九竅五臟十六部三百六十五節，乃生百病。百病之生，皆有虛實」。那麼，何謂虛實呢？傳統醫學從以下兩個方面作過界定。其一，「邪氣盛則實，精氣奪則虛」（《素問・通評虛實論》）。這是從風寒暑濕火燥六氣太過者能為邪的意義上界定的。邪氣有微盛之別，盛則為邪；正氣有強弱之異，故精奪則虛。一般說，邪氣盛則正氣虛，而治法主張瀉實補虛，瀉補又不可輕易並用，那麼，虛實之辨豈不失去意義？其實，邪正相薄是一個過程，在這個過程中虛與實是互為消長的。補虛與瀉實應當根據正邪雙方的緩急有無的具體情況而定。虛不明顯者當速去邪，虛甚者當培補正氣，以其緩急有別也；邪氣明顯存在於人體某一部位，如在表在裡，或在臟在腑，則為有，有即為邪之實，當求其本而直取之；病非六氣所致，證為非邪似邪非實似實，則不可用瀉。虛證實證，在人體臟腑經絡上有十分複雜的表現，諸如重虛重實，經氣絡氣有餘不足等，脈象各有不同，需要審慎分辨。其二，「氣血以併，陰陽相傾，氣亂於衛，血逆於經，血氣離居，一實一虛」（《素問・調經論》）。氣血以併者，謂氣血有偏勝。氣為陽，血為陰，故陰陽相傾。有血無氣，為血實氣虛；有氣無血，為氣實血虛。「故氣併則無血，血併則無氣，今血與氣相失，故為虛焉」（同上）。血氣不和，必然影響五臟之所藏。心藏神，神因之有餘有不足；肺藏氣，氣因之有餘有不足；肝藏血，血因之有餘有不足；脾藏肉，形因之有餘有不足；腎藏志，志因之有餘有不足。「五臟之道，皆生於經隧以行血氣，血氣不和，百病乃變化而生，是故守經隧焉」（同上）。隧者，潛道也。

經脈伏行，運行血氣，深而不見，故但守經脈之隧道，則氣血之虛實可以調平，五臟之病可得而治之矣。

寒熱，是最常見的兩類不同性質的病變，起於陰陽有偏勝之故。陽邪偏勝便會出現熱象，陰邪偏勝便會出現寒象，互相轉化，《靈樞．論疾診尺》篇所謂有「四時之變，寒暑之勝，重陰必陽，重陽必陰，故陰主寒，陽主熱，故寒甚則熱，熱甚則寒，故曰寒生熱，熱生寒，此陰陽之變也」，說的是四時陰陽之序不出物極必反之理，此理也適用於人體寒熱證候的升降變化。《素問．陰陽應象大論》說：「陽勝則身熱」，「陰勝則身寒」；「重寒則熱，重熱則寒；寒傷形，熱傷氣；氣傷痛，形傷腫」。重陰重陽，重寒重熱者，陰陽寒熱之極也。《傷寒論》亦列有「厥深者熱亦深」的痛證。一般情況下，熱病見熱證，寒病見寒證；但當寒熱達於極盛時，則熱病反見寒顫，寒病反見壯熱，後世稱之為假寒假熱。張介賓說：「假熱者，水極似火也」；「假寒者，火極似水也」（《景岳全書．傳忠錄．寒熱》篇）。寒熱病證中，以寒熱摶聚引起的病證最為嚴重和複雜。《靈樞．刺節真邪》說：「虛邪之入於身也深，寒與熱相摶，久留而內著。寒勝其熱，則骨疼肉枯；熱勝其寒，則爛血腐肌為膿，內傷骨為骨蝕」。骨蝕者，邪氣侵蝕及骨也。若邪氣結聚於筋，久留不退，則「發為筋瘤」；邪氣結聚於內，衛氣積留不能復返，津液久滯不能向外輸布，留在腸胃與虛邪「合而為腸瘤」；此外，腸瘤、骨瘤、肉瘤都因寒熱摶聚在一定部分，凝結不散，與滯留之衛氣和津液結聚而成。

虛實寒熱是從證候特徵上對疾病進行的分類，而就疾病性質而論，則莫過於陰陽兩類而已。人體正常生理狀態為陰陽調平，一旦因病源的作用打破了陰陽的平衡狀態，便會出現陰陽偏勝的局面。一般說來，「陰勝則陽病，陽勝則陰病」（《素問・陰陽應象大論》）。陽病陰病之別，不僅僅只在於病變的部位，病源的性質、病變的機勢和臨床的表現，也是辨證的重要因素。

《素問・太陰陽明論》說：「犯賊風虛邪者，陽受之；食飲不節起居不時者，陰受之。陽受之則入六腑，陰受之則入五臟。入六腑則身熱，不時臥，上為喘呼；入五臟則䐜滿閉塞，下為飧泄，久為腸澼。」六氣分陰陽，故其為病源亦有陰陽之別。三陽氣致病則人三陽脈受之而入於六腑，三陰氣致病則人三陰脈受之而入於五臟，腑陽臟陰，各從其類而已。從病變機勢而言，陰氣從足上行至頭，而下行循臂至指端；陽氣從手上行至頭，而下行至足。故曰：「陽病者，上行極而下；陰病者，下行極而上。故傷於風者，上先受之；傷於濕者，下先受之」（同上）。

陰陽與表裡、虛實、寒熱是綱與目的關係。所謂表裡、虛實、寒熱，無非陰陽之升降。表裡者，病證之部位，表證為陽，裡證為陰，表證裡證既有相對穩定性，亦有傳變之可能。寒熱者，起因於陰陽之化。陰不足則陽乘之，其變為熱；陽不足則陰乘之，其變為寒。

《素問・調經論》說：「陽虛則外寒，陰虛則內熱，陽盛則外熱，陰盛則內寒」。可見虛實之證陰病陽病皆有可能出現，而寒熱則與陰陽之虛實有著密切的因果聯繫。虛實既是寒熱之因，亦是寒熱之果，如《靈樞・刺節真邪》所說的「陰勝者則為寒，寒則真氣去，去則虛，虛則寒」，即視寒與虛互為因果。因此，八綱之中又以陰陽為綱，表裡、寒熱、虛實六變為目。「綱」定病變之性質，「目」定病變之情況。性質深藏在病證複雜變化的情況之中，故六變為把握病情變化的入手契機，而陰陽之辨則為由博返約和執簡馭繁之要義。然而在實際臨床中，六變往往不是單一出現的，六者之間的兩兩相對也不是絕對的，如表與裡對，然有半表半裡、不表不裡者；寒與熱對，然有假寒假熱者；虛與實對，然有實中含虛，虛中藏實，虛實夾雜者。而且六變在臨床上常常呈現為網絡交織狀態，如表裡各有虛實寒熱之分，而虛實寒熱亦有兼表兼裡者；有表熱裡寒，裡熱表寒，寒熱並存者；有時熱時寒，寒熱交替者；有「氣盛身寒，得之傷寒；氣虛身熱，得之傷暑」（《素問・刺志論》）等反相為病者；有陰陽搏聚，寒熱互結者等等，病證由此而呈複雜多變之態。但無論病情如何千變萬化，究其性質則無出陰陽二途。

《素問・陰陽應象大論》說：「陰陽者，天地之道也，萬物之綱紀，變化之父母，生殺之本始，治病必求於本」。病變雜多，其本不外陰陽，即或本於陰，或本於陽。本指致病之根源。求於本，則知病之所從生，亂之所由起，變之所將往，此即醫家所謂「得一之道」。

表裡、寒熱、虛實、陰陽，其辭簡易，其理則於病變機理賅之而無遺。從靜態上觀察，不過四個對子八個方面，甚至最後可以歸本得一，其思維構架可謂至簡至易。然若從動態上觀察，百病之始生及其不可勝數之浸淫流變，皆不出此八者縱橫交織之網絡，而究其本原則無外陰陽。如果僅從字面上說，醫家所謂的「得一之道」，可以視為直接受益於老莊❺；但若從方法論的意義上說，則與《周易》的「易簡」之理更為貼近。《易》以乾坤震巽坎離艮兌八個經卦模擬天地萬物之象，並以此建構成一種簡易的宇宙結構模型。乾坤代表天地。在先秦，蓋天說占主導地位，因此模型中乾坤的位置為乾上坤下，即所謂「天尊地卑，乾坤定矣，卑高以陳，貴賤位矣」（《繫辭上傳》）。至漢代，渾天說占了主導地位，模型中乾坤的位置則為乾外坤內，「配合相包」（《周易參同契》）。天地之間，雷動風行，震巽為其象；日往月來，寒暑相推，坎離為其象；男女、雌雄、牝牡乃至萬物之生成，艮兌為其象。八經卦所模擬的八類物象，並不是平列的八種物質要素，而是以乾坤之物象為本根，震巽、坎離、艮兌六卦之物象為枝蔓，是乾坤的派生物。乾三陽坤三陰，陰陽合德而生萬物。《繫辭下》所謂「天下之動，貞夫一者」，即貞此陰陽合一之用。天下之萬變不離陰陽，而乾為純陽坤為純陰，二者皆純而不雜，故有易簡之用。「夫乾，確然示人易矣；夫坤，頹然示人簡矣」（同上）。

以簡易的要素建構模型，容易為人們接受，而且並不影響模型涵攝面的寬度和義蘊的深度。《繫辭上》說：「乾以易知，坤以簡能；易則易知，簡則易從；易知則有親，易從則有功；有親則可久，有功則可大；可久則賢人之德，可大則賢人之業。易簡而天下之理得矣，天下之理得而成位乎其中矣」。簡易的模型可以包容天下之理，天下之理可以體現在模型的空間位置之中。受這一思想長期薰陶的傳統醫學，在建構體系的過程中十分善於從豐富的材料裡提煉出其中最為基本的要素，作為理論推行的思維框架，做到「言天下之至賾而不可惡也，言天下之至動而不可亂也」（《繫辭上》），由八綱辨證理論中四對基本要素的選擇及其相互關係的規定可見一斑。

㈡病機理論中疾病的浸淫傳變

疾病的浸淫傳變是一個十分複雜的問題，各種疾病因人體素質差異、氣候變遷、地理環境不同等許多因素的影響，導致出現各種相關性的併發症和繼發症，傳統醫學從疾病浸淫傳變的這種「至賾」（極其複雜）、「至動」（極其變動不居）的狀況中總結出一系列帶規律性的運行流程。

1. 客邪入侵人體的層次性流程

傳統醫學將人體大致劃分為五個以上的層次，其由表及裡之分布為：皮毛、孫脈、絡脈、經脈、臟腑。《素問・繆刺論》說：「夫邪之客於形也，必先舍於皮毛。

留而不去，入舍於孫脈。留而不去，入舍於絡脈。留而不去，入舍於經脈，內達五臟，散於腸胃，陰陽俱感，五臟乃傷。此邪之從皮毛而入，極於五臟之次也」。臟腑由經絡系統與體表之皮毛聯結成一個有機整體，經絡系統既是氣血運行的通道，也是病邪客於人體的路徑。「經脈十二者，伏行分肉之間，深而不見；其常見者，足太陰過於內踝之上，無所隱故也。諸脈之浮而常見者，絡脈也」（《靈樞・經脈》篇）。經脈大者十五，小者名曰孫絡，遍於體表，不可以數計。

《靈樞・百病始生》的說法與《素問・繆刺論》大同小異，認為「虛邪之中人也，始於皮膚。皮膚緩則腠理開，開則邪從毛髮入，入則抵深，深則毛髮立，毛髮立則淅然，故皮膚痛。留而不去，則傳舍於絡脈。在絡之時，痛於肌肉，其痛之時息，大經乃代。留而不去，傳舍於經。在經之時，灑淅喜驚。留而不去，傳舍於輸。在輸之時，六經不通，四肢節痛，腰脊乃強。留而不去，傳舍於伏沖之脈。在伏沖之時，體重身痛。留而不去，傳舍於腸胃。在腸胃之時，賁響腹脹，多寒則腸鳴飧泄，食不化；多熱則溏出麋。留而不去，傳舍於腸胃之外，募原之間，留著於脈，稽留而不去，息而成積。或著孫脈，或著絡脈，或著經脈，或著輸脈，或著於伏沖之脈，或著於膂筋，或著於腸胃之募原，上連於緩筋。邪氣淫泆，不可勝論」。《靈樞・百病始生》對病源侵入人體的層次流程劃分較細，除皮膚、孫脈、絡脈、經脈、腸胃之外，進而又析出輸脈❻、沖脈❼、膂筋❽、膜原❾、緩筋❿等層次來。由於病源滯留人體部位的差異，疾病的臨床表現因之而各不相同。

上述流程，一般就六淫致病而言，所以其流程方向由表至裡，起於皮毛而達於臟腑。至於由其他因素引起的疾病，其流程未有定準，不能以六淫的流程生搬硬套。把握一般流程的意義在於：準確判斷疾病的深化趨勢，以便採取有效的治療措施，阻止病情的發展，使之限定在某個部位，直取之，讓病人少受痛苦而較快康復。

2. 客邪在六經中發生傳變的程序

外感六淫而達於經脈，其在六經中出現的病變部位、證候特徵、寒熱趨向、邪正消長以及傳變程序等都是十分錯綜複雜的。張仲景《傷寒論》在《素問．熱論》等的基礎上，總結出一套較為完整的六經辨證的理論體系，而六經傳變則是這一理論體系的組成部分之一。

《素問．熱論》認為，一般發熱的病都屬於傷寒一類。人體受到寒邪侵襲，往往出現發熱甚至熱得極厲害的證候，並不一定會危及生命；但若陰陽兩經都因感受寒邪而發病，那就有相當的危險性了。傷寒在六經中的傳變程序一般表現為：「傷寒一日，巨陽受之，故頭項痛，腰脊強；二日陽明受之，陽明主肉，其脈挾鼻，絡於目，故身熱，目疼而鼻乾，不得臥也；三日少陽受之，少陽主膽，其脈循脇絡於耳，故胸脇痛而耳聾。三陽經絡皆受其病，而未入於臟者，故可汗而已。四日太陰受之，太陰脈布胃中，絡於嗌，故腹滿而嗌乾；五日少陰受之，少陰脈貫腎，絡於肺，繫舌本，故口燥舌乾而渴；六日厥陰受之，厥陰脈循陰器而絡於肝，故煩滿而囊縮。三陰三陽、五臟六腑皆受病，榮衛不行，五臟不通，則死矣」。人身經絡以三陽為表，三陰為裡；三陽脈之次序，巨陽（太陽）三陽之表，陽明次之，少陽又次之；三陰脈之次序，太陰為始，少陰居太陰之次，厥陰居少陰之次。傷寒的傳變程序，多從太陽脈而始，自外而內，由表及裡，若六經傳遍而邪不退，則入於腑臟，生命就危險了。故善治此者，務必不可使寒邪入於內，導致陰陽兩經俱感、五臟氣絕不通的嚴重境地。《素問・熱論》認為，只要未至兩經俱感的程度，傷寒之證十餘日之內有治癒之可能。「其不兩感於寒者，七日巨陽病衰，頭痛少癒；八日陽明病衰，身熱少癒；九日少陽病衰，耳聾微聞；十日太陰病衰，腹減如故，則思飲食；十一日少陰病衰，渴止不滿，舌乾已而嚏；十二日厥陰病衰，囊縱少腹微下，大氣皆去，病日已矣」。上述傷寒病的傳變及痊癒過程反映的只是一個大致程序，六七日、十餘日之說也只是一個約數而已，臨床的實際情況不可能個個都像這樣按部就班的走完全過程。

張仲景的《傷寒論》結合臨床實踐，對寒邪所傷之類的外感疾病的傳變程序進行了總結。張仲景認為，六經病變後發生傳變的大致趨勢是從「三陽傳入三陰」，但也有少數從「三陰轉出三陽」的情況。判斷病情「傳」與「不傳」的依據是「脈」與「證」。如：「傷寒二三日，陽明少陽證不見者，為不傳」（5條）；「傷寒一日，太陽受之，脈若靜者為不傳；頗欲吐，若躁煩，脈數急者，為傳也」（4條）。

《傷寒論》注重從動態上認識和把握外感疾病的發展趨向，認為證候的穩定狀態只具有相對的意義，傳變為病「進」，不傳為病「退」，疾病在六經中常常呈現為或進或退的往復相推的狀態之中。《傷寒論》的六經辨證體系，包含了對六經證候的歸納，由此可以分清諸證候之主次及其傳變趨向，有利於在治療上把握主動權。宋金時期，李東垣進一步將六經傳變理論歸結為「巡經傳」，「越經傳」等五種具體傳變形式。李東垣稱太陽膀胱經病有渴證者為傳本，太陽傳陽明胃土者為巡經傳，太陽傳少陽膽木者為越經傳，太陽傳少陰腎水者為表裡傳，太陽傳太陰脾土者為誤下傳，太陽傳厥陰肝木者為巡經得度傳。稍後陶節庵又據《傷寒論》提出，寒邪中人不一定都是始於太陽而終於厥陰，「或自太陽始，日傳一經，六日至厥陰，邪氣衰，不傳而癒者；亦有不罷再傳者；或有間經而傳者；或有傳至二三經而止者；或有終始只在一經者；或有越經而傳者；或有初入太陽，不作鬱熱，便入少陰而成真陰證者；或有直中陰經而成寒證者」。

此外，「又有合病併病之症：曰合病者，兩經或三經齊病不傳者為合病；併病者，一經先病未盡，又過一經之傳者為併病」（以上轉引自《類經》十五卷三十九）。李、陶二氏之說，在《傷寒論》中都可以找到相應的條例，二氏的貢獻在於將《傷寒論》的六經傳變理論化和系統化。

張介賓認為，《內經》中寒邪在六經中的傳變程序說的只是最為一般的形式，而

《傷寒論》以及李、陶二氏之說反映的則是六經傳變中的各種特殊狀況。前者可以稱之為「常」，後者可以稱之為「變」。張氏說：李東垣、陶節庵「二子言之，其義多出於仲景，皆理所必然也。然《經》所言者，言傳經之常；二子所言者，言傳經之變。學者俱當詳察，不可執一，庶幾隨機應變，不致有膠柱之誤矣」（同上）。在這裡，「常」指傳經的普遍性，即一般程序，「變」指傳經的特殊性。普遍寓於特殊之中，並對特殊起制約和支配作用，因此《傷寒論》與李、陶二氏之言不僅與《素問·熱論》之旨不相悖，而且是在其支配和指導下通過臨床實踐向縱深推進的必然產物。漢代人在探討《易》的思想精髓時，認為「易」一字而含三義，即簡易、不易和變易。「不易」者，為恆常不變之理；「變易」者，為千變萬化之象。體常以盡變，又與「易簡」之義相通，所謂執簡而馭繁正是這個意思。

3. 客邪在五臟中的轉移程序

客邪入於五臟，勢必造成五臟的陰陽、氣血失調和生理功能紊亂。《素問·至真要大論》所列的「諸風掉眩，皆屬於肝；諸寒收引，皆屬於腎；諸氣膹鬱，皆屬於肺；諸濕腫滿，皆屬於脾」；「諸痛癢瘡，皆屬於心」等十九條病機，首先注意到五臟失調的病機，足見五臟病機在整個病機理論中占有的重要地位。由於五臟之氣不是互相隔離而是互相連通的，因此，五臟之中無論哪一個臟器發生病變，病氣都會向其他臟器轉移。

五臟中病氣的轉移一般都有一定的程序。《素問．玉機真臟論》說：「五臟受氣於其所生，傳之於其所勝，氣舍於其所生，死於其所不勝。病之且死，必先傳行至其所不勝，病乃死。此言氣之逆行也，故死。肝受氣於心，傳之於脾，氣舍於腎，至肺而死；心受氣於脾，傳之於肺，氣舍於肝，至腎而死；脾受氣於肺，傳之於腎，氣舍於心，至肝而死；肺受氣於腎，傳之於肝，氣舍於脾，至心而死；腎受氣於肝，傳之於心，氣舍於肺，至脾而死。此皆逆死也」。五臟疾病的傳變一般分為「受」、「傳」、「舍」、「死」四個階段性流程。「受」，指承受病氣，一般服從五行相生的逆向之序，即所謂子來犯母；「傳」，一般以五行相勝的順向為傳變方向；「舍」，指停留，一般以五行相生的順向為病氣的滯留之臟；「死」，是病氣傳變到最後階段即五臟俱已傳遍的最終結局，一般為五行相勝的逆向。如肝臟若發生病變，其所受病氣一定來自心臟，肝木生心火，肝母心子，子來犯母。其所傳之臟為脾，肝木剋脾土，脾土為肝木所勝之臟。其所滯留之臟為腎，腎水生肝木，病氣留止於其母處；若就病氣的直接傳處而言，則腎水所留之病氣係由脾土而來，腎水為脾土所勝之臟，亦為五行相勝之順向傳處。病氣最後一旦傳到肺臟，那就是肝臟病變的最終結局了，即「病乃死」矣；肺金剋肝木，肺為肝之所不勝，此即所謂「氣之逆行也」。因此，五臟受病氣後傳變的程序一般「各傳其所勝」（同上），待到最後逆傳其所不勝時，死期也就可以占知了。《金匱要略．臟腑經絡先後病脈證》說的「見肝之病，知肝傳脾」，與《素問·玉機真臟論》的五臟傳變思想完全一致。這說明張仲景對「五臟有病，則各傳其所勝」是相當重視的，舉肝病一例不過以概其餘而已，而論者不識，反以為張氏對五行學說一無所知或毫不看重，誤解實在太大了。

五臟病變，其所受之病氣不一定都直接來自所生之臟，其死亦不一定非待傳其所不勝才見分曉，這與病源的性質和人體五臟的具體狀況有關。《素問·玉機真臟論》曾舉風邪在五臟中的傳變流程為例，說「風者，百病之長也。今風寒客於人，使人毫毛畢直，皮膚閉而為熱，當是之時，可汗而發也；或痺不仁腫痛，當是之時，可湯熨及火灸刺而去之⑪。弗治，病入舍於肺，名曰肺痺，發咳上氣。弗治，肺即傳而行之肝，病名曰肝痺，一名曰厥，脇痛出食；當是之時，可按若刺耳。弗治，肝傳之脾，病名曰脾風發癉，腹中熱，煩心，出黃⑫；當此之時，可按可藥可浴。弗治，脾傳之腎，病名曰疝瘕，少腹冤熱而痛，出白，一名曰蠱⑬；當此之時，可按可藥。弗治，腎傳之心，病筋脈相引而急，病名曰瘛⑭；當此之時，可灸可藥。弗治，滿十日法當死。腎因傳之心，心即復反傳而行之肺，發寒熱，法當三歲死，此病之次也」。

風邪傳五臟的程序，肺→肝→脾→腎→心→肺，其內在機制是五行相勝的順向傳遞。按照五臟自我調控的生理機能，五臟中任何一臟發生病變，都會造成該臟之正氣虛弱，病邪則有可能遭遇到兩個方面的阻擊：仍以肝臟受邪為例，肝氣虛則不足以制約脾，脾氣盛有可能阻擊病邪傳入脾臟，這是一種阻擊力量；脾氣盛則腎氣減弱，腎氣弱則心氣失去制約而偏盛，心氣偏盛則肺氣受制太過而減弱，肺氣弱又不足以制約肝氣，於是肝氣因此而旺。肝氣旺盛無疑增強了抵禦入侵本臟病邪的能力，這是又一種阻擊力量。前者阻擊病邪的傳變，後者消滅病邪於本臟。因此，若人體五臟生理機能一直處在良好運行狀態，病邪不僅不可能發生傳變，而且在本臟中便會逐步衰減乃至於無，難怪張仲景有「五臟元真通暢，人即安和」之說（《金匱要略・臟腑經絡先後病脈證》）。

由上可見，五臟傳變的發生，根本原因在於五臟自調機能過弱。一旦五臟傳遍，亦即五臟俱損，即使不出現向己所不勝方向的傳變，性命垂危已自在不言之中了。

寒熱證在五臟中的傳變程序與風證又不相同。《素問・氣厥論》說：「腎移寒於脾，癰腫，少氣；脾移寒於肝，癰腫，筋攣；肝移寒於心，狂，隔中[15]；心移寒於肺，肺消，肺消者，飲一溲二，死不治；肺移寒於腎，為湧水，湧水者，按腹不堅，水氣客於大腸，疾行則鳴濯濯，如囊裹漿，水之病也。脾移熱於肝，則為驚衄[16]；肝移熱於心，則死；心移熱於肺，傳為鬲消[17]；肺移熱於腎，傳為柔痓[18]；腎移熱於脾，傳為虛，腸澼，死不可治[19]。」寒熱證的傳變程序看上去沒有風證的傳變那樣有章可循，但寒移熱移路數相同，也是有相對穩定的程序的。楊上善說：「五臟病傳，凡有五邪，謂虛、實、賊、微、正等。邪從後來名虛邪，從前來名實邪，從所不勝來名微邪，從勝處來名賊邪，邪從自起名曰正邪」。（《黃帝內經太素》卷第二十六）所謂從後從前來者，是以五行相生的順逆而言；所謂從不勝處、勝處來者，則是以五行相勝的順逆而言。如「腎移寒於脾」、「脾移寒於肝」、「脾移熱於肝」、「腎移熱於脾」，都屬於五行相勝的逆向移傳，即從不勝處來。

一般說，五臟病邪出現相勝逆傳是相當危險的，病邪來勢稍重都會對生命帶來威脅，只有當病邪來勢輕微時它才只是傳變的中轉階段，而不至於因死不治而成為傳變的終結點，所以，楊上善才稱其為「微邪」。「心移寒於肺」、「心移熱於肺」，屬於五行相勝的順向移傳，即從勝處來，稱名為賊邪。又如「肝移寒於心」、「肺移寒於腎」、「肝移熱於心」、「肺移熱於腎」，屬五行相生的順向移傳，即所謂從後來者，稱名為虛邪。「五臟病傳有五邪」之說也適用於六腑及奇恆之腑的病傳。

《素問・氣厥論》說：「胞移熱於膀胱，則癃溺血；膀胱移熱於小腸，鬲腸不便，上為口糜[20]；小腸移熱於大腸，為虙瘕，為沉[21]；大腸移熱於胃，善食而瘦，又謂之食亦；胃移熱於膽，亦曰食亦；膽移熱於腦，則辛頞鼻淵，鼻淵者，濁涕下不止也，傳為衄衊瞑目。」楊上善將「膀胱移熱於小腸」、「小腸移熱於大腸」，歸之於「賊邪來乘」；「大腸移熱於胃」、「胃移熱於膽」，歸之於「虛邪」；至於「膽移熱於腦」，「腦髓屬腎，膽得熱氣傳之與腦，從前而來，名曰實邪」（《太素》卷二十六）。楊上善的「五邪」之說，立足於五行生剋的功能模型，以相生相剋的順向逆向闡釋寒熱相移的病變機理，對傳統醫學的病機理論是一種貢獻。他的這種闡釋，說明不能將五行模型按照某種不變的單一的運行方向簡單套用在五臟病邪傳變的複雜的狀況之上。

綜上所述，傳統醫學認為病邪在人體浸淫傳變的總程序是由表及裡，即由皮毛經過經絡而達於臟腑。詳言之，在經絡又分為孫脈、絡脈、十二經筋、臟腑間之募原等諸多層次；在經脈又有三陰三陽表裡之分；在五臟則有相勝順傳以及錯綜傳變的各種程序。病邪浸變不僅在總體上有常有變，而且在每一個局部都有常變關係存在。如在總體上以由表及裡為常，但對某些突發性疾病以及由七情太過等原因導致的疾病則不在此常規之列。以局部言，常變關係就更為明顯，上文都已論及，故不贅述。

把握傳變的一般程序，有利於醫者施治時把握主動權；了解傳變的特殊程序，有利於醫者提高辨證的準確程度。對常變關係體悟至精者，在醫家中大約要數倡導醫《易》會通的張介賓了。他說：「以常變言之，則常易不易，太極之理也；變易常易，造化之動也。常易不變，而能應變；變易不常，靡不體常。是常者《易》之體，變者《易》之用；古今不易《易》之體，隨時變易《易》之用。……故曰不通變不足以知常，不知常不足以通變。知常變之道者，庶免乎依樣畫瓠蘆，而可與語醫中之權矣」（《醫易義》）。

【註釋】：

❶動，謂因痙攣而抽動；浮，《類經》卷二：「寒勝者陽氣不行，為脹滿浮虛之病」。

❷此書作者是誰屬一個難以斷定的問題。《隋書・經籍志》載《諸病源候論》五卷，目一卷，吳景賢撰。《舊唐書・經籍志》載《諸病源候論》五十卷，吳景撰；《新唐書・藝文志》除載《吳景諸病源候論》五十卷外，又載巢元方撰《巢氏諸病源候論》五十卷。據《北史・夢鐵杖傳》，隋代醫界確有吳景賢其人，五卷無疑為吳景賢所撰。巢元方大業年間奉詔主持編撰醫書時，極有可能選擇吳氏五卷本為底本。唐・孔穎達主持編撰《五經正義》時即沿此例，底本作者亦有參與擴充編修者，故史書著錄有上述不一致之情況。至《崇文總目》、《宋史・藝文志》時，吳氏之書已佚，僅存《巢氏諸病源候論》，作者究竟是誰因此而成疑案。

❸《素問・金匱真言論》：「言人之陰陽，則外為陽，內為陰。」

❹「少陽大陽」，恐為「小陽太陽」之誤。《素問・血氣形志》篇：「手太陽與少陰為表裡」。手太陽為小腸經，手少陰為心經。楊氏注文當與此義相合。

❺《道德經》：「昔之得一者，天得一以清，地得一以寧，神得一以靈，穀得一以盈，萬物得一以生，王侯得一以為天下貞，其致一也」。

❻輸脈，《太素》卷二十七注：「輸脈者，足太陽脈，以管五臟六腑之輸，故曰輸脈。」

❼沖脈，奇經八脈之一。伏沖之脈，沖脈循行靠近脊柱裡面部位者。

❽膂筋，腸後脊膂之筋。

❾膜原，膜、募通，本意指胸膜與膈肌之間的部位，亦可泛指臟腑器官之間的部位，所以有「腸胃之外，募原

之間」和「腸胃之募原」等說法。

⑩ 緩筋，《太素》卷二十七注：「緩筋，謂足陽明筋，以陽明之氣主緩」。

⑪ 痺，此處指肌膚麻木。《類經》十五卷二十九：「邪在皮毛，不亟去之，則入於經絡，故或為諸痺，或為不仁，或為腫痛，故當用湯熨灸刺之法，以去經絡之病」。作諸痺病解，恐欠妥。下文復有肺痺、肝痺云云，是諸痺另有說者也。

⑫ 癉，內熱。風熱入脾，病名脾癉。出黃，出現黃疸。

⑬ 疝瘕，病名，腹中因氣鬱而結塊。出白，溲出白濁也。蠱，疝瘕病名之別稱。《類經》十五卷二十九：「熱結不散，虧蝕真陰，如蟲之吸血，故亦名曰蠱」。

⑭ 瘛，筋急攣縮，俗稱「抽風」。

⑮ 隔中，《靈樞·邪氣臟腑病形》：「隔中，食飲入而逐出，後沃沫」。

⑯ 衄，鼻孔出血。

⑰ 鬲消，鬲通膈，即胸膈。《類經》十五卷四十六：「鬲消者，鬲上焦煩，飲水多而善消也」。

⑱ 痓，強直而不柔和。王冰柱：「柔謂筋柔無力，痓謂骨痓而不隨。氣骨皆熱，髓不內充，故骨痓強而不舉，筋柔緩而無力也」。

⑲ 腸澼，病名，今謂痢疾。又《古今醫鑒》稱，「大便下血」為腸澼。

⑳ 鬲，通隔；麋，通糜。鬲腸不便，腸道隔塞，大便不通。口麋，口中糜爛。

㉑ 虙，通伏。瘕，腹中之積塊。腹中有積塊伏而不散，謂之虙瘕。沉，即沉痔。

第四章 《易》與中醫氣象醫學

傳統醫學將人置於整個大自然之中，以「人與天地相參」，即天地人三位一體的整體觀念，探討人體與自然界的季節交換和陰陽升降之間的節律關係，從而逐漸形成了中醫學中粗具規模的氣象醫學。

這一學說的萌芽可以追溯到春秋時期盛行的天六地五之說，到戰國中期醫家又從實踐中積累了相當豐富的四季多發病臨床資料，兩漢中期在卦氣說的影響和推動下首先形成了一年周期的氣象醫學。

東漢後期五運六氣學說的出現，又將氣象醫學的周期延長至二年、五年、六年、十年、十二年、三十年、六十年。

運氣學說由唐代王冰將《天元紀》、《五運行》、《六微旨》、《氣交變》、《五常政》、《六元正紀》、《至真要》等七篇大論補入《素問》並大力倡導以後，至宋金元時期終於形成熱潮。

本章所及僅限於對年周期醫學考察和對七篇大論中所及運氣學說要點之簡述，至於宋代以後各家研究運氣學說之得失則存而未論。

一、氣象醫學的萌芽與八卦氣驗說

中醫氣象醫學的萌芽，其由來可謂相當久遠，《春秋左氏傳》昭公元年，秦國醫和所謂「天有六氣，降生五味」云云，與《國語・周語下》之「天六地五，數之常也」屬於同一觀念體系。地五與天六相應，春秋末期已現端倪，儘管五、六之實指，以後屢有變遷，但五運六氣之格局已經大體奠定。至於《周禮・疾醫》所謂「四時皆有病疾，春時有痟痟首疾，夏時有癢疥疾，秋時有瘧寒疾，冬時有嗽上氣疾」，是對季節性多發病的搜集整理，對氣象醫學的形成與發展無疑具有重要意義。

本節所論八卦氣驗說，儘管形成於漢代，但它本身所包含的醫學資料，或許尚在春秋末期之前。由於與八卦氣驗說連在一起的醫學內容，不僅粗澀，而且甚為貧乏，所以，本書將八卦氣驗說所涉及到的氣象醫學上的某些內容，看作是後者萌芽階段的產物。

《易緯》以《易》八經卦分別代表不同的季節與月份，從而使《易》八經卦成為不同月令氣象的表徵符號，這就是所謂「卦氣」的由來。然後根據月令推移以及四季變更（即卦氣的至與不至），考察農作物生長與人體節律的適應狀況，觀其應驗與否，這便是八卦氣驗說。八卦氣驗說是卦氣的雛形，可能形成於西漢中早期，而與

《易傳》直接關聯。

八卦氣驗說的前身是以月令配八卦，按照戰國時期流行的以太極（太一）為原初的宇宙生成模型，太極（混沌未分之氣）生兩儀（陰陽或天地），兩儀生四象（春秋冬夏），四象生八卦（八方位或八節），方位與季節是密切相連的，既然八經卦代表了八個不同的方位，因而以月令配八卦便是順理成章的事情。《乾鑿度》云：

> 《易》始於太極。太極分而為二，故生天地。天地有春秋冬夏之季，故生四時。四時各有陰陽剛柔之分，故生八卦。八卦成列，天地之道立，雷風水火山澤之象定矣。其布散用事也，震生物於東方，位在二月；巽散於東南，位在四月；離長之於南方，位在八月；乾制之於西北方，位在十月；坎藏之於北方，位在十一月；艮終始之於東北方，位在十二月。八卦之氣終，則四正四維之分明。生長收藏之道，備陰陽之體，定神明之德，通而萬物各以其類成矣，皆《易》之所包也。至矣哉，《易》之德也！

這段文字，是對《易傳》的承襲與發揮。《易・繫辭上》云：「是故《易》有太極，是生兩儀，兩儀生四象，四象生八卦，八卦定吉凶」。至此，八卦尚未與月令相配。《說卦傳》云：「震，東方也」，「巽，東南也」；「離也者，南方之卦也」；「乾，西北之卦也」；「坎者，水也，正北方之卦也」。此係將八方配八卦，然未及坤、兌，疑有脫漏。至於以月令配八卦，《說卦傳》雖未確指，但從八卦與萬物成養終始的對應關係看，八卦分散用事之時是可以估量出來的。如云「萬物出乎震」，言萬物逢春而始生，相當於二月；巽，「萬物之絜齊」，言萬物漸已長齊，相當於三月、四月；離，「萬物皆相見」，見為現，言萬物皆已長成，枝葉繁茂，相當於五月；坤，「萬物皆致養也」，言萬物皆已長養充實，相當於六月、七月；「兌，正秋也，萬物之所說也」，此時累累果實皆已成熟，令人喜說（說通悅），相當於八月；乾，「陰陽相薄也」，相當於九月、十月；坎「萬物之所歸也」，相當於十一月；艮，「萬物之所成終而所成始也」，相當於十二月與正月。

以八方配八卦，由來已久，以其數相合，故容易相配。而以十二月配八卦，卦數不足，故《說卦傳》僅言其約，而不確指某卦當值某月令。《乾鑿度》承襲《說卦傳》之意，進而確指某卦當值某月令。結果只能分配得八個月。為了彌補這一不足，《乾鑿度》又云：

> 歲三百六十日而天氣周，八卦用事各四十五日方備歲焉。故艮漸正月，巽漸三月，坤漸七月，乾漸九月，而各以卦之所言為月也。乾者，天也，終而為萬物始。西北方，萬物所始也，故乾位在於十月。艮者，止物者也，故在四時之終，位在十二月。巽者，陰始順陽者也，陽始壯於東南方，故位在四月。坤者，地之道也，形正六月。四維正紀，經緯仲序，度畢矣。

《乾鑿度》不採用八卦平均分派三百六十日的辦法，而將八經卦分作四正卦

圖 4-1　後天八卦方位月令圖

（震、離、兌、坎）與四維卦（艮、巽、坤、乾），即以所謂「四正四維之分明」，盡「生長收藏之道」。四正卦各用一月，以當二至二分之季節；而四維卦則除各自的當值月令外，又漸一個月，從而各用兩個月。四正四維的區分，使以月令配八卦之困難妥善解決，即所謂「四維正紀，經緯仲序，度畢矣」。以圖示之則如圖4－1。這樣《乾鑿度》就在《說卦傳》的基礎上，大大向前邁進一步。為八卦氣驗說鋪平了道路。

《通卦驗》云「凡《易》八卦之氣，驗應各如其法度，則陰陽和，六律調，風雨時，五穀成熟，人民取昌，此聖王所以致太平法。」驗應，指「諸卦氣各以用事時，氣著明而見；否則，

「八卦氣不效，則災異氣臻，八卦氣應失常」，其危害「則綱紀壞敗，日月星辰失其行，陰陽不和，四時易政」（同上）。這種誇大其辭的說法，本來是為望候、星占這類的宗教迷信活動製造理論依據的。但當其與人體對卦氣的反應聯繫起來時，便表現出一定的合理性，《通卦驗》云：

乾，西北也，主立冬。人定，白氣出直乾，此正氣也。氣出右，萬物半死；氣出左，萬物傷。乾氣不至，則立夏有寒，傷禾稼，萬物多死，人民疾疫，應在其沖。乾氣見於冬至之分，則陽氣火盛，當藏不藏，蟄蟲冬行。乾為君父，為寒為冰，為金為玉。於是歲，則立夏早蟄，夏至寒。乾得坎之蹇，則夏雨雪水冰。乾氣退，傷萬物。

坎，北方也，主冬至。夜半，黑氣出直坎，此正氣也。氣出右，天下旱；氣出左，湧水出。坎氣不至，則夏至大寒雨雪，湧泉出，歲大水，應在其沖。坎氣見立春之分，則水氣乘出。坎為溝瀆。於是歲，多水災，江河決，水湧出。坎氣退，則天下旱。

艮，東北也，主立春。雞鳴，黃氣出直艮，此正氣也。氣出右，萬物霜；氣出左，山崩湧水出。艮氣不至，則立秋山陵多崩，萬物華實不成，五穀不入，應在其沖。艮氣見於春分之分，則萬物不成。艮為山為止，不止則氣過山崩。艮氣退，則數有雲、霧、霜。

震，東方也，主春分。日出，青氣出直震，此正氣也。氣出右，萬物半死；氣出左，蛟龍出。震氣不至，則歲少雷，萬物不實，人民疾熱，應在其沖。震氣見立夏之分，雷氣盛，萬物蒙而死不實，龍蛇數見，不雲而雷，冬至乃止。震氣退，歲中少雷，萬物不茂。

巽，東南也，主立夏。食時，青氣出直巽，此正氣也。氣出右，風撅木；氣出左，萬物傷，人民疾濕。巽氣不至，則歲中多大風發屋揚砂，禾稼盡，應在其沖。巽氣見夏至之分，則風氣過折木。巽氣退，則肓風至萬物不成，濕傷人民。

離，南方也，主夏至。日中，赤氣出直離，此正氣也。氣出右，萬物半死；氣出左，赤地千里。離氣不至，則無日光，五穀不榮，人民病目痛，冬無冰，應在其沖。離氣見於立秋之分，（此處疑有脫文）氣退，則其歲日無光，陰必害之。

坤，西南也，主立秋。晡時，黃氣出直坤，此正氣也。氣出右，萬物半死；氣出左，地動。坤氣不至，則萬物不茂，地數震，牛羊多死，應在其沖。坤氣見於秋分之分，則其歲地動搖，江河水乍存乍亡。坤氣退，則地分裂，水泉不泯。

兌，西方也，主秋分。日（此處疑脫「入」或「落」字），白氣出直兌，此正氣也。氣出右，萬物不生；氣出左，則虎害人。兌氣不至，則歲中多霜，草木枯落，人民疥瘙，應在其沖。兌氣見於立冬之分，則萬物不成，虎狼為災在澤

表 4-1　八卦五行相配表

五行	金		水	土		木		火
五色	白		黑	黃		青		赤
季節	秋		冬	季夏		春		夏
八方	西北	西	北	東北	西南	東	東南	南
八卦	乾	兌	坎	艮	坤	震	巽	離

中，兌氣退，則澤枯，萬物不成。

此處八卦方位及所配月令與《說卦傳》、《乾鑿度》同，而所突出的是八卦所配月令中的八個節氣（四正卦分主二至二分，四維卦分主四立），並以當值節氣的某一時辰（如「人定」、「夜半」、「雞鳴」、「日出」、「食時」、「日中」、「晡時」、「日入」）為卦氣驗應的標準時辰。《說卦傳》、《乾鑿度》依據農作物生長收藏的春夏秋冬四季為八卦之序，故從震始，以艮終。此處則據氣候的陰陽升降為八卦之序。《乾鑿度》云：「陽始於亥，形於丑，乾位在西北，陽祖微據始也」。丑為十月，當乾西北之位，陽微始之時，故以乾始，以兌終。這樣便開創了以陽氣興衰為標誌的八卦氣驗的新次序。

正氣，指八卦當值節氣某一標準時辰應當出現的卦氣。《通卦驗》以白氣屬乾屬兌，以黑氣屬坎，以黃氣屬艮屬坤，以青氣屬震屬巽，以赤氣屬離。而五色又與五行相應，金白、水黑、土黃、木青、火赤。五行與四季配，則「木德主春」，「金德主秋」，「火德主夏」，「水德主冬」，「土德主季夏」（《乾鑿度》）。八卦便這樣與五色五行聯繫起來了（見表4—1）。八卦氣約簡為白、黑、黃、青、赤五色。五氣驗應則為正氣。如果「氣出右」（不及），或「氣出左」（過），或當至而「不至」，便會對萬物造成災難，甚至給人體健康帶來危害。如「乾氣（其色白）不至」，則「人民疾疫」；「震氣（其色青）不至」，則「人民疾熱」；巽氣（其色青）「出左，萬物傷，人民疾濕」；「巽氣退」則「濕傷人民」；「離氣（其色赤）不至」，則「人民病目痛」；「兌氣（其色白）不至」，「人民疥瘙」。

文中未及黑氣、黃氣與人體健康的關係，語義不全，似有脫文，但這並不妨礙我們得出如下結論：《易緯》揭示了由八卦氣驗說向五運說推進的軌跡，前者是後者的先行與雛形，是中醫氣象醫學的肇端。但在《易緯》中，它只是宗教的僕從與奴婢，是望氣占候術的手段與工具。

二、卦氣說與年周期氣象醫學的形成

八卦氣驗說，對人體的季節性病痛只是略有涉及，遠不足以說明人體節律與季節性的關係。因而它只能是一些望氣占候者對西周時期某些粗淺醫學知識的草率追記。隨著漢易卦氣說的形成和醫學自身的發展。《易緯》有可能採用新的角度，透過卦氣說的四正、二十四氣的思維模式，重新探討人體節律與季節性的關係。於是形成了一套較為系統的季節性病因理論。

卦氣說是與八卦氣驗說不同的另一種思維模式。八卦氣驗說依托的是以八卦方位配月令；而卦氣說則是以《易》卦爻顯示出來的陰陽升降消長態勢，比擬四季氣候的寒暑變化與物象變遷，並用卦爻值日，以征吉凶。因此，如果說八卦氣驗說對《說卦傳》有所繼承，那麼，卦氣說則是漢代人在汲取當時的天文氣象學成果的基礎上的獨創。

卦氣說不用八經卦分值十二月，而是以陰陽升降消長為尺度，從六十四卦中另選出最具代表性的十二個卦（䷗復、䷒臨、䷊泰、䷡大壯、䷪夬、䷀乾、䷫姤、䷠遯、䷋否、䷓觀、䷖剝、䷁坤）比擬「消息十二月」。然後每月分配四卦，加當月消息卦，五卦共值一月。每卦六爻，五卦凡三十爻，當一月之三十日。其值日分配情況如表4-2（取自《易緯·稽覽圖》卷下）。依此表，則一年為三百六十日，然一年應為三百六十五日又四分日之一，且月有大小，所主不齊。於是卦氣說不以每卦平均值六日，而改每卦值六日七分（七分，即八十分日之七）。《乾元序制記》云：「一歲十二月，三百六十五日四分度之一，餘二十，四分一百以為八十分二十為之。消息十二月，月居六日七分，十二月居七十三日八十分居四分。」❶又坎、震、離、兌四正卦既為二至二分之用日，則定其每卦一日減八十分日之七，得八十分日之七十三，四

圖 4-2 卦氣值日分配情況表

小過	蒙	益	漸	泰	（寅）
需	隨	晉	解	大壯	（卯）
豫	訟	蠱	革	夬	（辰）
旅	師	比	小畜	乾	（巳）
大有	家人	井	咸	姤	（午）
鼎	豐	渙	履	遯	（未）
恒	節	同人	損	否	（申）
巽	萃	大畜	賁	觀	（酉）
歸妹	無妄	明夷	困	剝	（戌）
艮	既濟	噬嗑	大過	坤	（亥）
未濟	蹇	頤	中孚	復	（子）
屯	謙	睽	升	臨	（丑）

正卦共主三日又八十分日之五十二。然後又從頤、晉、井、大畜四卦份值內減去四正卦所主之日數，以合一年三百六十五日又四分日之一。

四正卦在《易緯》中大致有兩種象徵意義：其一，以四正卦象徵春夏秋冬四季，即《稽覽圖》所云：「四正為四象」。

其二，以四正卦之初爻分主二至二分，餘爻分主當值季節之節令。

這樣，四正卦二十四爻，便象徵了四季二十四氣。至於十二月消息卦，由於簡冊有缺，《易緯》僅提及復、臨、泰、大壯、姤、遯、否、觀、剝，而缺夬、乾、坤（見

《乾元序制記》）。孟喜易在十二月消息卦的基礎上，進一步以消息卦之爻與候相配，七十二爻正好配七十二候，從而使卦氣說臻於完善。

卦氣說的過程及其主要內容大至如上所述。《易緯》主要利用卦氣說中四正配二十四氣的框架，探討了人體節律與季節變遷的關係。

《乾元序制記》云：「坎初六冬至，廣莫風，九二小寒，六三大寒，六四立春，條風，九五雨水，上六驚蟄。震初九春分，明庶風，六二清明，六三穀雨，九四立夏，溫風，六五小滿，上六芒種。離初九夏至，景風，六二小暑，九三大暑，九四立秋，涼風至，六五處暑，上九白露。兌初九秋分，閶闔風，霜下，九二寒露，六三霜降，九四立冬，冰，不周風，九五小雪，上六大雪也」。四正卦（即四時卦）仍從《說卦傳》八卦方位時令，但以坎初冬至為卦氣之起始。《稽覽圖》云「甲子卦氣起中孚」，指微陽首發於冬至。太陽曆以冬至為歲首，而以立春為正月節氣，正是四正卦二十四節氣的曆法依據。

《通卦驗》認為，坎震離兌四正卦，「每卦六爻，既通於四時、二十四氣，人之四肢、二十四脈亦存於期」。以四時與四肢、二十四氣與二十四脈相對應，難免有牽強之處，但它卻由這種比附，將氣象系統與人體經絡系統結合成一個有機整體。人是大自然創造的，受到大自然的薰陶，並在大自然的懷抱中成長，因而在漫長的歲月中逐漸形成了與大自然季節性變遷相適應的生理節律。這一合乎科學的認識，是漢代人對人類認識史的一大貢獻。

對於外界條件的轉換，特別是季節的變遷，經絡系統具有最靈敏的信息反饋功能。氣候無時無刻不處在變化之中，而其基本節律在我國中原地帶不外四季、二十四氣及七十二候。「消息及四時卦各盡其日……諸卦氣溫寒清濁各如其所」（《稽覽圖》），「人生而應八卦之體」（《乾鑿度》），四肢、二十四脈則與之合節，氣正而脈和，人少疾病。但正氣並非都能應時而至，若氣至不應時而「侵消息」，錯亂了陰陽消息之常，「陰陽不合，四時異政」，便會紊亂人體節律，導致疾病。所謂「侵消息者」，就是「陰專政」，陰行陽政，「陰侵陽」（《稽覽圖》）。《易緯》認為，「專政者，言陰為之。（陰）雖正不得專也，猶當歸之於陽」（同上）。「侵消息」的氣象，勢必引起人體經絡系統靈敏的信息反饋。《易緯》正是抓住氣象醫學的這一樞機，詳細說明了氣象變化與十二經脈對應的信息反饋及人體出現疾病的情況。

《通卦驗》中有一則完整的資料，對氣象與經脈及病痛的聯繫作了周密探索。這則資料長期被人們忽略，今特不惜篇幅全部摘出，並按坎、震、離、兌四時卦之次序分段說明：

冬至。廣莫風至，蘭射干生，麋角解，曷旦不鳴。晷長丈三尺，陰氣去，陽雲出，其莖末如樹木之狀。凡此陰陽之雲，天之雲，天之便氣也。坎震離兑為之，每卦六爻，既通於四時、二十四氣，人之四肢、二十四脈亦存於期。故其當至不至，則萬物大旱，大豆不為，人足太陰脈虛，多病振寒；未當至而至，則人足太陰脈盛，多病暴逆臚張心痛，大旱，應在夏至。

小寒。合凍，虎始交，豺祭獸❷，虵垂首，曷旦入空。晷長丈二尺四分，倉陽云出平，南倉北黑。當至不至，則先小旱，後小水，人手太陰脈虛，人多病喉痺，未當至而至，則人手太陰脈盛，人多熱，來年麻不為。

大寒。霜降，草木多生心，鵲始巢。晷長丈一尺八分，黑陽云出心，南黑北黃。當至不至，則旱後水，麥不成，人足少陰脈虛，多病蹶逆，惕善驚；未當至而至，則人足少陰脈盛，人多病上氣嗌腫，應在大暑。

立春。雨水降，條風至，雉雊，雞乳，冰解，楊柳榑。晷長丈一尺二分，青陽云出房，如積水。當至不至，則兵起，來年麥不成，人足少陽脈虛，多病疫瘧；未當至而至，則人足少陽脈盛，人多病粟疾疫，應在立秋。

雨水。凍冰釋，猛風至，獺祭魚，鶬鶊鳴，蝙蝠出。晷長九尺一寸六分，黃陽云出亢，南黃北黑。當至不至，則旱，麥不為，人手少陽脈虛，人多病心痛；未當至而至，則人手少陽脈盛，人多病目，應在處暑。

驚蟄。雷候應北。晷長八尺二寸，赤陽云出翼，南赤北白，當至不至，則霧，稚禾不為，人足太陽脈虛；人多疫病瘧；未當至而至，則人足太陽脈盛，多病癰疽脛腫，應在白露。

《易緯》以二十四脈分任二十四氣之令脈。氣當至而至為正，氣正則令脈和；氣過或不足為邪氣，令脈便會出現或虛或盛的反饋。䷜坎初六主冬至，以陰爻初用事而顯微陽始生。《易》以老陽（九）、老陰（六）為變爻，老陽（九）變而為少陰（八），老陰（六）變而為少陽（七）。坎初六用事即啟老陰變少陽之端。在人體令脈，則以足太陰脈當之。

中醫足為陰，手為陽，故足太陰脈為陰中陰，合微陽生於陰中之陰。當至不至為氣不及，微陽未至，陰氣盛，故足太陰脈虛，人多病振寒；未當至而至為氣過，陽氣生而勝於微，故足太陰脈盛，人多病暴逆、頭臚發脹、心痛。

九二主小寒，陽爻居二陰之中，以喻陽長，人體令脈以手太陰脈當之。手太陰脈為陰中陽，與九二爻象合。氣不及則令脈虛，人多因寒而染喉疾（痺）；氣過則令脈盛，人多熱。

六三主大寒，陰氣起，人體令脈以足少陰脈當之。足少陰脈為陰中陰，與六三陰爻合，然陰消陽長，陰已由老降少。氣不及則令脈虛，人多病足蹶、氣逆而易驚恐；氣過則令脈盛，人多病咽腫病。

六四主立春，人體令脈以足少陽脈當之。足少陽脈為陽中陰，陽氣少稚，陰氣仍在內，故六四陰爻為陽中陰。氣不及則令脈虛，人多病疫瘧寒；氣過則令脈盛，人多病痓腫疫疾。

九五主雨水，人體令脈以手少陽脈當之。手少陽脈為陽中陽，陽氣始行而雨施，故九五陽爻實為少陽。氣不及則令脈虛，人多病心痛；氣過則令脈盛，人多染目疾。

上六驚蟄，人體令脈以足太陽脈當之。足太陽脈為陽中陰，陽氣由少至老，而陰氣積而未退，故上六陰爻為陽中之陰。陽氣再行，與餘陰激而成雷。氣不及則令脈虛，寒氣乘病，人多瘧寒；氣過則令脈盛，雷氣早至，震人肌膚，人多不堪癰疽。

春分。明庶風至，雷雨行，桃始花，月日同道。晷長七尺二寸四分，正陽云出，張如積鵠。當至不至，先旱後水，歲惡重來不為❸，人手太陽脈虛，人多病痺痛；未當至而至，人手太陽脈盛，人多病癘疥身癢，應在秋分。

清明。雷鳴雨下，清明風至，元鳥來。晷長六尺二寸八分，白陽云出，南白北黃。當至不至，菽豆不為，人足陽明脈虛，人多病疥疾，振寒，洞泄；未當至而至，人足陽明脈盛，人多病溫，暴死，應在寒露。

穀雨。田鼠化為鴽。晷長五尺三寸二分，太陽云出，張上如車蓋，不如薄。當至不至，水物稻等不為，人足陽明脈虛，人多病癰疽，虐振寒，霍亂；未當至而至，人足陽明脈盛，人多病溫，黑腫，應在霜降。

立夏。清明風至而暑，鶴聲蜚，電見早出，龍升天。晷長四尺三寸之分，當陽云出，觜紫赤如珠。當至不至則旱，五穀大傷，牛畜病，人手陽明脈虛，多病寒熱，齒齲；未當至而至，人手陽明脈盛，多病頭，腫嗌喉痺，應在立冬。

小滿。雀子蜚，螻咕鳴。晷長三尺四寸，上陽云出，七星[4]赤而饒。當至不至，多凶言，有大喪，先水後旱，人足太陽虛，人多病筋急，痺痛；未當至而至，人足太陽脈盛，人多病沖，氣腫。

芒種。蚯蚓出。晷長二尺四分，長陽雲集，赤如曼曼。當至不至，多凶言，國有狂令，人足太陽脈虛，多病血痺；未當至而至，人足太陽脈盛，多蹶眩，頭痛，痺。應在大雪。

春分於☳震值初九。陽氣升騰，明庶風起，雷行雨施，萬物昭蘇，桃李花發。人體令脈手太陽脈應之，手太陽脈為陽中陽，與初九爻性合。氣不及則令脈虛，人多病喉疾；氣過則令脈盛，人多患皮膚癘疾身癢諸症。震六二主清明，六三主穀雨，陽氣回環，人體令脈以足陽明脈應之。足陽明脈為陽中陰，與六二、六三爻性合。氣不及則令脈虛，人多患皮膚病或振寒，甚者或洞泄或霍亂；氣過則令脈盛，人多病溫。九四主立夏，陽氣復升，人體令脈以手陽明脈應之。手陽明脈為陽中陽，與九四爻性合。氣不及則令脈虛，人病寒熱、齒齲痛；氣過則令脈盛，人多患頭不適，咽喉腫痛。震六五主小滿，上六主芒種，陽氣用事而陰氣未退，人體令脈以足太陽脈當之。足太陽脈為陽中陰，與六五、上六爻性合。氣不及則令脈虛，人多病筋急痺痛；氣過則令脈盛，人多病氣腫或蹶眩頭痛。

夏至。景風至，暑且濕，蟬鳴，螳螂生，鹿解角，木堇榮。晷長四寸八分

❺，少陰云出，如水波崇崇。當至不至，邦有大殃，陰陽並傷，口乾嗌痛❻；未當至而至，人手陽脈盛，多病肩痛，應在冬至。

小暑。云五色出，伯勞鳴，蝦蟇無聲。晷長二尺四寸四分，黑陰云出，南黃北黑。當至不至，前小水後小旱，有兵，人足陽明脈虛，多病泄注腹痛；未當至而至，人足陽明脈盛，多病臚腫，應在小寒。

大暑。雨濕，半夏生。晷長三尺四寸，陰云出，南赤北倉。當至不至，外兵作，來年饑，人手少陽脈虛，多病筋痹胸痛；未當至而至，人手少陽脈盛，多病脛痛惡氣，應在大寒。

立秋。涼風至，白露下，虎嘯，腐草為嗌（螢），蜻蛚鳴。晷長四尺三寸六分，濁陰云出，上如赤繒列，下黃弊。當至不至，暴風為災，年歲不入，人足少陽脈虛，多病癘，少陽氣中寒，白茫茫；未當至而至，人足少陽脈盛，多病咳嗽、上氣、咽喉腫，應在立春。

處暑。雨水，寒蟬鳴。晷長五尺三寸二分，赤陰云出，南黃北黑。當至不至，國有淫令，四方兵起，人手太陰脈虛，多病脹身熱，來年麥不為；未當至而至，人手太陰脈盛，多病脹身熱，不汗出，應在雨水。

白露。云氣五色，蜻蛚上堂，鷹祭鳥，燕子去室，鳥雌雄別。晷長六尺二寸八分，黃陰云出，南黑北黃。當至不至，六畜多傷，人足太陰脈虛，人多病痤痘，泄；未當至而至，人足太陰脈盛，多病心脹閉，癥瘕，應在驚蟄。

坎、震、離、兌四時卦，坎、震為陽卦，其所當值的十二氣，表現為陽氣漸升、陰氣漸降的趨向，當然並不排除其中包含了重複回環的現象。離、兌為陰卦，其所當值的十二氣，表現為陰升陽降的趨向。《易》例：陽卦多陰爻，陰卦多陽爻。故坎、震該為二陽四陰，離、兌則為二陰四陽。《易緯》以人脈應之，則坎、震起於陰脈，而漸進及陽中陰與陽脈，而離、兌則起於陽脈而漸進及陰中陽與陰脈。這種現象反映到爻性與人脈的對應上，坎、震為順應，而離、兌則常有逆應。離當夏至到白露，陽氣昌盛，相應要求陰氣的適量調平。離初九主夏至，陽氣正盛，人體令脈以手太陽脈當之。手太陽脈為陽中陽，與初九爻性合。氣當至不至，指陽氣泄極而微陰未至，人體令脈虛，多病口乾咽痛；反之陰氣過多，則人體令脈盛，多病肩痛。

六二主小暑，人體令脈以足陽明脈當之。足陽明脈為陽中陰，與六二爻性合。氣不及則令脈虛，多病泄注、腹痛；氣過則令脈盛，多病臚腫。

九三主大暑，人體令脈以手少陽脈當之。手少陽脈為陽中陽，與九三爻性合，氣不及則人多病筋痺、胸痛；氣過則令脈盛，多病脛痛、惡氣。九四主立秋，人體令脈以足少陽脈當之。足少陽脈為陽中陰，與九四爻性為逆應。氣不及則令脈虛，多病癘；氣過則令脈盛，多病咳嗽、咽喉腫。

六五主處暑，人體令脈以人手太陰脈當之。手太陰脈為陰中陽，與六五爻性逆應。氣不及則令脈虛，多病脹、身熱；氣過則令脈盛，亦多病脹、身熱、不汗。

上九主白露，人體令脈以足太陰脈當之。足太陰脈為陰中陰，與上九爻性逆應，氣不及則令脈虛，多病痤疽、泄；氣過則令脈盛，多病心脹閉、癥瘕。

秋分。風涼慘，雷始收，鷙鳥擊，元鳥歸，昌盍風至。晷長七尺二寸四分，白陽云出，南黃北白。當至不至，草木復榮，人手少陽脈虛，多病溫、悲、心痛；未當至而至，人手少陽脈盛。多病胸脇膈痛，應在春分。

寒露。霜小下，秋草死，眾鳥去。晷長八尺二寸，正陽云出，如冠纓。當至不至，來年穀不成，六畜鳥獸被殃，人足厥陰脈虛，多病疪疼腰痛；不當至而至，人足厥陰脈盛，多病痛胸中熱，應在清明。

霜降。候雁南向，豺祭獸，霜大下，草禾死。晷長九尺一寸六分，太陽云出，上如羊，下如磻石。當至不至，萬物大耗，來年多大風，人足厥陰脈虛，多病腰痛；未當至而至，人足厥陰脈盛，多病喉風腫，應在穀雨。

立冬。不周風至，始冰，薺麥生，賓爵入水為蛤。晷長丈一寸二分，陰云出接。當至不至，地氣不藏，立夏反寒，早旱晚水，萬物不成，人手少陽脈虛，多病濕、心煩；未當至而至，人手少陽脈盛，多病臂掌痛，應在立夏。

小雪。陰寒，熊羆入穴，雉入水為蜃。晷長丈一尺八分，陰云出而黑。當至不至，來年五穀傷，蠶麥不為，人心主脈虛，多病肘腋痛；未當至而至，人心主脈盛，人多病腹耳痛，應在小滿。

大雪。魚負冰，雨雪。晷長丈二尺四分，長云出，黑如介。當至不至，溫氣泄，夏煌生，大水，人手心主脈虛，多病少氣、五疸、水腫；未當至而至，人手心主脈盛，多病癰疽腫痛，應在芒種。

兌初九值秋分，人體令脈以手少陽脈當之。與離初九手太陽脈比較，雖同為陽中陽，然令脈已由老入少，表現出與氣候由夏入秋的適應性。氣不及則令脈虛，多病溫，悲心痛；氣過則令脈盛，多病胸脇膈痛。

九二主寒露，人體令脈以足厥陰脈當之。足厥陰脈為陰中陰，與九二爻性為逆應。氣不及則令脈虛，多病疵疼腰痛；氣過則令脈盛，多病痛胸中熱。

六三主霜降，人體令脈以足厥陰脈當之，與六三爻性合。氣不及則令脈虛，多病腰痛；氣過則令脈盛，多病風腫。

九四主立冬，人體令脈以手少陽脈當之，與九四爻性合。氣不及則令脈虛，多病溫、心煩；氣過則令脈盛，多病掌及臂痛。

九五主小雪，人體令脈以心主脈當之。心主脈即手少陰心經脈，為陰中陽，與九五爻性合。氣不及則令脈虛，多病肘腋痛；氣過則令脈盛，多病腹耳痛。

上六主大雪，人體令脈以手心主脈當之。手心主脈即手厥陰心包絡經脈，為陰中陽，與上六爻性逆應。氣不及則令脈虛，多病少氣、五疸和水腫；氣過則令脈盛，多病癰疽、腫痛。

《通卦驗》這則資料大約形成於西漢中期。近年來出土的西漢早期醫學都只講十一經脈，十二經脈無疑是在《周易》的思想框架滲透進氣象醫學以後提出來的。《周易》乾坤二卦，乾純陽，坤純陰，代表了客觀事物的陰陽兩極。《易·繫辭》云：「乾坤，其易之門邪！」、「乾坤其易之蘊邪！」《象傳》以乾坤為天地「健」、「順」之德；《彖傳》言「乾元」、「坤元」，《文言》僅釋乾坤二卦，皆視乾坤二卦為《易》之基礎與不可分割的要素。

經卦乾、坤，分別為三陽三陰；別卦乾、坤，分別為六陽六陰。這個套式對中醫經絡系統的明顯影響，是構成了正經脈的陰陽對稱結構。正經脈陰陽對稱結構形成過程中，天之氣也可發為三陰三陽，人之病症亦有三陰三陽，從而經過《素問》發展成為東漢張仲景《傷寒論》所倡導的行之有效的六經辨證理論。而究其源頭，當在《易緯·通卦驗》所反映出來的由十一經脈向十二經脈的關鍵性的一步躍進。這一躍進，開創了醫《易》會通的全面格局，從此以降，凡是有所成就的中醫學家，無不與《易》發生著密切的聯繫。

《通卦驗》這則資料在氣象醫學方面所達到的成就主要表現在以下兩個方面：

其一，正確地反映了二十四氣周期性循環過程中的規則性與非規則性。二十四氣的運行以日光之晷長為衡量尺度（當然，晷長只具有相對的確定性），而以物候的變遷作為映襯，反映了一年之內陰陽之氣升降消長的態勢與趨向。「故日者，眾陽之精也，天所以照四方，因以立定二十四氣，始於冬至終於大雪。周天三百六十五日，分之一陰一陽，分之各得一百八十二日有奇，分之普得九十一日有奇。四正分而成八節。節四十五日二十一分。節各三分，各得十五日七分而為一氣也」（《通卦驗》）。陰陽、四時、八節、二十四氣，是對一年之中天氣周期性循環的規則性描敘；而事實上，這種規則性的實現是透過從未間斷過的「過」（即「未當至而至」）或「不及」（即「當至不至」）的頻繁上下波動的非規則性表現出來的。

其二，與二十四氣相應，在人體有與天氣陰陽升降相對應的令脈。陰陽之氣消長適時，令脈呈平和之象；反之，則令脈因其「過」或「不及」，呈「盛」或「虛」之象。一般說來，節令之氣「當至不至」則令脈呈虛象，人所患常見性季節病多為虛證。反之，節令之氣「未當至而至」，則令脈盛，人所患病多為實證。以二十四氣的「過」與「不及」和人體令脈的「盛」與「虛」所構成的因果鏈條，使天人之間呈現為一種具有深刻內在聯繫的有機網絡，不再是人們習慣於援引的所謂直觀的朦朧的模糊的天人合一的圖景。

可以說，《易緯》已經奠定了五運六氣說的基礎，意味著中醫氣象醫學的形成。但究竟何謂「五運六氣」？《易緯》儘管包含了這一概念的某些內容，但卻並沒有引進「天六地五」一類概念，更談不上在此基礎上加以擴展與發揮。

三、傳統醫學中的運氣學說

運氣學說，是中華民族氣象醫學史上的一顆熠熠閃光的科學明珠。這一學說的思維框架，表現為多維系統之間多層次多側面交錯互動的立體網絡，這個立體網絡在思維程序上構成多個不同層次的周期性的環套循環圈，從而使整個立體網絡呈現為多維系統交錯互動的複雜狀態。運氣學說採用的基礎理論是陰陽五行說。

由陰陽歸結的「六氣」與由五行推導的「五運」，是整個立體網絡中起主導作用的兩個交錯互動的循環圈。從單相系統的獨立運作推導，「五運」構成五年周期循環圈，「六氣」構成六年周期循環圈。從這兩個系統交錯互動的相關運作推導，則五六相合構成三十年周期循環圈；將三十年周期嵌套進干支紀年，則構成六十年周期循環圈。周期的標誌為氣象的循環變遷，以及由此引起的物候與人體生理病理的相關變化。運氣學說的天文背景為日月與五大行星，宋代學者張載將這個背景歸結為地體系統，即今之所謂太陽系。運氣學說的內在循環機制，為五行的生剋制化與乘侮勝復規律，這個規律在氣象的太過與不及的波動過程中起調節平衡作用，從宏觀上保證了三十年周期與六十年周期循環運作的相對穩定性。此外，多維系統之間的會合交錯互動，對年周期範圍內的循環也有一定的微觀調節作用。

㈠陰陽與「六氣」系統

《素問．天元紀大論》說：「寒暑燥濕風火，天之陰陽也，三陰三陽上奉之。木火土金水火，地之陰陽也，生長化收藏下應之。」天之三陰，厥陰奉風氣，少陰奉火氣，太陰奉濕氣；天之三陽，少陽奉暑氣，陽明奉燥氣，太陽奉寒氣。地本五行，木火土金水，文中重出一「火」字，從形式上看，是為了與天之「暑」、「火」二氣相對應；從內容上看，地之二火分為「君火」、「相火」，有上下之位、生成之用辨。張介賓說：「陽在上者，即君火也；陽在下者，即相火也」。「火一也，而上下幽顯，其象不同，此其所以有辨義也。」、「六氣之序，君火在前，相火在後，前者肇物之生，後者成物之實」（《類經》二十三卷）。

天之六氣，寒暑燥濕風火，基本上反映了中原地帶一年內陰陽消長氣候變化的基本狀態。《運氣全書》說：「陰陽相進，分六位而日月推移；寒暑弛張，連四時而氣令更變。故凡一歲之氣，始於大寒日，交風木之初氣；次至春分日，交君火之二氣；次至小滿日，交相火之三氣；次至大暑日，交濕土之四氣；次至秋分日，交燥金之五氣；次至小雪日，交寒水之終氣。每氣各主六十日八十七刻半，是謂六步。」（轉引自《類經圖翼》二卷）總六步而得三百六十五日二十五刻，為一歲之期，六步分主一年內的二十四個節令，每步各主四節令，其曰：

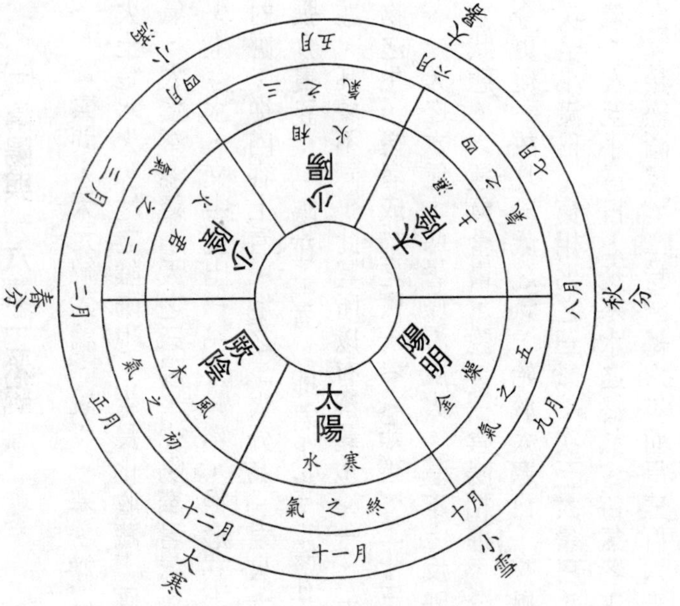

圖 4-2　主氣圖

厥陰風木（初之氣）：大寒、立春、雨水、驚蟄。

少陰君火（二之氣）：春分、清明、穀雨、立夏。

少陽相火（三之氣）：小滿、芒種、夏至、小暑。

太陰濕土（四之氣）：大暑、立秋、處暑、白露。

陽明燥金（五之氣）：秋分、寒露、霜降、立冬。

太陽寒水（六之氣）：小雪、大雪、冬至、小寒。

上述厥陰、少陰、少陽、太陰、陽明，太陽六步之序每年相同，故稱其為一歲之主氣。主氣有常而無變（見圖4－2），為一年四季二十四氣之常令，反映一年內氣候變化的一

圖 4-3　逐年客氣圖

般規律。實際上各年四季二十四氣的狀況並不完全一樣，這是由於客氣加臨的結果。

主氣是六氣在一年內的規則性運動，而客氣各年不同，是一年內六氣的非規則性運動。氣候變化的年周期循環圈，事實上是由主客二氣的規則性與非規則性的交互作用實現的。客氣的非規則性，是相對主氣的規則性而言的；就自身的運動而言，也是有序的合規則的。客氣六步的位置，太陰在少陽之前，其次序為太陽、厥陰、少陰、少陽、陽明。六氣各主一歲，每年依次輪轉一步，六年輪轉六步，形成一個六年期的周期性循環圈（見圖4—3）。因此，主氣與客氣的區分不是絕對的，主要依據它們在

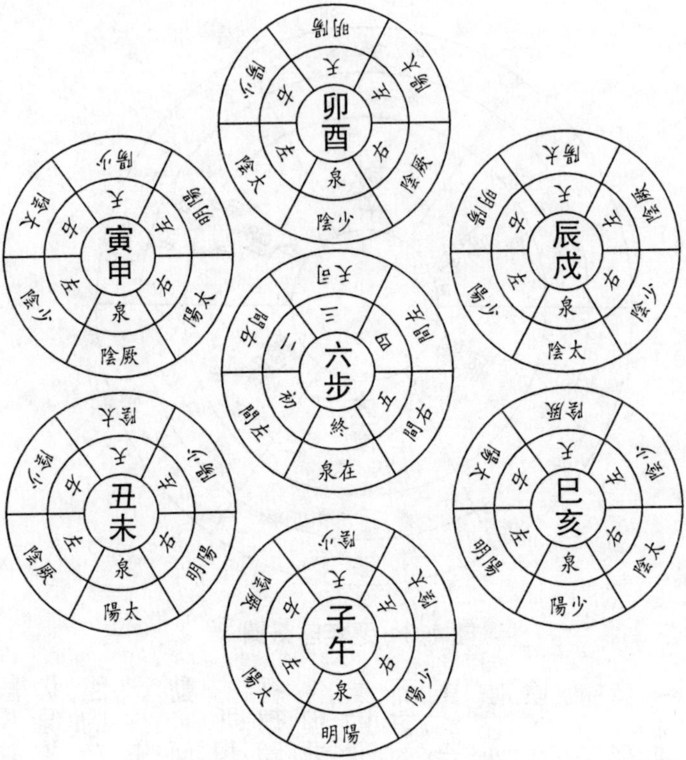

圖 4-4　司天在泉左右間氣圖

一定周期性循環圈範圍內的地位與作用而定。

在六年期循環圈上，六氣六年一轉，周而復始，如環無端，每年一氣主事，其餘五氣相輔。由於每年主事之氣不同，其餘五氣的位置因此而隨之更易。傳統醫學從六氣輪轉的外在形式，抽象出一個六氣位置分布的定式，即「司天」、「在泉」、「四間氣」。在這個定式中，司天在上，在泉在下，四間氣為司天右間、司天左間、在泉左間、左泉右間。依六步之序，在泉左間為初之氣，司天右間為二之氣，司天為三之氣，司天左間為四之氣，在泉右間為五之氣，在泉為終之氣。由這個定式，可以得到六個首尾相銜的年周期動式循環圈（見圖4—4）。

圖中央是定式，環周六圖是六個動式，定式是對六個動式的形式抽象，動式中六氣的位置則各不相同。圖中占據司天位置的是當年的主事之氣，特別對上半年氣候起著決定性作用；在泉之氣則對下半年氣候有一定影響。圖中司天與在泉奠上下之位，按六步之氣，司天之氣為陽，在泉之氣必為陰，反之亦然。司天、在泉、左右間氣，按十二地支之次輪轉：子午之年，少陰司天，陽明在泉；丑未之年，太陰司天，太陽在泉；寅申之年，少陽司天，厥陰在泉；卯酉之年，陽明司天，少陰在泉；辰戌之年，太陽司天，太陰在泉；巳亥之年，厥陰司天，少陽在泉。

《素問・五運行大論》說：「所謂上下者，歲上下見陰陽之所在也。左右者，諸上見厥陰，左少陰右太陽；見少陰，左太陰右厥陰；見太陰，左少陽右少陰；見少陽，左陽明右太陰；見陽明，左太陽右少陽；見太陽，左厥陰右陽明。所謂面北而命其位，言其見也。」、「上下者」，司天在泉之位。「上見」者，司天之氣；「左右者」，司天左右間之氣。「面北而命其位」，即面北而位南，圖中司天之位。該篇又說：「厥陰在上，則少陽在下，左陽明右太陰；少陰在上，則陽明在下，左太陽右少陽；太陰在上，則太陽在下，左厥陰右陽明；少陽在上，則厥陰在下，左少陰右太陽；陽明在上，則少陰在下，左太陰右厥陰；太陽在上，則太陰在下，左少陽右少陰。所謂面南而命其位，言其見也。」、「在下」者，在泉之位，即面南而位北者也。左右，此處指在泉的左右間氣。六年之內，六氣輪流司天，氣候、物候、人體經絡運行，都會出現相應的周期變化。

上述年周期與六年周期的兩種循環圈，只具有相對的意義。事實上，氣候的變化經常出現超常規現象，司天在泉之氣不按一般規則隨節令轉移，出現所謂「不遷正」、「不退位」等情況。「不遷正」，指值年司天之氣當至不至；「不退位」，指司天之氣當退不退（見《素問》遺篇《刺法論》）。這種情況自然影響到四間氣正常的上下升降，從而使年周期或六年周期出現起伏波動。由此可見，六氣輪轉定式並不是一個僵死的套子，它所提供的只是六氣周期運行的大致走向。因此，運用這個套式必須具有「因常以察變」的頭腦，特別留意氣候的實際變化狀況。

陰陽、六氣系統，是五運六氣學說有關氣候變化的規則性與非規則性問題的一個單相系統。這個單相系統的思維方式，以陰陽對立統一的點型分析為基礎，根據陰陽流行與陰陽分布的非平衡原則，將寒、暑、燥、濕、風、火六氣界定為三陰三陽；進而又根據陰陽消長的有序性，將思維的點型結構推進到線型結構，使六氣運行呈規則性圓周曲線與圍繞圓周曲線上下波動的非規則曲線的交錯運動。由於在六年期循環圈上套著六個這樣的年周期循環圈，加上其自身的規則性與非規則性的交錯運動，思維結構進一步發展成為網狀平面型。由此可見，陰陽、六氣單相系統在思維方式上明顯表現出由點型進到線型，終結於兩種循環圈的平面嵌套型。

(二)五行與「五運」系統

風行於兩漢的望氣占候術為「五運」理論準備了「五天」、「五氣」的實體依托。望氣占候術以當值節令的某一標準時辰應出現某色之氣為正氣，當至未至或不當至而至為變氣，然後依正氣與變氣的具體狀況，附會人事的吉凶禍福。如木德主春，以春分日出之時望之，當出青氣；火德主夏，以夏至日中之時望之，當出赤氣；土德主長夏，以立秋晡時望之，當出黃氣；金德主秋，以秋分日入之時望之，當出白氣；水德主冬，以冬至夜半之時望之，當出黑氣。由五色之氣進而有五色之天，進而又有五色之帝為之主宰，這樣五氣的正氣與變氣同人事的吉凶禍福之間便出現了一種神聖的因果聯繫。

傳統醫學剔除了望氣占候術中的神學因素，汲取了其中的「五氣」、「五天」之說。《素問・五運行大論》：「丹天之氣，經於牛女戊分；黅天之氣，經於心尾己分；蒼天之氣，經於危室柳鬼；素天之氣，經於亢氐昴畢；玄天之氣，經於張翼婁胃。所謂戊己分者，奎壁角軫，則天地之門戶也。」丹，赤色，火氣；黅，黃色，土氣；蒼，青色，木氣；素，白色，金氣；玄，黑色，水氣。五天之氣現於日月所經天區的位置：丹天火氣，上現於牛女與奎壁四宿之間，下臨於戊癸之方；黅天之土氣，上現於心尾與角軫四宿之間，下臨於甲己之方；蒼天之木氣，上現於危室與柳鬼四宿之間，下臨於丁壬之方；素天之金氣，上現於亢氐與昴畢四宿之間，下臨於乙庚之方；玄天之水氣，上現於張翼與婁胃四宿之間，下臨於丙辛之方。五天之氣的區域與顏色，是望氣占候術通過長期觀察所得到的結論。由於地球大氣層的成分變化，望氣占候術的這些結構在現代已經很難得到驗證了。醫家取此五天五氣之說，目的在於說明「五運」不是什麼神秘的東西，不過是此五氣自身的運動而已。

所謂「天地之門戶」諸家解說不一。奎壁與角軫四宿，分居戊己之位，戊在西北。己在東南。戊己線實為太陽系天體之回轉軸，與赤道的天體投影面垂直，與地平線之間呈正負三十六度之夾角。《釋天》疏：「渾天之體，雖統於地，地則中央正平，天則北高南下，北極高於地三十六度，南極下於地三十六度。」《素問》在天體結構理論方面採用的正是渾天說，而不是蓋天說。《素問．五運行大論》說：「地為人之下，太虛之中者也」，「大氣舉之」。明確認定天包地外，地居天中，服從於渾天說的基本理論。渾天說與蓋天說還有一個根本的區別表現為對天體回轉軸的認識，渾天說認定天體回轉軸是傾斜的，因此，天可以回轉到地的下面；而蓋天說不相信天體回轉軸是傾斜的，更不相信天會回轉到地的下面。

現藏上海博物館的六朝晚期銅質六壬式盤，其下盤之圖案，四角為：西北天門

圖 4-5　五天五運圖

乾，東南地戶巽，西南人門坤，東北鬼門艮。內層以天干地支交錯排列，子午卯酉四支正北南東西之方，戊己二干分定天門地戶之位。中層為二十八宿，外層為三十六獸，均布四方。上盤圖案，內圈為十二神，中圈為天干地支，外圈為二十八宿。下盤是一個靜態的定式盤，而上盤則是一個動態的旋轉盤❼。使用時先將上下盤按子午對位，以戊己線模擬天體回轉軸，按逆時針方向旋轉上盤，則戊轉南而己轉北，南為陽北為陰，故《遁甲經》說：「六戊為天門，六己為地戶。」

張介賓根據六壬式盤之下盤方位繪製的五天五運圖（見圖4－5），標明了五天之氣的出沒天區，並就天門地戶之說，以一年之內周天七政躔度的遷移情況作出如下解釋：「春分二月中，日躔壁初，以次而南，三月入奎婁，四月胃昴畢，五月觜參，六月入井鬼，七月入柳星張；秋分八月中，日躔翼未，以交於軫，循此而北，九月入角亢，十月入氐房心，十一月入尾箕，十二月入斗牛，正月入女虛危，至二月復交於春分而入奎壁矣。」（《類經圖翼》卷一）上述日行躔度遷移，就是由視運動所得的黃道軌跡。

根據中國古代天文學的傳統見解，天道左旋，七政右遷，因此日躔度的遷移大致可以反映戊己回轉軸的方位轉動。張氏說：「日之長也，時之暖也，萬物之發生也，皆從奎壁始；日之短也，時之寒也，萬物之收藏也，皆從角軫始。故曰：春分司啟，秋分司閉。夫既司啟閉，要非門戶而何？然自奎壁而南，日就陽道，故曰天門；角軫而北，日就陰道，故曰地戶。」（同上）回轉軸不可視知，以日時長短，氣候寒溫，物候變化作為參照，亦可得其要。

既知五運配天干源於五天五氣上觀下臨之說，進而可以討論五運的循環周期。《素問・天元紀大論》說：「甲己之歲，土運統之；乙庚之歲，金運統之；丙辛之歲，水運統之；丁壬之歲，木運統之；戊癸之歲，火運統之。」這是將五氣的年周期擴展為五年期與十年期的循環運行，由此便又構成了一種五運系統的嵌套循環圈。在年周期範圍內，五運分主五個運季，木運主春，火運主夏，土運主長夏，金運主秋，水運主冬。每年五運所主各運均為七十三日零五刻，但各年的五運交司時日則互有差

圖 4-6　五運主運圖

異。這是年周期五運的正常運行狀況，配以五音，則始於角，經徵、宮、商，而終於羽，每年如此，一定不易，這就是所謂主運（見圖4－6）。在五年期循環圈，五運各主一年，該年所主之運，既為大運。大運是決定該年氣候區別於其他年份的決定因素。

客運每年不同，是當年氣候變化的非規則性因素。每年的客運都以該年的大運為首，依五運相生之序，作用於主運的五步之運。如甲己之年大運為土，該年的客運即以土運為首，繼以金運、水運、木運，至火運而終。配以五音，甲己之年的客運次序即為，宮初運，商二運，羽三運，角四運，徵終運（見圖4－7）。客運

圖 4-7　五運客運圖

的作用，使主運的規則性運動出現上下波動的非規則性變化，從而使該年的氣候呈現出區別於其他年份的獨有特徵。

五行、五運系統，是五運六氣學說又一個有關氣候變化的規則性與非規則性問題的單相系統。這個系統的基本要素為五運，而五運又有太少之分，太者屬陽，少者屬陰。無論大運、主運、客運，無不具有太少相生之變的功能，即陰以生陽，陽以生陰。如果單就太少相生的意義上說，在五行、五運系統中還嵌套著一個兩年期的循環圈。

另外，古代人認為五行各有其音，因此，便給五運添加一個配屬系列，如春木屬角，夏火屬徵，秋金屬商，冬水屬羽，土寄四季屬宮。五音系列在五運六氣學說中不是某種具有一定功能的相對獨立的系列，因此，本章對這個系列不作單相系統交代。但古代所有關於運氣學說的著作都保留著這個配屬系列，並且用作五運太少相生的標記，所以，對上述五運五音對應的配屬關係也是應當熟知的。

五行、五運系統的思維方式也是以點型結構為基礎的。五運中的任何一運，都是陰陽或太少的統一。所謂「運」，就是運此陰陽太少之氣。《素問・天元紀大論》說：「夫五運陰陽者，天地之道也，萬物之綱紀也，變化之父母、生殺之本始、神明之府也，可不通乎！」一切的變化都建立在陰陽的對立統一之上，因此，以此規律為依托的點型思維結構，不僅是五行、五運單相系統，而且是五運六氣全部學說思維方式整體結構的堅實基礎。五行、五運單相系統在點型思維的基礎上，首先推衍出太少相生的線性結構，進而又伸展為五運生剋制化、乘侮勝復的平面網狀結構的五年、十年周期的平面圈套循環結構。

㈢干支紀年與運氣學說的宏觀調節機制

無論六氣系統的年周期循環圈、六年期循環圈，或五運系統的年周期循環圈，二年、五年、十年期循環圈，都是從單相系統的基本因素的互相作用中推斷出來的理論值。實際上，任何一個年份的氣候變化都是多系統之間互相作用的結果，因而決不是某一個單相系統決定得了的。正是在這個意義上，五運六氣學說顯示出高超的綜合思維水準。

《素問．天元紀大論》說：「周天氣者，六期為一備；終地紀者，五歲為一周。」天氣，指六氣系統；地紀，指五運系統。六氣系統的六年期循環機制與五運系統的五年期循環機制，二者之間既存在靜態的對應關係，又存在交錯作用的互動關係。靜態的對應關係，如「在天為風，在地為木；在天為熱，在地為火；在天為濕，在地為土；在天為燥，在地為金；在天為寒，在地為水」（同上）。在這個對應關係中，「在天為熱」實含「暑」、「火」二氣，而與「在地為火」對應，地火因而有君火相火之分。君火不主運化，與相火實為一體而位有上下。按照《素問》的說法，六氣與五運的動態聯結，是天地陰陽交錯作用的互動關係。《素問．天元紀大論》說：「應天之氣，動而不息，故五歲而右遷；應地之氣，靜而守位，故六期而環會」。「五六相合，而七百二十氣為一紀，凡三十歲；千四百四十氣，凡六十歲而為一周，不及太過，斯皆見矣」（同上）。天以六氣分陰陽，地以五行為陰陽。六氣應地支，五行應天干，天地合氣，則「動靜相合，上下相臨，陰陽相錯」（同上），一切變化都由此而發生，從而形成三十年與六十年兩個大型周期循環圈。

在這兩個大型循環圈中，太過或不及所導致的各種非平衡態，都通過其整體機制的自我調節而逐一達到總體平衡，保證了循環圈周期的穩定性。那麼，這個整體機制的自我調節是如何運作的呢？

《素問・六微旨大論》說：「天氣下降，氣流於地；地氣上升，氣騰於天。故高下相召，升降相因，而變作矣。」天氣（即六氣）與地氣（即五行）各以自身的循環周期相互作用，由此便形成了長周期的循環圈，在這個長周期循環圈上的相同年份，都會循環出現若干相對穩定的因素，影響該年份的氣候變化。所謂長周期循環圈上的相同年份，是從干支紀年意義上說的。

《內經》採用干支紀年作為這個長周期循環圈的主線，六十年干支紀年正好經歷一遍。干支紀年與運氣周期的吻合並不是某種巧合。在運氣學說中，天干與五運，地支與六氣，本來就具有不可分割的內在聯繫，因此，干支不僅僅只是單純紀年的符號，而且也是各個年份的氣象標誌。

以天干紀日與旬，以地支紀月，從殷代便已開始推行；但以天干地支紀年，卻遲至東漢方始興起。十天干：甲乙丙丁戊己庚辛壬癸。在納甲法，天干配五行為甲乙木、丙丁火、戊己土、庚辛金、壬癸水。而在運氣學說中，天干的五行屬性卻是由五天之氣的天區方位決定的。丹天之火氣下臨於戊癸，故戊癸之年為火運；黅天之土氣下臨於甲己之方，故甲己之年為土運；蒼天之木氣下臨於丁壬之方，故丁壬之年為木運；素天之金氣下臨於乙庚之方，故乙庚之年為金運；玄天之水氣下臨於丙辛之方，故丙辛之年為水運（見圖4－8）。

圖 4-8　五運圖

氣有陰陽之分，運有太少之異。十天干甲丙戊庚壬之年，其氣為陽，其運為太過；乙丁己辛癸之年，其氣為陰，其運為不及。十二地支分司六氣，又有正化對化之別。如巳亥之年主司厥陰，厥陰屬木，木生丁亥，故正化於亥；巳的空間方位與亥相對，故對化於巳。子午之年主司少陰，少陰為君火，當正南方，正化於午；子與午相對，故對化於子。丑未之年主司太陰，太陰屬土居中，旺於西南未宮，故正化於未；丑與未相對，故對化於丑。寅申之年主司少陽，少陽屬相火，生於寅，故正化於寅；申與寅相對，故對化於申。卯酉之年主司陽明，陽明屬金，酉為西方金位，故正化於酉；卯與酉相對，故對化於卯。辰戌之年主司太陽，太陽為寒水

圖 4-9　六氣正化對化圖

而辰戌屬濕土，水行土中，起於西北戌位，故正化於戌；辰與戌相對，故對化於辰（見圖4－9）。

正化為本，司化令之實；對化為標，司化令之虛。十二地支分司六氣，兩兩共主其一，而正化對化以別兩中之異，其意不外陰陽之有盛有衰而已。天干地支在運氣學說中各自具有諸如上述的種種內蘊，故天干地支以紀年，便可大致反映出各個年份的氣象特徵。

如果將天干比作一個十齒轉盤，地支比作一個十二齒轉盤，將兩個轉盤的齒輪扣合轉動，那麼天干盤轉六次，地支盤轉五次，兩盤的齒位才復原初。按照製曆必須首先確定曆元的先例，運氣學說以甲子年為曆首，而以癸亥年為一個循環圈之曆終，所謂「七百二十氣為一紀，凡三十歲」，還只是一個準周期，以六十甲子的前三十年為例，十天干運行三周，其中陽年十五，陰年十五，太過不及相均；而十二地支僅運行二周半，前兩周地支的正化與對化相應，餘半周子為午之對化，丑為未之對化，寅為申之正化、卯為酉之對化，辰為戌之對化，巳為亥之對化，這種正化對化的非平衡態有待後三十年的前六年，才能完成對應平衡。因此，從六氣的正化對化上說，只有六十年周期才是一個完整的周期。

天干地支在六十年周期循環中具有宏觀調節的功能。而五運的主運、客運和六氣的主氣、客氣之間的交錯互動，則在干支紀年的各個年份上起著具體調節的內在作用。《素問．至真要大論》說的「先立其年，以知其氣」，包含著從宏觀與微觀兩個方面考察一個具體年份的氣象特徵及其成因的思想在內。本章以甲子年為例，首先從宏觀的諸方面考察干支紀年總體調節機制的有關問題。

《素問．六微旨大論》說：「天氣始於甲，地氣始於子，子甲相合，命曰歲立。謹候其時，氣可與期。」甲子年，六十年運氣周期之始。甲為五運之陽年土運，為此年之大運；子為六氣之少陰司天、陽明在泉。一年之氣各有上中下三氣之分，司天之氣主上半年，在泉之氣主下半年，大運主乎中，故大運又稱中運。甲子年，上半年少陰君火司天，氣溫溫熱，中為土運太過，主長夏之季濕氣偏重，雨水偏多；下半年陽明燥金在泉，氣候偏燥偏涼。這是從宏觀上進行的初步推斷，其他年份亦可依此法推求。但由於每一年的大運與司天之氣之間存在著一定的相生相勝關係，這種關係又決定著運與氣的盛衰順逆，因此，有必要對這一關係以及與之相鄰近的諸層面作用項進行較全面的分析，才有可能達到「謹候其時，氣可與期」的目的。

1. 齊化

凡陽年太過，若遇司天之氣相剋無力，反為太過之運所化，謂之齊化。如戊年為火運太過，若司天寒水不足以剋之，則為火齊水，該年上半年氣溫便會不寒而偏暖。餘可類推。

2. 兼化

凡陰年不及，若遇司天之氣相剋，則運為氣所兼化。如己年為土運不及，若被司天風木之氣所剋，則為木兼土，該年長夏之季風多雨少。

3. 平氣

凡運太過而被抑、運不及而得助，該年則為平氣之年。如戊辰陽年為火運太過，而辰為太陽寒水司天，對太過之火運有抑制作用，使該年長夏不傷於暑熱。又如癸巳陰年，火運不及，而巳為厥陰風木司天，對不及之火運有相生的作用，使該年長夏氣溫持平。平氣之年，萬物生育，人體經脈之動，皆呈平和之象。

4. 天符、歲會、太乙天符

凡值年大運與司天之氣在五行屬性相同時，稱為天符。《素問・六微旨大論》說的「土運之歲，上見太陰；火運之歲，上見少陽、少陰；金運之歲，上見陽明；木運之歲，上見厥陰；水運之歲，上見太陽」❽，都是天符之年。這樣的年份共有十二年：土運之歲，司天之氣為太陰濕土的年份有己丑、己未兩年；火運之歲，司天之氣為少陽相火、少陰君火的年份有戊寅、戊申、戊子、戊午四年；金運之歲，司天之氣為陽明燥金的年份有乙卯、乙酉兩年；木運之歲，司天之氣為厥陰風木的年份有丁巳、丁亥兩年；水運之歲，司天之氣為太陽寒水的年份有丙辰、丙戌兩年。天符之年，同氣相乘，引起氣候的較大變化。

凡值年大運與年支的五行屬性相同，即為歲會。《素問・六微旨大論》說：「木運臨卯，火運臨午，土運臨四季，金運臨酉，水運臨子，所謂歲會，氣之平也。」可見，所謂大運與年支的五行屬性相同，並不包括全部地支在內。實際上，只有四正之地支子午卯酉和屬性為土的辰戌丑未，與運相合，方成歲會。因此，歲會之年只有八年：丁卯、戊午、甲辰、甲戌、己丑、己未、乙酉、丙子。一般說，歲會之年為平氣之年，無論其為陽年或陰年，氣候變化都比較小。

但歲會之年的戊午、己丑、己未、乙酉四年的氣候變化卻十分劇烈，與其他四個歲會之年的平氣狀態迥然相異。因為這四個年份既為歲會又為天符，天氣、運氣、歲支，三者俱會，三合為治，醫家尊其號為太乙天符。

5. 同天符、同歲會

凡值年大運與在泉之氣五行屬性相合者，陽年謂之同天符，陰年謂之同歲會。如甲辰、甲戌之年，陽年土運，在泉之氣為太陰濕土；壬寅、壬申之年，陽年木運，在泉之氣為厥陰風木；庚子、庚午之年，陽年金運，在泉之氣為陽明燥金。這六個年份都是陽年太過之歲，且與在泉之氣五行屬性相合，為同天符之年。又如，癸巳、癸亥之年，陰年火運，少陽相火在泉；辛丑、辛未之年，陰年水運，太陽寒水在泉；癸卯、癸酉之年，陰年火運，少陰君火在泉。這六個年份都是陰年不及之歲，值年大運也與在泉之氣的五行屬性相合，故為同歲會之年。所謂同天符，謂其氣候變化較大，與天符之年相同；所謂同歲會，謂其氣候變化不大，與歲會之年同為平氣年份。

以上四、五兩項為干支紀年宏觀調節的特定年份，其中天符八年，同天符六年；歲會四年，同歲會六年；太乙天符四年，總共為二十八年。

6. 生剋順逆

除了上述各種特定的關係之外，運與氣之間的最為一般的互動關係為生剋順逆。按司天主上、中運主中、在泉主下的原則，凡以上臨下為順，以下臨上為逆。如司天之氣生剋中運，為以上臨下，謂之順。而中運生剋司天，則為以下臨上，謂之逆。中運與在泉的關係亦同此理。順有生剋之殊，逆有大小之別，需要具體區分。如前舉甲子之年，司天為少陰君火，中運為濕土，上臨下，順而相生。中運本為濕土之氣太過，再加少陰君火相生，所以，長夏之季不僅濕氣偏重，雨水偏多，而且有可能出現驚雷暴雨之災。下半年陽明燥金在泉，中運與在泉又是以上臨下，順而相生，又使下半年偏涼偏燥的程度有所加重。

上述宏觀調節機制的基本要素及其互動關係，大致都包含在用以紀年的天干地支之內，故《內經》有「先立其年，以知其氣」之說。一般說來，只要了解某一年的干支年號，這一年氣象的主要特徵就可以推算出來了。

(四)干支紀年與運氣學說的微觀調節機制

具體年份內，五運與六氣的交錯互動，形成了影響該年各個季節氣候變化的微觀調節機制。

五運六氣學說的曆法，基本上只採用以平氣為基礎安排二十四個節氣的陽曆，不考慮朔望月周期，是一種與西漢太初曆、東漢四分曆這兩種陰陽合曆不同的醫用曆。從陽曆的角度看，這個醫用曆確定的節令日期在當時還只是一些近似值，因為那時不知道日行有盈縮，只是按二十四節氣時間間隔相等的辦法平分回歸年長度$365\frac{1}{4}$[9]。如果以一年六氣之六步平分回歸年長度，無疑不可能得到整數日，而在四個回歸年長度內六氣運行二十四步，整數日的問題便解決了。六氣在四個回歸年長度內，每年六步，每步含四個節令，一年六步二十四節令；四年二十四步，每步四個節令，四年九十六個節令，形成為一個整數日計時區。

《素問・六微旨大論》：「甲子之歲，初之氣，天數始於水下一刻，終於八十七刻半；二之氣，始於八十七刻六分，終於七十五刻；三之氣，始於七十六刻，終於六十二刻半；四之氣，始於六十二刻六分，終於五十刻；五之氣，始於五十一刻，終於三十七刻半；六之氣，始於三十七刻六分，終於二十五刻。所謂初六，天之數也。乙丑歲，初之氣，天數始於二十六刻，終於一十二刻半；二之氣，始於一十二刻六分，終於水下百刻；三之氣，始於一刻，終於八十七刻半；四之氣，始於八十七刻六分，終於七十五刻；五之氣，始於七十六刻，終於六十二刻半；六之氣，始於六十二刻六分，終於五十刻。所謂六二，天之數也。丙寅歲，初之氣，天數始於五十一刻，終於三十七刻半；二之氣，始於三十七刻六分，終於二十五刻；三之氣，始於二十六刻，終於一十二刻半；四之氣，始於一十二刻六分，終於水下百刻；五之氣，始於一刻，終於八十七刻半；六之氣，始於八十七刻六分，終於七十五刻。所謂六三，天之數也。丁卯歲，初之氣，天數始於七十六刻，終於六十二刻半；二之氣，始於六十二刻六分，終於五十刻；三之氣，始於五十一刻，終於三十七刻半；四之氣，始於三十七刻六分，終於二十五刻；五之氣，始於二十六刻，終於一十二刻半；六之氣，始於一十二刻六分，終於水下百刻。所謂六四，天之數也。次戊辰歲，初之氣復始於一刻，常如是無已，周而復始。」

以甲子歲六氣的第一步大寒日寅初刻，既「水下一刻」為起點⑩，每六十日八十七刻半運行一步，四年$365\frac{1}{4}$日×4＝1461日，正好二十四步。甲子、乙丑、丙寅、丁卯，四年一周；戊辰起，周而復始，四年又一周，如此循環不已。凡子辰申的年份，六氣的起止時刻皆同於子年；凡丑巳酉的年份，六氣的起止時刻皆同於丑年；凡寅午戌的年份皆同於寅年，卯未亥的年份皆同於卯年。上述三個年份一組，每組中各年的六氣演進步驟與二十四節氣的具體日刻均相同，既具有同樣的相位變化，稱為「歲氣三合會同」。六十年中，每一組三合會同都會出現五次。

五運以木火土金水相生為序，主運之序每年皆同。五運平分一年$365\frac{1}{4}$日，每運得七十三日零五刻。五運各年的交司時刻與六步之主氣相同，即子辰申年初運起於大寒日寅時初刻，即六步之「水下一刻」；丑巳酉年初運起於大寒日巳時初刻，既六步之「天數」始於「二十六刻」；寅午戌年初運起於大寒日申時初刻，既六步之「五十一刻」；卯未亥年初運起於大寒日亥時初刻，既六步之「七十六刻」。

五運與六步各年的運步時日除上述初終相同外，中間的運步則因各自所司時日不等而呈交錯對待狀態。六氣分陰陽，五運有太少，二者之間的互相作用必須根據具體時刻的運步關係才能判定。

此外，運與氣各自都有主客之別，二者各自的主客互動關係也是影響氣象變化的重要原因。因此，五運六氣學說提出的微觀調節機制是由多因素之間的互動效應實現的，如果我們對這個多因素之間複雜的網狀交錯結構略作分析，大致可以發現以下幾種調節功能。

1. 六氣的主客互動

六氣中的主氣寒熱有常，六步循厥陰、少陰、少陽、太陰、陽明、太陽之序逐一遞進，每年相同。而客氣則陰陽多變，三陰三陽更迭主時；加臨於主氣之上，影響著一年的氣候變化。客氣以陰陽先後為序，故將主氣序列之太陰提居少陽之前。張介賓說：「凡客令所至，則有寒暑燥濕風火非常之化，故冬有煉石之熱，夏有凄冷之涼，和則生化，不和則傷，此蓋以客氣所加，乃為勝制鬱發之變耳。」（《類經圖翼》卷二）儘管客氣每年次序不同，但由於客氣與地支的內在聯繫，客氣的逐年次序也是有定則的。如子午年以太陽為初氣，丑未年以厥陰為初氣，寅申年以少陰為初氣，卯酉年以太陰為初氣，辰戌年以少陽為初氣，巳亥年以陽明為初氣（參見圖4－3）。將這些年份六氣的主客對應關係排列出來，便可得到以下幾種情況：

第一種為客主加臨。主客中相同之氣在同步中出現，使該步之氣呈平和之象，謂之客主加臨。如丑未之年，初之年，客主皆為厥陰風木，所以寒去春來，「生布萬物以榮。」二之氣，客主皆為少陰君火，所以大火氣正，物承其化，人得其和；五之氣，客主皆為陽明燥金，所以寒露、霜降應時，草木黃落；終之氣，客主皆為太陽寒水，所以「寒大舉，濕大化，霜乃積，陰乃凝。水堅冰，陽光不治」，以應冬令。又如寅申之年的三之氣，客主皆為少陽相火，所以炎暑應時，雲行雨施。再如子午之年的四之氣，客主皆為太陰濕土，所以「溽暑至，大雨時行，寒熱互至」。由此可見，客主加臨，同時使該步之內的節令特徵十分顯明（此段引文均見《素問・六元正紀大論》）。

第二種為客主逆從。客氣動而變，主氣靜而常。氣有盛衰強弱，故主客有逆有從。主氣與客氣互動，主氣勝謂之逆，客氣勝謂之從。如巳亥之年，初之氣客以陽明燥金勝主厥陰風木，二之氣客從太陽寒水勝主少陰君火，故此二步該為主從客；六之氣主以太陽寒水勝客少陽相火，為主逆客。主從客，該步之氣以客氣為主要特徵；主逆客，該步之氣以主氣為主要特徵。

2. 五運勝復制化

五運有太過不及。歲運有餘為太過，如甲丙戊庚壬五陽年，除去其中部分有制約因素而成平歲者之外，餘皆為太過之年。歲運不及，如乙丁己辛癸五陰年，除去其中部分不及有助而成平歲之外，餘皆為不及之年。如歲木不及，乃六丁之年，其平歲（如丁卯年逢歲會），木氣無傷，故「春有鳴條律暢之化，秋有霧露清涼之政」；其無助之歲，木為金傷，春行秋令，故「春有慘凄殘賊之勝」，又因木能生火，所以「夏有炎暑燔爍之復」，以剋金氣之盛。這種五運勝復的調節機制，使各種典型的異常氣候的內在聯繫得到了說明，如春天過寒則夏天酷熱，夏季炎暑則秋季低溫等，都是由於五運有勝必有復的規律性導致的必然聯繫。「夫五運之政，猶權衡也，高者抑之，下者舉之，失常則天地四塞矣」（同上）。抑高舉下，化應變復，亢者制之，弱者助之，使各種氣象變化參數在一定的範圍內趨於相對平衡，這就是五運勝復制化機制的調節功能。

3. 五運與六步的互動效應

《素問・天元紀大論》說，六氣有多少，五運有盛衰，「上下相召而損益彰矣」。五運與六步之間大致有以下幾種互動效應：

第一種為生化效應。以主氣的六步之位而論，「顯明之右，君火之位也；君火之右，退行一步，相火治之；復行一步，土氣治之；復行一步，金氣治之；復行一步，水氣治之；復行一步，木氣治之；復行一步，君火治之」（《素問・六微旨大論》）。主氣六步，君火為二之氣，相火為三之氣，土氣為四之氣，金氣為五之氣，水氣為終之氣，木氣為初之氣。六氣之火有二，所以，六氣之主氣與五運之主運大致可以相合於相生之序，故主氣又被稱為地氣。但由於客氣與客運的干擾，五運六步的這種生化效應只能在上下波動的非規則過程中體現出來。

第二種為承制效應。《素問・六微旨大論》說：「相火之下，水氣承之；水位之下，土氣承之；土位之下，風氣承之；風位之下，金氣承之；金位之下，火氣承之；君火之下，陰精承之。」前者之退引起後者之進，謂之「承」。六氣盛極之際，各有相制之氣相應而生，火盛則水氣承而制之，水盛則土氣承而制之，土盛則木氣承而制之，木盛則金氣承而制之，金盛則火氣承而制之。六氣合於五運，「亢則害，承乃制」（同上），這是就氣運大致同步的共同規律而言。

第三種為同異盛衰效應。《素問・五常政大論》說：「六氣五類，有相勝制也。同者盛之，異者衰之。此天地之道，生化之常也。」五類，文中指五行所化之物類，在氣象則不離於五運。上述生化與承制效應，皆就氣與運大致同步而言，同則盛之，生化與承制效應明。但整體的同步是十分少見的，而較普遍的多為局部上的同盛異衰。加上運與步的具體起止時刻各不相同，要對二者之間具體細節的同異作出說明，當然便是一種十分細緻的事情。

此外，有關六氣的正化與對化問題，也屬微觀調節的因素，前面已有提及，故不贅述。微觀調節機制決定著具體年份內四季氣候變化之間的內在聯繫，對一個年份司天之氣的遷正與退位正常與否也有一定影響，因而是運氣學說中不可忽略的組成部分之一。

(五) 運氣學說中的六氣致病論

運氣學說的整個體系與五臟河圖模型存在著密切的聯繫，因此，在某種意義上可以說，運氣學說的六氣致病理論，只是對五臟河圖模型中五氣與五臟關係的延伸和完善。由於這種延伸與完善，使傳統醫學天人相應的思想在更為寬廣的時空背景中得到發展。故劉河間有言：「不知運氣而求醫無失者，鮮矣？」（《素問玄機原病式》自序）

《素問・至真要大論》說：「夫百病之生也，皆生於風寒暑濕燥火，以之化之變也。」風寒暑濕燥火，為天之六氣，即天氣流行的六項特徵。運氣學說形成之前只講風寒暑濕燥五氣，服從的是五臟河圖模型的需要。運氣學說加上一項「火」，從對應項的意義上說，可以體現天氣變化與人體正經脈三陽三陰的相應關係；從運氣模型的結構上說，可以滿足司天、在泉、左右各兩間氣六位的需要。六氣有陰陽之別，屬陰者三，濕燥寒是也；屬陽者三，風熱火是也。熱亦火，故火有二義，「君火以明，相火以位」。少陰熱氣為君火，少陽火氣為相火。張介賓說：「六氣之序，君火在前，相火在後，前者肇物之先，後者成物之實。而三百六十日中，前後二火所主者，止四五六七月，共一百二十日，以成一歲化育之功，此君相二火之為用也。」（《類經》卷二十三）一歲之中，六氣分司，初氣厥陰，二氣少陰，三氣少陽，四氣太陰，五氣陽明，六氣太陽。六氣分主四時，歲歲如常。但由於逐年客氣加臨，引起氣候的波動性變化。客氣由六年司天的次序決定初氣，依厥陰、少陰、太陰、少陽、陽明、太陽之次加臨於主氣。

《素問・六節藏象論》說：「蒼天之氣，不得無常也；氣之不襲，是謂非常，非常則變矣。」、「不得無常」，言天地之氣有一定的規律可循；「氣之不襲」，謂天地之氣運動的程序出現了不相承襲的狀況。前者謂之化，後者謂之變。變有太過不及之分，「未至而至，此謂太過，則薄所不勝而乘所勝也，命曰氣淫」；「至而不至，此謂不及，則所勝妄行，而所生受病，所不勝薄之也，命曰氣迫」（同上）。時令未到而氣先到為太過，如風木太過則侮燥金，薄所不勝也，又濕土備受其剋，乘所勝也；時令已到而氣未到為不及，如風木不及則濕土妄行，寒水生木而受濕土所剋，故所生者受病，風木既衰，燥金乘機相迫，即所不勝薄之也。氣候的太過不及之變，由此，便成為導致人體陰陽失衡的病因。

運氣學說對每年的多發性常見性疾病的發生，主要是根據五運和六氣交錯變動對人體的影響進行歸納的。

如風木流行之歲，風木之氣太過則脾土受剋，脾主水穀運化，主肌肉，脾虛不運，故有飧泄、食減、體重、腸鳴、腹滿等症。又脾脈從胃別上膈注心中，脾虛故有煩冤抑鬱不舒之感。風木在臟為肝，風木太過則肝實，肝實則易怒，其目眩顛疾，又肝脈布於脇肋，風木太過則肝逆，引起脇痛。脾與胃合，脾土受剋往往引起翻胃嘔吐，嚴重者可導致沖脈絕，則成不治之死症。如果歲木不及，則燥金之氣乘之而大行。燥金勝肝木，肝虛則中氣虛寒，肢脇部疼痛，而較少出現因脾寒所導致的腹痛、腸鳴、溏泄之症。金氣勝木，抑之太過，火必來復，子復母仇，火氣勝金，則又造成火熱氣鬱積於人體皮毛，人多患寒熱、瘡瘍、疿胗、癧痤、咳嗽、鼻塞等疾病。

暑火流行之歲，若暑火之氣太過，則金肺受剋。火盛剋金，故寒熱交爭而民多患瘧疾；肺氣虛，故氣少不足以呼息，咳嗽；火盛則心氣實，火逼血妄行，上溢於口鼻，下泄於二便，水瀉而注下，咽喉乾燥，耳聾，胸中熱，肩背熱等；心脈太過則令人胸中疼痛，肋下脹滿，胸背肩胛部位和兩臂內側疼痛，全身熱氣浸淫而胃痛；若遇少陰或少陽司天的年辰，暑火之氣更盛，人病多見說胡話，手足抽動，發狂欲走，咳喘以至於呼吸困難等症；火氣甚於下部者則血從二便下泄不止，嚴重者導致太淵脈絕而成不治之死症。反之，若歲火不及，寒氣就會旺盛，對人的影響則為心氣虛而腎氣實。心氣虛，故民多病胸中疼痛，肋部脹滿，兩脇疼痛，肩背肩胛間及兩臂內痛，氣鬱上冒，眼花眩暈，甚至突然喑啞，胸腹腫大，肋下與腰背相引而痛；腎氣實，則腰背之痛加重，甚者四肢卷曲不能伸展，髖骨與大腿之間不能活動自如。水氣勝火，抑之太過，土必來復，水氣受剋，故病多見大便溏泄，腹中脹滿，飲食不下，腹寒腸鳴，泄注腹痛，兩足急劇拘攣，萎縮痲木，不能行動等症。

濕土流行之歲，若濕土之氣太過，則腎水受剋。土勝則脾氣實，水受抑則腎氣虛。腎氣虛，則多見大腹小腹痛，四肢厥冷，情緒憂鬱煩悶，身重；脾氣實，則多見肌肉萎縮，兩足痿弱不能行動，四肢不舉，抽掣攣痛。土勝水而木氣來復，木剋土而土氣轉衰，土衰則脾氣虛，故又多見脾虛之證，如肚腹脹滿，大便溏泄，腸鳴，嚴重者乃至太谿脈絕而成不治之死症。反之，濕土之氣不及，則風木之氣相乘。濕土之氣不及則脾氣虛，風木之氣相乘則肝氣實，寒水失抑則腎氣盛。脾虛，民病飧泄霍亂，體重腹痛；肝實，多病節骨反覆搖動，肌肉跳動酸疼，易怒。土衰木亢，金氣來復，木氣受抑則肝氣虛，故民多病胸肋暴痛，波及少腹，常因氣鬱而太息。

燥金流行之歲，若燥金之氣太過，則肝木受抑。木受抑肝氣虛，金太過肺氣實。肝氣虛則民病兩肋下少腹痛，目赤而痛，眼梢潰爛，耳無所聞，肺氣實則體重煩冤，胸部疼痛牽及背部，兩肋脹滿痛及少腹；肺氣亢盛無制，則喘息咳嗽，呼吸困難，肩背疼痛，尻陰股膝髀腨胻足都會產生疼痛之感；嚴重者多見肋脇劇痛，不能翻身轉動，咳嗽氣逆，吐血衄血，甚者至於太衝脈絕而成不治之死症。反之，燥金之氣不及，火氣倍剋之而盛行。金衰則肺氣虛，火盛則心氣實。肺氣虛，故多病肩背悶重，鼻塞流涕，打噴嚏；心氣實，故多病大便下血，泄瀉急劇。金衰火亢，水來復之，水氣抑火，故引起腎氣實而火氣衰。腎氣實則寒水勝於下，由於陰氣厥逆格拒，陰氣反而上行，是謂無根之虛火，復反頭頂，身體發熱，以至於口腔生瘡，心痛等。

寒水流行之歲，若寒水之氣太過，則心火受抑。火受抑則心氣虛，水太過則腎氣實。心氣虛則多病身熱，心悸，煩躁，四肢逆冷，胡言亂語，心痛；腎氣實則多病腹大脛腫，氣喘咳嗽，盜汗怕風等。若遇太陽寒水司天的年辰，則寒水反剋濕土，脾氣受抑而衰，則多病腹中脹滿，腸鳴便瀉，食而不化，渴而妄飲，甚者乃至神門脈絕而成不治之死症。反之，寒水不及則濕土乘之而行，土倍剋水，導致人體脾氣實而腎氣虛。脾氣實則多病腹滿身重，濡泄，陰性瘡瘍，膿水稀薄；腎氣虛則多病腰股疼痛，下肢關節不利，心情煩悶抑鬱，兩腳萎弱厥冷，腳底疼痛，足背浮腫。若遇太陰司天、寒水在泉之年辰，則多病寒疾於下半身，乃至腹滿浮腫。水衰土亢，木氣來復，木抑土，故引起肝氣實而脾氣虛。肝氣實，故多病節骨拘攣疼痛，肌肉跳動抽掣，眼花視覺失常，肌肉脏發。若邪氣侵入胸膈之中，則引起心腹疼痛。

以上關於五運之太過不及引起的五臟虛實變化，是導致臟經所走相應部位發生疾病的重要病因。除此之外，根據五運六氣立體網狀交識的結構模型，還必須考察六氣空間位置的變換對臟氣虛實的影響。《素問・五常政大論》說：「其歲有不病，而臟氣不應不用者，何也？」回答是：「天氣制之，氣有所從也。」天氣即六氣，六氣對五運的太過不及的制約，會使臟氣出現不應五運而另有所從的現象，致使某歲該當發生的多見疾病沒有發生，而某些不當發生的多見疾病卻發生了。

如寅申之歲，少陽相火司天，厥陰風木在泉。在這些年份中，一般上半年人身肺金之氣受相火抑制，易發生咳嗽，噴嚏，鼻涕，鼻塞不利，口瘡，寒熱，浮腫等症。下半年，厥陰風木用事，脾土之氣受抑，厥陰之脈挾胃屬肝貫膈，故易發生心痛，胃脘痛，厥逆，胸膈不通等症。若與壬歲相遇，上半年司天相火可以使脾土之氣得助，脾脈應運當發之症就不會發生；下半年，在泉厥陰風木與歲木之運相合，則脾受邪的程度更甚，但木氣盛則有金氣來復，因此，歲木復氣所致之病照樣會發生，只是程度有輕重之別而已。與其他歲運相遇的情況可以準此而推。

卯酉之歲，陽明燥金司天，少陰君火在泉。在這些年份中，一般上半年人身肝木之氣受燥金抑制，易產生肋痛，目赤，眩暈，筋萎不能久立等症。下半年少陰君火用事，暴熱至，燥金之氣受抑，寒熱交爭，故病發如瘧疾，小便不正常，重者至於心痛。若與壬歲相遇，上半年司天燥金可以剋制木運之太過，使脾土之脈復歸於平；下半年在泉君火剋制來復之金氣，肝氣不致受邪。但這種情況還得視復氣到來之早晚，否則風木與君火益用，脾肺二氣皆有受邪之可能。

辰戌之歲，太陽寒水司天，太陰濕土在泉。在這些年份中，一般上半年人身心火之氣受寒水抑制，易發生心熱煩悶，咽喉乾口渴，鼻血，噴嚏，易喜易怒，善忘，甚者心痛。下半年太陰濕土用事，腎水之氣受抑。腎中寒氣則移於脾，發為癰腫少氣，皮肉麻木，筋脈不利，腹中脹滿，不欲飲食。若與壬歲相遇，上半年寒水生風木，母子同氣，使太過之風木更盛，加重了脾經受邪所生之病；下半年太陰濕土與來復之金氣又屬母子同氣，導致肝經受邪所生之病加重。

巳亥之歲，厥陰風木司天，少陽相火在泉。在這些年份中，一般上半年人身脾土之氣受風木抑制，易患身重，肌肉萎縮，食量減，口中乏味，目眩耳鳴等症。下半年少陽相火用事，易患赤痢，且病情急速。若與壬歲相遇，上半年與歲木之運合，脾經受邪加重；下半年，少陽相火剋制來復之金氣，肝經受邪之症少有發生。

子午之歲，少陰君火司天，陽明燥金在泉。在這些年份中，一般上半年人身肺金之氣受相火抑制，易患氣喘，嘔吐，寒熱，噴嚏，鼻塞不通，瘡瘍燔灼等症。下半年陽明燥金用事，與來復之金氣相合，肝經受邪之症加重。

丑未之歲，太陰濕土司天，太陽寒水在泉。在這些年份中，一般上半年人體腎水之氣受濕土克制，易患陰萎，陽氣大衰，陰莖萎縮，不能勃起，或舉而不堅，欲交不能；土旺之時，還易發生腰臀疼痛，轉動不便，厥逆等；又寒水起而應濕土，心火之氣受邪，則病發胸中不爽。下半年太陽寒水用事，心火之氣受抑，易患心下痞塞之痛。若寒水之氣太過，反剋脾土，易發少腹痛，妨害飲食。若逢壬年，上半年濕土為風木所制，腎水不致受邪，而歲運應脾土經脈行經部位受邪之諸症照發；下半年太陽寒水用事，又得來復之金氣相生，寒凝尤甚，寒凝則水氣外化，少腹之痛可止。

在五運六氣的立體網狀結構模型中，五運是「根於中」的「神機」，歲運隨五行的生剋制化和乘侮勝復功能而遷動，五行的生剋制化和乘侮勝復功能是整個模型動態運行的內在機制，如果五行的這種功能一旦失靈，那麼，整個模型的動態運行也就隨之終止。六氣是「根於外」的「氣立」，六氣分立，司天在泉左右各二間氣共六位，居司天之位時為天氣，居在泉之位時為地氣。六氣加臨於五運，同樣依五行生剋之理而施化。司天之氣能制約歲運之勝我者，在泉之氣能制約我之所勝者。故六氣對五運有一定的生勝作用。如果沒有六氣的外在加臨，模型的動態運行也會斷絕。

五運六氣模型旨在通過對氣象的周期性變化，探討六十甲子年歲中每年多發病出現的周期性，以提高預防能力，減輕人類因氣候變化而遭受傷害的程度。但五運六氣模型只是古代醫家創造出來的一種經驗形式，對於影響氣候變化的許多偶發性因素事實上完全沒有可能全部包容進模型之中去，因此，這個模型只能是判斷周期性的氣候變化和多發性疾病出現的技術性手段，不能當作惟一的根據。

張介賓在談論運與氣的關係時曾說：「司天在上，在泉在下，中運居中，通主歲。如司天生剋中運，謂之以上臨下，為順；運氣生剋司天，謂之以下臨上，為逆。在泉亦然。順分生剋之殊，逆有大小之別，此古人舉運氣之端倪耳。若其二氣相合，象變迥異，千變萬化，何有窮盡？如四時有非常之化，常外更有非常；四方有高下之殊，殊中又分高下；百步之內晴雨不同，千里之外寒暄非類。故察氣候者，必因諸天；察方宜者，必因諸地；圓機之士，又當因常以察變，因此察彼，庶得古人未發之玄，而盡其不言之妙歟。」（《類經圖翼．客氣圖解》）

㈥結　語

五運六氣學說，是以氣象醫學為主體，天文曆法為依據，病源學和物候學為印證的多學科交叉建構而成的綜合學科系統。

五運六氣學說中的氣象學，力圖從影響氣候變化的多重因素中探尋其內在的調節機制，以揭示氣候的長周期的循環運動。在創建這個體系的學者們的心目中，組成這個體系的眾多的概念、範疇和命題，大都是從實際的氣象資料中抽象出來的。同任何學科一樣，這些概念、範疇和命題一旦從實際中抽象出來以後，便具有了相對的獨立性，成為推算各個具體年份氣候特徵的基本因子。然而這個學說從創建到現在已經將近二千年了，不少決定氣候基本面貌的因素已經發生了變遷，構成了影響五運六氣學說氣象周期準確性的不可忽視的原因。

首先是歲差問題。運氣學說形成之後，我國天文學家發現了歲差現象。歲差是由於太陽、月亮和行星對地球赤道突出部分的攝引作用，導致地球自轉軸的方向發生變化所產生的。歲差在天文觀測上有兩個顯著的表現：其一，春分點和秋分點每年沿黃道西移50″26。約每七十一年多移動一度。其二，北天極在恆星背景間的位置移動，約二五八〇〇年一圈。上述歲差的數值也是一個變數，不是常數。歲差不僅影響著黃道的軌跡，也影響著回歸年的長度，自然也影響到長周期的氣候循環。

第二，大氣層組成成分與結構的變化問題。如大氣層中灰塵濃度的增大、臭氧層的減薄等，影響到地面氣溫的整體變化。

第三，地貌的變化問題。如沙漠面積的擴展與植被面積的減少，城市的發展與水泥地面的增加，人類的活動如氫彈核武器試驗等，都以前所未有的力度影響著氣候的周期性良性循環。

儘管如此，五運六氣學說的氣象周期的大致輪廓是不會完全被破壞的。因為從大量實際經驗中積累的氣象資料，客觀上無疑包含了決定氣象周期性運動的一些最直接的穩定的因素，諸如太陽活動的變動周期與大氣環流的變化周期等。五運與六氣在整體結構中雖然不過只是一些單相系統，而實際上卻是現代氣象學揭示出來的諸多因素互動效應的經驗形式。這種經驗形式是對互動效應產生的氣候現象的形式抽象，它的合理內核還是一個有待深入探討的問題。

中醫學從天人相應的整體觀出發，一向重視氣候變化對人體健康的影響。張介賓說：「凡歲氣之流行，即安危之關係。或疫氣遍行，而一方皆病風濕；或清寒傷臟，則一時皆犯瀉痢；或痘疹盛行，而多凶多吉，期各不同；或疔毒遍生，而是陰是陽，每從其類；或氣急咳嗽，一鄉並與，或筋骨疼痛，人皆道苦；或時下多有中風，或前此盛行痰火。諸如此者，以眾人而患同病，謂非運氣之使必歟？」（《類經》二十四卷運氣類）中醫氣象醫學不僅對季節性多發病給予了高度重視，而且對由氣運之變所導致的流行性疾病尤為關注。探討氣象的周期性變化，目的正是在於能夠做到防禦在先並取得好的治療效果。金元四大家之一的李東垣，於元代太和二年製作的普濟消毒飲，救活千千萬萬為當時疫癘所折磨的民眾，是成功運用五運六氣學說的醫史佳話，為後來歷代醫學所稱頌。

五運六氣學說所論述的氣象周期，不是全球都適用的。它的形成主要依賴於中國內地中原一帶的長期氣象資料的積累，因而它的適用範圍也僅限於中原黃淮流域，至多可以擴展到長江中游地區。《素問》認為，陰陽之氣在不同的方位的分布情況是不相同的。「東南方陽也，陽者其精降於下，故右熱而左濕；西北方陰也，陰者其精奉於上，故左寒而右涼」（《素問·五常政大論》）。右熱左濕者，謂南方熱東方濕。左寒右涼者，謂北方寒西方涼。這是就四方分布而言。在地形高下方面，氣的陰陽分布也是不同的：「地有高下，氣有溫涼，高者氣寒，下者氣熱」（同上）；「至高之地，冬氣常在；至下之地，春氣常在」（《素問·六元正紀大論》）。審之域中，運氣之說尚且不能遍驗，更何況域外之域乎！因此，不能把運氣學說氣象周期的適用範圍過分誇大，不要以為它在全球的每一個地域都能適用。

五運六氣學說是漢代氣象醫學的一個偉大創造。它成功地勾勒出中原地區氣象變化與人體經絡運行大致相應的周期循環，在思維方式上建構了多維系統之間多層次多側面交錯互動的立體網絡結構。因此，這一學說無論在氣象學、醫學和哲學的發展史上都應享有重要的歷史地位，而決不能因為研究者自身思維方式的局限，簡單地輕率地加以否定。

【註釋】：

❶ 十二月消息卦，每卦值六日八十分之七，十二卦共值七十三日八十分日之四。

❷ 「豺祭獸」，本脫豺獸二字，據唐．孔穎達《禮記．月令》疏引補。

❸ 「歲惡重來不為」，不可讀，《後漢書》注引作「歲惡米不成」。

❹ 原本作「上陽霍七星」，有誤脫，不可讀，今據《古微書》改。

❺ 《後漢書》引此文為「晷長一尺四寸八分」，此處脫「一尺」兩字。

❻ 此段脫誤甚多，「口乾」前疑脫「人手太陽脈虛」。微陰以陽氣盛極為起始，故「手陽脈」當為「手太陽脈」。

❼ 已出土的式盤至今有八種之多，都是兩漢六朝文物，本章不可能全面討論這些式盤的同異沿革，故僅舉一式說明與本章有關的問題。關於六壬式盤上下盤的名稱，《景祐六壬神定經》以上盤圓而象天，下盤方而象地，分別稱之為「天」，「地」。現在一般均沿襲此意，稱上盤為天盤，下盤為地盤。但天地盤之名與盤上文字內容不合，疑漢代另有名稱，在未弄清漢代式盤上下名稱之前，不如直稱上下盤為宜。

❽ 文中「上見」云云者，指的是司天之氣。

❾ 北魏末年，張子信發現日行有盈縮。隋代劉焯製皇極曆，才首次提出改平氣法為定氣法，即以太陽的實際行度安排二十四節氣。

❿ 古以滴漏計時，水盈各一百刻為一日，甲子年大寒日寅初刻，即「水下一刻」為起計點，約當今凌晨三點。

第五章 《易》與辨證診斷學

中醫辨證診斷學的任務，是研究如何準確分辨疾病成因、證候特徵、病變性質、衍變過程，以便根據病變實際情況，制定正確治療方案，促使患者恢復健康。辨證診斷理論，以獨特的傳統生理學與病理學為前提，表現出鮮明的辨證綜合的思維特徵。

一、「四診合參」的診察方法

傳統醫學的診察方法無外乎望、聞、問、切四途。望者，是以觀神色、察形態、辨舌苔等分辨證候的一種途徑；聞者，是以聽聲音、嗅氣味等分辨證候的一種途徑；問者，是通過詢問了解患者之「所始病與今所方病」（《三部九候論》）的一種途徑；切者，是通過切脈切膚以分辨證候的一種途徑。以上四診，除問一途是患者自陳病情之外，其餘三途都是醫者自身必備的診察的基本功夫。

一般把望聞問切看做是搜集病變資料的過程，而對於這些材料進行分析和綜合的整理則屬於對病變實質的把握。透過現象把握本質，是認識客觀事物的一般法則。如同任何一般都存在於特殊之中一樣，現象與本質也存在著許多一般的和特殊的聯結形式，西方醫學診斷疾病，主要採用各種儀器為手段，直接從病變部位攝取器質方面的現象材料，並在此基礎上把握病變機理，人們通常將這種診斷學稱之為辨病。而傳統醫學除了皮膚科、骨科等少數科採用直接從病變部位取得現象資料之外，疾病發生的實質性原因和病變機理大都是由臟器與經絡的功能性變化獲得的，這種診斷學稱之為辨證。前者現象與本質的聯結形式是直接的，而後者是由信息傳送這種中介環節溝通的，因而是一種間接的聯結形式。

《靈樞．邪氣臟腑病形》篇說：「見其色，知其病，命曰明。按其脈，知其病，命曰神。問其病，知其處，命曰工。」為什麼觀察病人面部的五色變化，切按病人的脈象，詢問病人的自覺症狀，就能了解病人的病變情況呢？該篇回答說：「夫色、脈與尺之相應也，如桴鼓影響之相應也，不得相失也，此亦本末根葉之出候也，故根死則葉枯矣。色脈形肉不得相失也，故知一則為工，知二則為神，知三則神且明矣。」以桴槌擊鼓，聲音隨之相應；樹木之根本堅固枝葉便會茂盛，而根本一旦衰敗，枝葉隨之就會枯萎。聲音是桴鼓傳出的信息，故根據聲音可以知道桴鼓之重輕。枝葉是本根之出候，故根據枝葉之榮枯可以判斷本根的堅固與衰敗。

望、聞、問、切四診，是一套比較完整的由表知裡的辨證方法。為了全面了解病變情況，歷代著名醫家都提倡「四診合參」，認為那種單靠其中某一種方法便下判斷的做法，本身便是一種嚴重的過失。《素問・陰陽應象大論》說：「善診者，察色按脈，先別陰陽；審清濁，而知部分；視喘息，聽音聲，而知所苦；觀權衡規矩，[1]而知病所主；按尺寸，觀浮沉滑澀，而知病所生。以治無過，以診則不失矣！」《素問・徵四失論》又補充強調了問診的重要性，認為「診病不問其始，憂患飲食之失節，起居之過度，或傷於毒，不先言此，卒持寸口，何病能中？」、「四診合參」是一種全面了解病情的手段。

在科技發展尚不足以提供任何診斷儀器的古代，醫家總結了這種從多側面了解病情，並以此為基礎進行綜合判斷的方法，可以大大減少誤診的機率。

由於「四診合參」依賴醫者個人在沒有任何儀器幫助下獨立操作的能力，因此作為一個優秀的醫者，既要具有高尚的醫德，勤懇的敬業精神，又要具有精細的工作作風和豐富的經驗積累。張介賓說「醫者意也」，「意」指的是「四診合參」後的一種診斷能力。而準確的診斷是成功治療的前提。在古代乃至於當今，「四診合參」一直是獲取準確診斷的重要途徑。

在《周易》，中醫的「四診合參」可以稱得上是一個「窮神知化」的認知過程。化，指事物運動變化的具體軌跡；神無形跡，是決定化跡的內在與外在的綜合因素，故《繫辭上》說「陰陽不測之謂神」。

傳統醫學對《易》有關「化」、「變」、「神」諸範疇及有關命題的規定，可以說是全盤接受了的，《素問・天元紀大論》所說的「物生謂之化，物極謂之變，陰陽不測謂之神」便是其證。認識化跡，取決於對事物既陳軌跡的考察，但這還遠非認知的終極目標。《易》與醫都認為「知化」與「窮神」是認知的兩個階段。《繫辭上》說：「知變化之道者，其知神之所為乎？」強調的是這兩個階段的差異性。《素問・氣交變大論》說：「善言化言變者，通神明之理。」強調的是這兩個階段的相關性。從差異性上說，懂得了事物的變化之道，不等於一定能知道神的功用；從相關性上說，深入考察「化跡」，可以體悟到「神之所為」，即「知化」可以「窮神」；而把握到事物的「神明之理」，又可以比較準確地預知和把握事物未來的走勢和運動的軌跡，即「窮神」可以「知化」。

由「四診」而知病源、病史和病變的證候特徵，可以謂之「知化」；由「知化」進而體悟到病變的性質和病變的機理，可以謂之「窮神」；由「窮神」又進而預知和把握疾病傳變的程序或不傳的證候，又可以謂之「知化」。知化－窮神－知化，貫穿在「四診」的全過程之中。《易》所謂「神而明之，存乎其人」（《繫辭上》），強調認知主體的認知能力是「窮神知化」認知過程中的決定因素。對於醫者來說，非精於「四診」之良醫，不可能通「神明之理」。

所謂精於「四診」，不僅在於能夠熟練運用「四診」對患者進行全面病情調查，尤其在於善於消化「四診」所得的全部病情材料，提高辨證與辨病的準確性。辨病的任務是把握局部的器質性病變，而辨證的任務則是把握人體的功能性病變。

前者與後者本應屬於認識病理的兩個互相依賴的側面，但歷史似乎給人類開了一個玩笑，辨病幾乎成了西方醫學的專利，而辨證則成為中國傳統醫學獨具的特徵。當前，西方醫學對當代興起的全息理論，生物鐘理論，生物場理論以及生物控制理論等的汲取，開啟了由「知化」到「窮神」的關鍵；中國傳統醫學亦開始大力倡導和充分運用現代科學診斷儀器，以改善「四診」往往因人而異的局限，尋求「知化」的量化規定。然而中西醫學的殊途同歸還有一段漫長的路程，其中尚有許多重大的理論問題不是短期內所能解決的。

以傳統醫學對現代診斷儀器的運用而言，如何解決辨病與辨證之間的各種一般性與特殊性的聯結形態，如何在糾正重辨證輕辨病的偏向的同時防止重辨病輕辨證的偏向等等，仍然有待我們下大力去深入研究和提高認識。

二、各種辨證理論中的綜合方法

歷代醫家根據「四診合參」所獲取的病變資料，不斷提出了一些行之有效的辨證理論，其中著名的有六經辨證，八綱辨證，衛氣營血辨證，三焦辨證等。這些辨證理論的共同特徵是：以傳統人體生理學和病理學為理論基礎，以某一個在人身整體起著決定性影響的單項系統作為辨證的視角和整合四診資料的框架，由此達到對因局部性病變引起的整體性功能變化的階段性和連續性的綜合認識。

這些辨證理論的區別則在於，由於對影響整體的單項系統的不同選擇，形成了各自不同的整合「四診」資料的結構框架和參考系相異的辨證系統。

(一)八綱辨證是中醫辨證的基礎

八綱辨證是一種直接根據證候特徵對病變進行分類的辨證方法。陰陽、表裡、寒熱、虛實四對範疇，是從形形色色的複雜的症狀中概括出來的八種最基本的證候。《素問・調經論》說的「陽虛則外寒，陰虛則內熱，陽盛則外熱，陰盛則內寒」，明確認定八證之中陽證陰證是綱，表裡、虛實、寒熱六證是目，並且說明了八證之間的一般性聯結形態。臨床中這八種證候常常呈現為互相交錯的狀況，本書第三章中已經敘及，此處不再贅敘。

八綱辨證是在對複雜的症狀由博返約的認識過程中逐漸形成的，因此它本身既是病理學的範疇系統，又是辨證的基本綱領。八綱辨證主要辨別人體發病時出現的功能性變化，而功能與結構是密不可分的，整體功能的任何變化都直接因於結構的變化。所以，八綱辨證在自身完善過程中，必然向著臟腑經絡、氣血津液等組織尋找病變產生的原因和可能出現的發展趨勢，由此便推動了傳統醫學辨證理論的縱深發展。

(二)六經辨證的整體動態思路

八綱辨證自身完善過程中結出的第一個碩果，是由張仲景《傷寒論》奠定基礎的六經辨證理論的形成。六經辨證經漢代以後歷代醫家的充實，到清代已成為一套十分成熟的理論系統。六經辨證的基本特徵是以六經為綱，內連臟腑，外應證候。其長處是易於對證候做動態考察。一般說，三陽經之病為發病前期的證候，三陰經之病為發病後期的證候。在臟腑，三陽經連屬六腑，三陰經連屬五臟。因此，一旦病變六經傳遍，人之臟腑經絡便會俱遭損傷。

太陽經分足太陽膀胱經和手太陽小腸經，是人體外衛之巨陽。《傷寒論》以「脈浮，頭項強痛而惡寒」為太陽經辨證的基本症狀，並將太陽病分為表證和裡證兩類，其表證有表虛、表實之別，裡證有蓄水、蓄血之異。太陽經居六經之表，故凡外邪之初犯，太陽經勢必首當其衝。由於六經與臟腑密切的相關性，故六經辨證往往不能局限於單從內連之本臟找病症的原因。如太陽經內連膀胱，其發病症狀卻與腎臟和心臟有關係。腎與膀胱，在卦為坎，外陰內陽，以陽入陰故生氣；在六氣，太陽即寒水，陽為火熱，火交水則化氣。腎與膀胱一臟一腑有別，而同司人身之水的功能則是一致的。又「人身心主火，腎主水，凡人吸入之氣，從肺歷心、氣管，由心而下附脊以行，從腎系入連網，以至丹田。心為火臟，吸入之氣是輕氣，陽氣與心火同類，又由心管而下，遂入腎中，直抵丹田，以薰蒸膀胱，是為水交於火」（唐宗海《六經方證中西通解》，以下簡稱《通解》）。

心火通過腎而薰蒸膀胱，使水火相濟，氣血和調，人體正常生理活動得以順利進行。一旦發生病變，則氣血水火失調，所以太陽病之經證有傷營（血）和傷衛（氣）的證候，太陽病之腑證有蓄水和蓄血的證候。可見太陽病雖多為始發階段，同樣與其他臟腑有密切聯繫。

陽明經分足陽明胃經和手陽明大腸經。《傷寒論》以壯熱、口渴、汗自出、脈洪大、不惡寒反惡熱，為陽明經辨證的基本症狀，將陽明病大體分為「太陽陽明」、「正陽陽明」、「少陽陽明」三種。「太陽陽明者，脾約是也；正陽陽明者，胃家實是也；少陽陽明者，發汗利小便，胃中燥煩實，大便難是也」（《傷寒論》第一百七十九條）。三者證候雜異，而病機則無不與燥熱有關。

唐宗海說：「人身稟天地之燥氣，於是有胃與大腸，二者皆消道之腑，惟其稟燥氣，是以水入則消之使出，不得停胃」。「西醫言，食入則胃熱湊至，以腐爛之。西醫所謂熱，即燥氣也」（《傷寒論淺注補正．陽明》篇）。胃與大腸，若燥氣不足，則胃寒水穀不化，發為脹滿飧泄；若燥氣太過，又會出現大便硬結不通等症狀。而對燥氣能起調節作用的是太陰脾經，脾為濕土，與陽明燥金有相濟之用。唐氏說：「若大腸燥氣不足，則為溏泄，此胃與大腸所以必有此燥氣而後能消水穀也；然而燥氣太

過，則又為結硬等症，必賴太陰之濕以濟之。」（同上）

少陽經分足少陽膽經和手少陽三焦經。《傷寒論》以「往來寒熱，胸脇苦滿，嘿嘿不欲食，心煩喜嘔，或胸中煩，不嘔，或渴，身有微熱，或咳」（第九十六條）等為少陽經辨證的基本症狀。少陽病是半表半裡的證候，處三陽經樞戶之位，「凡邪經之初與為水木之陽，少陽經之終為木火之陽」，「人秉此氣，於是而生三焦與膽。三焦根於腎系，秉水中之陽，連於氣海，上合肝膽為水木」；「而膽乃布氣於胃中，與木能疏土以化水谷，上連胸膈，以至心包，為木生火，相為表裡」（《補正・少陽》篇）。三焦根於腎系，功用為行水，外應腠理而上連胸膈，故外邪犯少陽，有「胸脇苦滿」之症狀。膽氣布於胃，若邪從膜中而上入胃，則有口苦咽乾之症狀。又膽與肝合，在五行為風木，若邪風從膜中上走竅入目，係與肝脈相合，肝脈貫腦入目，膽經與之合，則風火相煽而發目眩。因此，口苦、咽乾、目眩亦為少陽病之主症。

太陰經分足太陰脾經與手太陰肺經。《傷寒論》太陰經辨證主要講足太陰經，因手太陰肺經與膀胱合於皮毛，又與大腸相合，故肺病多見於足太陽膀胱經和手陽明大腸經，並非手太陰肺經不主氣化（此說見唐宗海《補正・太陰》篇）。脾土主濕，其生理功能是消化、吸收、輸運水穀之精微，以充養全身。邪入太陰經，脾臟運化功能不能正常運行，臨床多見嘔吐、腹痛、不食、自利等症狀，故《傷寒論》太陰篇說：「太陰之為病，腹滿而吐，食不下，自利益甚，時腹自痛，若下之必胸下結硬。」太陰病多屬裡證、虛證、寒證，為濕勝困脾所致，但也不排除實證熱證出現的可能性。唐宗海說：「脾有實熱，水不濟火，故脾不濕而至於熱，灼傷津液，大便不通，宜脾約丸；濕熱相搏，蒸於外則發黃疸，宜梔子茵陳湯。」（《六經通解》卷七）

此外，因為醫者誤下而致使邪陷太陰經者，往往由於具體情況不同而有不同轉歸，或由太陽病誤下導致氣機不暢腹滿時痛，或出現大實痛而兼有陽明燥熱證（見《傷寒論》第二百七十九條）。可見，太陰病雖以脾胃虛寒為主證，也有實熱見證之可能，辨證時必須依具體情況而定，不可拘泥僵化。

少陰經分足少陰腎經與手少陰心經。腎在五行屬水，在卦為坎，在人體腎居背脊十四椎下，左右各一枚，中有油膜一條，名曰命門。以坎卦象之，命門為坎水中之一陽，即腎中之元氣，為生氣之根。心在五行屬火，在卦為離，主血脈，出神明。

劉完素倡六氣皆能化火之說，認為六氣中有少陰君火和少陽相火，人體生理也有「君相二火同屬熱」的對應關係。「心為君火，腎為相火」，主張「腎屬火而不屬水」（《素問病機氣宜保命集．病機論》）。此說顯然過頭了，實際上他自己也無法將其堅持到底，如他在《素問玄機原病式．聾》中說：「心腎之寒熱猶權衡也，一上則必一下，是故高者抑之，下者舉之，此平治之道也。夫心火本熱，虛則寒矣；腎水本寒，虛則熱矣，腎水既少，豈能反為寒病邪？」他在這裡還是以腎屬水，並與心火相對而論。

唐宗海則認為：「心陽與腎陽雖一家，而實有不同。心屬血分，其陽名為火，血行於膏油中，為火生土；腎屬氣分，其陽名為元氣，氣行於膏膜，則膏油充足，是為腎中元陽。此水火二者交於中土之義也。」（《補正．少陰》篇）中土，即脾。脾胃主受納、運化水穀之功能，得心腎水火既濟之溫養，才能解脾濕太過之困而健運不息。此外，肺臟之治節功能，肝膽之疏泄功能，三焦之決瀆功能，也都與心腎的水火相濟存在著密切的相關性聯繫。少陰病人都出現在外感六經病變的危重階段。在三陽經階段邪雖盛而正尚未衰，而在少陰病階段，邪愈深則正愈衰，故少陰病屬裡虛證。

醫家一般稱腎心為水火二臟，二臟之虛在臨床有火衰陽虛而見寒證者，也有水虧陰虛而見熱證者，因此，《傷寒論》將少陰病的裡虛證分作寒化證和熱化證兩大類。儘管少陰病以虛證居多，但也有以實見證的情形，如若少陰心火合於陽明，則為火為燥，火燥相合，實熱如焚，故少陰以實熱見證的情形也是不可忽略的。

厥陰經分足厥陰肝經和手厥陰心包絡經。《傷寒論》辨證以足厥陰肝經為主，多出現在傷寒末期，病情複雜而危重。主要症狀為消渴，氣上撞心，心中疼熱，饑而不欲食，食則吐蛔，下之利不止等，臨床可歸納為上熱下寒證、厥熱勝復證和厥熱真假證。肝，在五行為木，在卦為震雷巽風，在生理功能上，與腎水關係極為密切。肝木的生發，既有賴於腎水的滋養，亦有賴於命門之火的蒸育，若腎與命門水火失調，肝木挾腎水之寒肆發，則會出現厥逆而利下之證。厥即是寒，以寒多為陰勝陽，故厥逆而利下，為病之進；若先厥而後轉熱，為陽復陰退，故利可止，為病之退。此外，厥陰病常出現陰極似陽，陽極似陰的病證。如《傷寒論》第三百三十五條說的「厥寒者熱亦深，厥熱者熱亦微，即外表為厥寒而實則內有伏熱，伏熱愈深，則厥寒愈重，此為陽極似陰；又如《傷寒論》第三百六十六條「下利，脈沉而遲，其面少赤，身有微熱，下利清穀，必鬱冒汗出而解，病人必微厥，所以然者，其面戴陽，下虛故也」，則為陰極似陽，其實質是虛寒證，而其外在表現卻為面赤發熱的「戴陽」症狀。

六經辨證，以六經為六個層次，外邪入侵人體由表入裡表現為病變加重，為病之進；外邪由裡轉表，為病變減輕，為病之退。進與退是六經傳變的基本形式。

此外，六經病的證候與晝夜的陰陽消長也存在著密切的聯動性和同步性。如因既下復汗而致「陽虛」之病人，會有「晝日煩躁不得眠，夜而安靜」（《傷寒論》第六十一條）之症。疾病的向愈也與晝夜的陰陽消長有關，「太陽病欲解時，從巳至未上」，「陽明病欲解時，從申至戌上」，「少陽病欲解時，從寅至辰上」、「太陰病欲解時，從亥至丑上」，「少陰病欲解時，從子至寅上」，「厥陰病欲解時，從丑至卯上」（以上均見《傷寒論》）。

三陽病之向愈時刻在陽氣全盛而即將轉衰和陰氣方生之後，其中惟少陽病屬半表半裡證，故其欲解之時為「從寅至辰上」。三陰病為正氣虛，抗病能力較弱，病邪未除，病情多呈衰弱狀態，故三陰病之向愈時刻在陰氣全盛而即將轉衰和陽氣方生之後。人身是一個有機整體，對外與晝夜陰陽消長相應，在內則與臟腑經絡關聯。因此，每一種證候不僅具有鮮明的階段性（即可以明確斷定為哪一經之證），而且具有或進或退的傳變趨向；每一種經病的證候根源不僅直接關係到本臟本腑的功能變化，而且與其他相關臟腑亦有著密切的聯繫。至於由六經病之間的互相影響而導致的各經病證的兼證（如少陽兼寒飲內堵）、合病（如太陽少陽合病）、併病（如太陽陽明並病）等，更加要求醫家具有系統的整體觀念，才能分辨諸症之主次，識別證候的基本屬性及其傳變趨向，從而達到對病變的精確的綜合判斷。

㈢衛氣營血辨證與三焦辨證

隨著溫病學說的形成和發展，六經辨證逐漸顯現出自身的局限性。清代醫家吳瑭認為傷寒與溫病是判若水火的兩大病證，二者無論從感染途徑，證候特徵或病機上看，都有很大的區別。從感染途徑上看，「傷寒由毛竅而入，自下而上，始足太陽」；而「溫病由口鼻而入，自上而下，鼻氣通於肺，始手太陰」（《溫病條辨》上焦篇第二條自注）。從證候特徵上看，傷寒「首鬱遏太陽經中之陽氣，而為頭痛、身熱等症」，溫病則「首鬱遏太陰經中之陰氣，而為咳嗽、自汗、口渴、頭痛、身熱、尺熱等症」（同上）。寒為陰邪，易傷陽氣；溫為陽邪，易耗陰液。偏於火者病溫病熱，偏於水者病清病寒，故二者之病機亦不相同。由於溫病與傷寒的這種基本區別，溫病學說在自身的發展過程中形成了與溫病病機病理相一致的辨證理論，這就是衛氣營血辨證和三焦辨證。

溫病學說是一門獨立於傷寒論之外的治療熱性病的理論系統。這個學說有兩個分支，一支是以明代吳有性的《溫疫論》為代表的溫疫學，另一支是以清代葉天士、薛雪、吳瑭、王士雄等為代表的溫熱學。對溫疫的辨證，吳有性提出了「邪伏膜原」之說，以苔白如積粉、胸悶、嘔噁、脈數等濕熱症狀為辨證要點。對溫熱病的辨證，首先是葉天士在《溫熱論》一書中提出了衛氣營血辨證的綱領，而後吳瑭又在葉天士衛氣營血辨證基礎上提出了三焦辨證，使之達到了更加完整和系統化的程度。

葉天士提出的衛氣營血辨證，概括了溫熱病的四類不同證候。這四類不同證候——衛分證候、氣分證候，營分證候和血分證候，在臨床上又表現為四個淺深輕重可以互相轉換的階段。

從一般意義說，溫熱病邪入侵人體有一個由表入裡的過程。衛氣敷布於人之膚表，有衛外之用，故病邪先犯衛分，傳變而入氣分，再入營分，最後累及血分，故「大凡看法，衛之後方言氣，營之後方言血」（《葉香岩外感溫熱》篇）。凡溫病初起，發熱而微惡風寒，舌質邊尖紅而脈來浮數，並常伴有頭痛，口微渴，咳嗽和咽喉腫痛等者，為邪在衛分。發熱小便色黃，不惡寒而惡熱，舌紅苔黃，脈數，並常伴有口渴心煩等者，為邪入氣分。若舌質紅絳，脈象細數，身熱夜甚，口甚渴，心煩不寐，甚或神錯譫語，有斑疹隱現者，為邪入營分。邪入血分有實熱虛熱之分，實熱證多由營分證未解而傳入，亦有由氣分證而直入者，臨床表現為舌質深絳成紫，燥熱躁擾，譫妄，有出血症等；虛熱證多由實熱證演變而來，亦有從營分證轉變、遷延而成者，臨床表現為持續低熱，舌上少津，肢體乾瘦，脈象虛細，神倦耳聾，口乾咽燥心煩等。從衛氣營血與臟腑之間的關係而言，肺合皮毛，故衛分證常有肺經病變相伴；氣分證之衰，溫熱病邪犯及所在臟腑之胸膈、肺、胃、腸、膽等；營行脈中，內通於心，故營分證常有營陰受損、心煩神錯等症相伴；邪熱入於血分，勢必影響心肝二臟，因為心主血而肝藏血，若邪熱久羈，則耗損真陰而累及腎。衛氣營血四階段，因「肺主氣屬衛，心主血屬營」，又可以視作兩個大的階段，氣分只是衛分的深化，血分則是營分的深化。所以葉天士說：「溫邪上受，首先犯肺，逆傳心包。肺主氣屬衛，心主血屬營」（同上）。

衛氣營血辨證，實際上是以臟腑辨證為基礎的。衛氣營血四個階段反映的是溫熱病邪在人體的一般傳變程序，這個程序的特徵是由表入裡，由輕而重，由淺入深。臨床中這四個階段往往不能截然對待，常常有兩個以上的證候並存的現象出現，起病也不一定非在衛分，傳變也有自裡達表的情形。因此，衛氣營血辨證同樣要求醫者具有執常以應變的能力。

三焦辨證是清代吳瑭在《溫病條辨》一書中首先提出來的。《素問・靈蘭秘典論》：「三焦者，決瀆之官，水道出焉。」溫熱病邪入侵人體，若決瀆之官不能以水道節制之，則溫熱病邪勢必步步深入，因此上中下三焦實為節制溫熱病邪的三道防線。這三道防線的臨陣狀況，也就成為溫熱病的辨證依據。

三焦之為腑，歷代頗多爭議，筆者基本贊同三焦為胸腔腹腔貼壁之赤膜的說法，但需作必要的補充。《靈樞・營衛生會》說：「上焦如霧，中焦如漚，下焦如瀆」。「上焦出於胃上口，並咽以上貫膈而布胸中」，宣發敷布水穀之精氣，故如同霧氣彌漫灌溉全身；「中焦亦並胃口，出上焦之後，此所受氣者，泌糟粕，蒸津液，化其精微，上注於肺脈，乃化而為血，以奉生身」，故如同漚漬食物，進而將食物中之營養轉送全身；「下焦者，別回腸，注於膀胱而滲入焉」，故如同溝瀆之排水（引文同上）。實際上，這裡所說的三焦的功能，是三焦區域內上中下三個部分中所在臟腑功能的綜合表現，三焦之赤膜是臟腑的外衛，而腔體內上中下三個部位則是臟腑的三個連貫的功能區（或功能場）。

據此，筆者以為對三焦的定義可以修訂為：胸腔腹腔貼壁之赤膜內，上中下三個部位所在臟腑的連貫的綜合功能區。《難經》二十五難謂三焦「有名而無形」，從功能區的意義上說也未可全非；而僅以腔壁之赤膜為三焦，則赤膜本身不可能具有《靈樞》所敘之功能。故綜二說合以言之，則三焦之義可全。

吳瑭的三焦辨證認為：「溫病由口鼻而入，自上而下，鼻通於肺，始手太陰」

（《溫病條辨》上焦篇第二條自注），其臨床表現為：「脈不緩不緊而動數，或兩寸獨大，尺處熱，頭痛，微惡風寒，身熱自汗，口渴，或不渴而咳，午後熱甚」（同上，上焦篇第三條）。這是邪初犯上焦的主候。它的傳變有兩種可能的趨向：一是順傳中焦，出現足陽明胃經的證候；另一是逆傳心包絡，出現手厥陰心包的證候。邪入上焦二、三日，若「舌微黃，寸脈盛，心煩懊憹，起臥不安，欲嘔不得嘔」，又無中焦證候，則溫邪已不全在肺，而在上焦膈中，其較重者，有「心煩不安，痰涎壅盛，胸中痞塞欲嘔」等證候（同上，第十三、十四條）。

溫邪順傳至於中焦，則犯脾胃，故有陽明胃經之燥熱和太陰脾經之濕熱兩種證候出現。「面目俱赤，語聲重濁，呼吸俱粗，大便閉，小便澀，舌苔老黃，甚則黑有芒刺，但惡熱不惡寒，日晡益甚者，傳至中焦，陽明溫病也」（同上，中焦篇，第一條）。其脈有「浮洪躁甚者」，亦有「沉數有力，甚則脈體反小而實者」（同上），這是陽明燥熱之證候。太陰濕熱之證候多為面色淡黃，舌苔黃膩，身熱頭脹身重，小便不利，大便溏或不爽，脈細而濡數。體質偏於陰虛而抗病能力尚強者，若順傳中焦則多為陽明燥熱證候；若體質偏於陽虛而抗病能力較弱者，順傳中焦則多為太陰濕熱證候。

溫邪順傳下焦，一般有兩種情況：其一，為陽明燥熱之證久羈中焦，必然燔灼陰精和津液，導致少陰腎經和厥陰肝經的功能受到損傷。吳瑭說：「少陰溫病，其陰欲竭，壯火後熾，心中煩，不得臥」（同上，下焦篇，第十一條）；此外口乾舌燥，手足心熱，亦皆為陰液虧虛所致；而大小便嚴重困難，則因膀胱和大腸受灼，津液枯所致。厥陰肝經屬風木主筋，賴腎水涵養，腎水既虧則筋失所養，故有手足拘攣蠕動之症。以暑熱為例，吳瑭說的「暑熱深入厥陰，舌灰，消渴，心下板實，嘔惡吐蚘，寒熱，下利血水，甚至聲音不出，上下格拒」（同上，第三十七條），都與陰虛水虧、虛風內擾有關。

一般來說，上焦病證候為溫病的初期階段，中焦病證候為中期階段，下焦病證候為末期階段。溫病病變的加重一般是在這三個階段依次傳變的過程中實現的，但也有一些例外。如在上焦病時期，「若吐粉紅水者，死不治；血從上溢，脈七、八至以上，面反黑者，死不治」（同上，上焦篇，第十一條）。吳瑭在該條自注中說：「至粉紅水非血非液，實血與液交迫而出，有燎原之勢，化源速絕；血從上溢，而脈至七、八至，面反黑，火極而似水，反兼勝己之化也，亦燎原之勢莫制，下焦津液虧極，不能上濟君火，君火反與溫熱之邪合德，肺金其何以堪，故皆主死。」在中焦和下焦，更有一些嚴重的情況。「細按溫病死狀百端，大綱不越五條。在上焦有二：一曰肺之化源絕者死；二曰心神內閉，內閉外脫者死。在中焦亦有二：一曰陽明太實，土剋水者死；二曰脾鬱發黃，黃極則諸竅為閉，穢濁塞竅者死。在下焦則無非熱邪深入，消鑠津液，涸盡而死也。」（同上）因此，不能因上焦病為溫病初期階段而掉以輕心。此外，在上焦若溫邪由肺衛逆傳心包，以衛氣營血辨其證，則邪已進營分甚至血分，也是不可輕忽的。

《靈樞・營衛生會》篇說：「人受氣於穀，穀入於胃，以傳與肺，五臟六腑皆以受氣，其清者為營，濁者為衛。營在脈中，衛在脈外，營周不休，五十而後大會，陰陽相貫，如環無端。」五十，謂營衛——晝夜各在人身運行五十周次；大會，指營氣與衛氣的會合。營氣是由中焦發出的，衛氣是由上焦發出的。營行脈中，內通於心，依衛氣營血辨證，其溫病當為營分甚至血分之證；而依三焦辨證之，則此溫病三焦之內皆有其證，如邪入心包在上焦，邪傷營分而營出中焦，邪傷肝而肝藏血在下焦。因此三焦辨證雖從衛氣營血辨證基礎上發展而來，但三焦辨證不僅在理論體系的整體構架上優於衛氣營血辨證，而且在分類上也較衛氣營血辨證詳細準確。三焦辨證將溫病分為風溫、溫熱、溫疫、溫毒、暑毒、暑溫、濕溫、秋燥、冬溫、溫瘧九種，亦仿《傷寒論》的條文形式，對各類溫病的病因、病機、證候、治法詳加論述，還選用和創制了一整套至今仍行之有效的治療方藥，使整個溫病學說的體系更為完整和系統，成為獨立於傷寒之外治療熱性病的一門新的學科，豐富了傳統醫學的理論寶庫。

吳瑭在《溫病條辨》的凡例中說：「《傷寒論》六經由表入裡，由淺入深，須橫看。本論論三焦由上及下，亦由淺入深，須豎看，與《傷寒論》為對待文字，有一縱一橫之妙。學者誠能合二書而細心體察，自無難識之證，雖不及內傷，而萬病診法，實不出此一縱一橫之外。」辨證途徑的區別，取決於病變性質的根本不同。人之所以有寒性病與熱性病這兩類性質不同的病變發生，根本原因在於天地陰陽有偏勝所致。「人乃萬物之統領也，得東西之氣最全，乃與天地東西之氣相應。其病也，亦不能不與天地東西之氣相應。東西者，陰陽之道路也。由東而往，為木，為風，為濕，為火，為熱，濕土居中，與火交而成暑，火也者，南也。由西而往，為金，為燥，為水，為寒，水也者，北也。水火者，陰陽之徵兆也；南北者，陰陽之極致也。」（同上，上焦篇，第二條自注）

天地運行此陰陽以化生萬物，故「天地運行之陰陽和平，人生之陰陽亦和平」，「天地與人之陰陽，一有所偏，即為病也」。寒性病者偏於水，熱性病者偏於火，因此，所謂傷寒與溫病之辨，即是「水火兩大法門之辨」，亦即「陰陽兩大法門之辨」（同上）。既然病變性質相異，因此，辨證途徑上才有了六經辨證與三焦辨證的「一縱一橫之妙」。

三、診察和辨證中的信息論原理與《易傳》象論

傳統醫學的診察和辨證，都是在不改變人體生命正常活動的情況下進行的。《靈樞・本》篇說：「視其外應以知其內臟，則知所病矣。」《丹溪心法》亦說：「欲知

其內者，當以觀乎外；診於外者，斯以知其內。蓋有諸內者形諸外。」醫者根據人體外部的各種變化判斷內臟的健康狀況，可以說經歷了一個相當漫長的由局部經驗積累到藏象理論形成的過程。在這個過程中，《易傳》的象論對藏象理論的形成和完善是有一定影響的。

《易・繫辭下》說：「八卦成列，象在其中矣。因而重之，爻在其中矣。剛柔相推，變在其中矣。」八卦模擬萬物之象，故八卦成列則萬物之象盡在其中。八卦相重則六爻皆備卦體之中，故謂「爻在其中」。卦備天地人三才之道，而爻有陰陽剛柔奇偶與遠近貴賤之分，故能反映道的變動。《易》曰：「《易》之為書也，廣大悉備，有天道焉，有人道焉，有地道焉。兼三才而兩之，故六。六者非它也，三才之道也。道有變動，故曰爻；爻有等，故曰物；物相雜，故曰文；文不當，故吉凶生焉。」（同上）《易》六十四卦，每一卦都是三才之道在各種變動情況之下的象徵。道的變動是依靠爻象來體現的。因為爻在卦體中有性質和地位的差異（即「爻有等」），六爻陰陽交雜成紋（即「文」），互相之間有承乘孚應的關係。下承上，上乘下，同者相孚，異者相應，時各有當與不當，當則吉，不當則凶，這是六爻之間的靜態關係。從動態意義上說，六爻之間有陰陽交錯和陰陽相推之變和內外上下往來升降之動，往往因一爻之變之動而使全卦改觀，出現由此變彼或由彼達此的現象。

《易・繫辭下》說：「爻象動乎內，吉凶見乎外，功業見乎變。」爻象在卦體內的變動將陰陽消長的信息傳遞出來，人們由此可以判斷有關人事的吉凶禍福，然後作出或通或變的種種努力，以趨吉避凶或化凶為吉，使所從事的功業有所成就。這裡所說的爻象顯示吉凶，顯然是為占筮服務的誇張之辭。但從致思路向而言，這三句話緊緊抓住事物變化的內在原因，外在表現與人的相應的能動作用，將信息反饋在這三個層次之間的流程清晰地反映出來，既揭示了事物運動變化的本質與現象，原因與結果的關係，並正確指出人們對這一內外關係的關注以及為此採取的正確措施，是成就功業的關鍵所在；又揭示出信息在反饋—負反饋—反饋中的基本傳遞流程。

《易・繫辭上》說：「見乃謂之象，形乃謂之器，制而用之謂之法。」有形體的東西稱之為器，搏之不可得而又有徵候或形象顯現者稱之為象，把握器與象的本質特徵並使其為人所用者就是所謂效法。「器」的變動是由「象」表現出來的，故器是象之體，象是器之用。如日月生辰即一切有形體之物皆有其象，因此，都具此體用不二之理。器與象的這種體用關係，並不排除「象」還有另外的存在形式，即作為「用」的「象」還可以無形的東西為「體」，如雷鳴閃電之象即屬此類。作為用之體，無論其有形或無形，都具有一定的性情功效，這就是所謂「用」；在具備一定的傳導系統的條件下，體的內在的性情功效便會顯現和發揮出來，這就是所謂「象」。因此，象是用的顯現和發揮，古代人常以「性情功效」釋「用」，實際上指點的是體的功能。而「象」表現的正是這種功能的可傳導性，故「象」無疑包含有現代人所常說的「信息」的含義。在《易》卦，卦體的性情功效是通過爻象顯現出來的，象是卦體傳導出來的信息，爻則是傳導信息的載體。《易傳》的象論包括多方面的內容，此處僅取其一義，以便與醫的藏象理論比照研究。

藏象學說是傳統醫學中貫穿於人體生理病理學與診斷治療學的一條主線。《素問・陰陽應象大論》說：「理論人形，列別臟腑，端絡經脈；會通六合，各從其經；氣穴所發，各有處名；溪谷屬骨，皆有所起；分部逆從，各有條理；四時陰陽，盡有經紀；外內之應，皆有表裡。」從人體生理學的意義上說，人體是一個組織結構高度嚴密的有機體。五臟六腑各列其位，功能各異而又相互促成和相互制約，且分別與經絡貫通；三陰經三陽經各依其循行路線，貫通交會，循環無端，經上氣穴，各有定處，有名有實，密而不紊；肌肉與骨連屬，各有起止，或順或逆，皆有條理。

這是任何一個有生命的人體的最基本的組織結構，這個組織結構具有與外界進行信息交換的自我調節機制，即所謂「四時陰陽，盡有經紀，外內之應，皆有表裡」。外部的生存環境，四時的陰陽升降消長，與人體內部的組織結構密切關聯，其對人體之作用表裡深淺不一而已。

根據控制論的黑箱理論，可以將人體看作是一黑箱。臟腑是人體黑箱內部的有形構件模型，氣血是信息的負載模型，經絡是信息的通道模型。外部的生存環境正常，則人體健康平和；外部生存環境一旦有異常變化，其負作用首先影響到載體之氣血與通道之經絡，最後傷及臟腑。傳統醫學通過「四診」所搜集到的病變證候，是由氣血載體通過經絡通道傳遞出來的臟腑功能變化的信息，相當於控制論的狀態變量，亦即被調查量。

《靈樞·邪氣臟腑病形》所謂「本末根葉之出候」，正是將人體黑箱看做是一個完整機體的調控系統，「出候」便是這個系統由內到外、由本到末、由根到葉、由藏到象的信息傳遞過程。醫者通過「四診」把握狀態變量，再經過辨證找出這些變量與臟腑經絡氣血功能變化前後一貫的並在臨床中得到驗證的聯結形態，然後制定出一個扶正固本祛除病魔的治療方案，促使人體恢復健康。由於通過「四診」所把握的狀態變量是施治的基本量，施治之初首先需控制這個量的增長。

如《金匱要略·臟腑經絡先後病脈證》說：「見肝之病，知肝傳脾，當先實脾。」「先實脾」以控制狀態變量的擴展，故施治之初狀態變量即被醫者視為一種受控量。辨證是對由內而外傳遞出來的信息進行篩選的過程，以此確定既出之候與體內變化的各種必然性的聯結。傳統醫學通過人體內外信息的往返傳遞（即反饋與負反饋），可以達到對狀態變量的準確把握和實施有效的治療，無須打開黑箱（諸如剖腹探察之類），干擾人體正常的生命活動，減少因診斷和治療的需要而對人身元氣造成的不必要的損傷。

傳統醫學對「象」的重視，與《易傳》象論的影響是分不開的。《易·繫辭》講

「象也者，像也」，講的是「象」的另一層意義，即「擬諸其形容，象其物宜，是故謂之象」，把「象」當作是對器物的模擬，藏象學說所取的是《易傳》中象器關係之象，這個「象」不一定非得是「器」的「形容」，但卻一定是「器」的性情功效的外部表現。從信息論的意義上說，「器」是信息之源，而「象」是信息之宿。信息並不一定是「器」之「形容」，因而「象」的形態自然不能局限於是否與「器」有相似性。這給傳統醫學建立藏象學說提供了重要的啟示，因為人體病變由內傳出的證候不是對臟腑病變部位的傳真摹寫，故醫者不可能通過「四診」直接觀察到病變部位的「形容」，醫者所能把握到的只是臟腑受到病邪入侵後所發生的功能變化，所謂「證候」就是這種功能變化在體外表所引起的各種類型的反應。

《素問・六節藏象論》在回答「藏象何如」之問時說：「心者，生之本，神之變也；其華在面，其充在血脈，為陽中之太陽，通於夏氣。肺者，氣之本，魄之處也；其華在毛，其充在皮，為陽中之太陰，通於秋氣。腎者，主蟄，封藏之本，精之處也；其華在髮，其充在骨，為陰中之少陰，通於冬氣。肝者，罷極之本，魂之居也；其華在爪，其充在筋，以生血氣，其味酸，其色蒼，為陽中之少陽，通於春氣。脾、胃、大腸、小腸、三焦、膀胱者，倉稟之本，營之居也，名曰器，能化糟粕，轉味而入出者也；其華在唇四白，其充在肌，其味甘，其色黃，此至陰之類，通於土氣。凡十一臟，取決於膽也。」這是以五行功能模型為框架納入的人體臟腑功能與外部組織的對應聯結。心的功能，「其華在面，其充在血脈」；肺之功能，「其華在毛，其充在皮」；腎之功能，「其華在髮，其充在骨」；肝之功能，「其華在爪，其充在筋，以生血氣」；脾胃大腸小腸三焦膀胱等，「其華在脣四白，其充在肌」，膽則主十一臟腑之氣的升降。一旦臟腑出現病變，對應的外部組織也會隨之出現變化。

這種對應的內外聯結，長期的臨床實踐固然可以提供相當豐富的經驗材料，但經驗材料不可能自發地形成藏象學說的理論系統，因此，《易傳》象論在這一學說走向系統化理論的過程中所起的作用是不可忽略的。

【註釋】：

❶「觀權衡規矩」，謂診察四時色脈之正常與否。馬蒔云：「春應中規，言陽氣柔軟，如規之圓也；夏應中矩，言陽氣之強盛，如矩之方也；秋應中衡，言陰外降，高下必平；冬應中權，言陽氣居下，如權之重也。」

第六章　《易》與中醫治療學

中醫治療學是以藥物、針灸、推拿按摩、氣功等治療手段見之於臨床的一門綜合學問，表現為理論與實踐的高度統一。傳統醫學的治療法則與西方醫學的一個重大區別是，以扶正祛邪、增強患者自身抗病能力為宗旨，並以補瀉攻養為主要治療方式。傳統醫學的多種手段，不僅可以獨立運作，而且還可交相為用，互相輔成，收到僅用藥療或其他單一途徑所不及的意外療效。

中醫治療學以傳統生理學與病理學為理論基石，並以辨證診斷學為操作前提，生理、病理、辨證、治療，一以貫之，毫無間礙抵牾之處。如果說《易》對傳統生理、病理、辨證診斷等理論系統的建立與完善產生過程度不等的影響；那麼，《易》對中醫治療學的作用則尤其不能低估。

一、《易》理與中醫治療法則

《易》以講天地陰陽變化之道為特徵，其目的在於「財（載）成天地之道，輔相天地之宜」（《易·泰·大象》），「所以崇德而廣業也」（《易·繫辭下》）。對於醫來說，認識人體的生理與病理，辨別疾病的證候特徵，最終都要落實到治療效果上。醫以《易》倡導的順應天地陰陽之道以「崇德」、「廣業」的思想為指導，提出了一系列在辨證基礎上實施有效治療的原則。醫不僅在《易》「崇德」、「廣業」思想的鼓舞下，自覺將治療疾病使人體恢復「陰陽調平」視為全部認識的最終目的，而且在施治的基本法則方面也深受《易》學方法論的影響。

㈠見幾而作，防微杜漸

《易》乾卦由初爻至於上爻，將「龍」的運動視為一個由「潛」而「見」、而「躍」、而「在天」、而「亢」的漸進過程。這個過程概括了事物由潛在到顯現、由顯現到亢盛的一般運動規律。坤卦初六爻辭有「履霜，堅冰至」之說，《象》曰：「履霜堅冰，陰始凝也；馴致其道，至堅冰也。」初六「履霜」，霜為陰物，初為始位，故謂「陰始凝也」，「至堅冰」為發展趨向，條件是「馴致其道」，即陰氣的繼續凝聚，「至堅冰」便會成為事實。豫卦六二「介於石，不終日」，馬王堆帛書「介」作「疥」，《靈樞·經脈》：「虛則生疣，小者如指痂疥。」痂疥若已硬如石，為痊癒之象，不及終日即可自行脫落。

由「履霜」而知「堅冰」將至，由「介於石」而知痂疥將脫不俟終日而已，都是從事物運動的過程和發展趨向上所作出的判斷。

將事物的運動看做是一個過程，是《易經》的一大貢獻。當人們進一步將某一事物的某一運動過程放在一定的時空區間內進行考察，或將此一過程與前後過程，此一事物之過程與彼一事物之過程進行比較時，人們的認知能力無疑將由此達到一個質的飛躍。《易傳》正是這個質的飛躍的理論結晶。傳統醫學也是從動態的意義上認識和把握病變規律的，因此《易傳》有關事物運動過程的軌跡、特徵、過程與過程之間的關係等的論述，很快便實現了由一般到特殊的轉換，成為中醫治療疾病的基本原則。

本節先講《易傳》從對過程的考察中所得出的「積」與「幾」的思想對中醫的影響。《易・繫辭下》說：「善不積，不足以成名；惡不積，不足以滅身。」《易・坤・文言》說：「積善之家，必有餘慶；積不善之家，必有餘殃。」這裡講的是道德修養問題，但其中講到的「積」則具有普遍意義。「積」是一個量的漸進過程，這個過程的初期往往不大受到人們的重視，所謂「小人以小善為無益而弗為也，以小惡為無傷而弗去也」（《易・繫辭下》），即此之意。而量的漸進必然會導致質的變化，所以說「臣弒其君，子弒其父，非一朝一夕之故，其所由來者漸矣，由辯之不早辯也」（《易・坤・文言》）。辯，與辨通。早辨，謂在事情剛剛露出某種端倪或徵兆之時就被辨認出來。《易・繫辭上》說：「夫《易》，聖人之所以極深而研幾也。惟深也，故能通天下之志；惟幾也，故能成天下之務。」所謂「幾」，就是過程之初剛剛顯露出的端倪徵兆。《易・繫辭下》說：「幾者，動之微，吉凶之先見者也。」既然這種端倪或徵兆只是一種細微的變動，當然不易為人所察覺，而或吉或凶之後果又蘊含其中，如果能在過程之初認識和把握到微動之幾，便能掌握住事物運動全過程的主動權，故重視「研幾」者「能成天下之務」。為此，《易》提出「君子見幾而作，不俟終日」（《易・繫辭下》），主張一旦發現事情的微動之幾，便應立即採取相應的行動，不要待到事情已經發展到顯著昭彰時才手忙腳亂地被動應付。

對於醫學來說，病在幾微之際難知而易治，一旦昭著則易知而難治。所以《素問・陰陽應象大論》說：「邪內之至也，疾如風雨，故善治者治皮毛，其次治肌膚，其次治筋脈，其次治六腑，其次治五臟。治五臟者，半死半生也。」病在皮毛，證候不明顯，非精細觀察不可能得知，如果及時治療，病變初起即除，自然不會深入擴散。否則，入於肌膚，轉而筋脈，而六腑，直至侵入五臟，使人處於半死半生之危地，即使得以存活，元氣已經倍受損傷了。

《素問・四氣調神大論》說：「是故聖人不治已病治未病，不治已亂治未亂，此之謂也。夫病已成而後藥之，亂已成而後治之，譬猶渴而穿井，鬥而鑄兵，不亦晚乎！」張介賓說：「禍始於微，危因於易，能預此者，謂之治未病，不能預此者，謂之治已病，知命者其謹於微而已矣。」（《類經》一卷）微者，動之幾也，病未形而及時治之，用力少而成功多。「不治已病治未病」，強調治療要以防微杜漸為主，並非否定對「已病」的治療。《易・繫辭下》說：「君子知微知彰，知柔知剛，萬夫之望。」醫者若能做到既善治「已病」，又善理「未病」，又何嘗不是萬夫所期盼所仰望的君子呢！

(二)探賾索隱，三因制宜

孫思邈說：「夫天布五行，以植萬類，人稟五常，以為五藏。經絡腑腧，陰陽會通，玄冥幽微，變化難極。《易》曰：非天下之至賾，其孰能與於此。」（《千金要方》卷一）孫思邈所引《易》句未知何出，抑或文字有訛誤。《易・繫辭上》說：「聖人有以見天下之賾，而擬諸其形容，象其物宜，是故謂之象。」賾，雜亂也。天下萬事萬物紛紜雜亂，《易》以象模擬之。「參伍以變，錯綜其數。通其變，遂成天地之文；極其數，遂定天下之象。非天下之至變，其孰能與於此」，故「極天下之賾者存乎卦，鼓天下之動者存乎辭」（同上）。王船山說：「物之生，器之成，氣化之消長，世運之治亂，人事之順逆，學術事功之得失，皆一陰一陽之錯綜，所就而宜不宜者，因乎時位。故聖人畫卦而為之名，繫之彖以擬而象之，皆所以示人應天下之至賾者也。」（《周易內傳・繫辭上》）

《易》以卦象與卦爻之辭將紛紜雜亂的天下萬物包攬無餘，「範圍天地之化而不過，曲成萬物而不遺」（《易・繫辭上》），卦象模擬萬物之間複雜的聯結形態，卦爻辭反映事物的千變萬化之理，繁賾而深奧，但卻絲毫不使人有厭煩之感，即所謂「言天下之至賾而不可惡也」（同上）。《易》為那些欲以成就功業的人們提示了一個把握複雜事物的入手契機，即當人們將要介入客觀對象之際，必須周密了解事物之間的聯結形態，把握其時其位之相宜與不相宜。

《易・履・上九》：「視履考祥，其旋元吉」，強調了詳盡的視履考察對成就功業的意義。《易・蒙彖》：「蒙，亨行時中也」；《易・需彖》：「位乎天位，以天中也」；《易・訟彖》：「利見大人，尚中正也」；《易・同人彖》：「中正而應，君子正也」；《易・大有彖》：「其德剛健而文明，應乎天而時行」等，都涉及到「隨時」、「守中」之義。

孫思邈引《易》，意在說明醫者應當知道治病是一件十分複雜的工作，千萬不可以草率從事。百病皆有所本，本又派生枝葉，因此醫者應了解百病之「大略宗兆」，以及其間的「變動枝葉」，「各依端緒以取之」（《千金要方》卷一）。而百病之本蓋直接起因於病源，「根源為患，生諸枝葉」（同上）。從根源上分析，百病之生，有因於時、因於地、因於人之別，即有「四時之病」、地域差異之病、「男女長幼之病」等（同上）。

孫思邈的這些見解是從《內經》繼承下來的，以後逐漸形成為中醫因時、因地、因人施治的「三因制宜」原則。這一原則首先將患者的各種不同健康狀態與四時陰陽升降、地域水土差異等生態環境構成一個互動的整體系統，在辨證綜合的基礎上實現對具體病變的辨證分析。因時者，即《易》「隨時」之意；「制宜」者，即《易》「守中」之意。從紛繁複雜的病變中探索病源和施治之法，可謂「探賾」；把握到天時、地域、人體三者互動的規則性與非規則性，可謂「索隱」。《易》所謂「探賾索隱」（《易．繫辭上》）之論，正是醫家施治能力訓練的自身要求，「三因制宜」原則便是由此結出的一枚碩果。

朱肱在《問表證》一文中說：「發熱惡寒，身體痛而脈浮者，表證也。表證者，惡寒是也，惡寒者表之虛，此屬太陽，宜汗之，然傷寒發表，須當隨病輕重而汗之，故仲景有發汗者，有和解之者。兼四時發汗亦自不同：春不可大發汗，以陽氣尚弱，不可亟奪，使陰氣勝於時，天寒初解，腠理緩，可用小柴胡湯之類。冬不可汗者，以陽氣伏藏，不可妄擾，不問傷寒中風，以輕藥解利之。傷寒無汗者，只與桂枝麻黃各半湯；傷風有汗，只與柴胡桂枝湯，或得少汗而解或無汗自解。夏月天氣大熱，玄府開，脈洪大，宜正發汗，但不可用麻黃桂枝熱性藥，須是桂枝麻黃湯加黃芩、石膏、知母、升麻也。夏月有桂枝麻黃證，不加黃芩輩服之，轉助熱氣，例發黃斑出也；白虎湯雖可用，然治中暑與汗後一解表藥耳，一白虎未能驅逐表邪，況夏月陰氣在內，或患熱病而氣虛人，妄投白虎，往往有成結胸者，以白虎性寒，非治傷寒藥也。凡發汗欲令手俱周，濈濈然一時許為佳，不欲如水淋漓，服湯中病即止，不必盡劑。」

以發汗治傷寒表證，四時用藥精審以至於斯，「因時制宜」誠非虛設之治則也。（《類證活人書》卷三）❶

至於其他證候之用藥以及用針等，「隨時」之義都有各自的具體要求，非數語能盡其細則，姑以宋代名醫朱肱治傷寒表證發汗之論示例而已。

地域差異影響到人的體質和病變，《內經》多已言之。地域差異不僅提出了地域性的多發病問題，而且也是治療時必須注意的重要因素。孫思邈說：「凡用藥皆隨土地所宜。江南嶺表，其地暑濕，其人肌膚薄脆，腠理開疏，用藥輕省；關中河北土地剛燥，其人皮膚堅硬，腠理閉塞，用藥重複。」一方水土養一方人，水土差異不僅使人體肌膚有薄脆堅硬之分，性情亦有剛毅柔婉之別，故用藥或輕省或重複須當斟酌而行，不能一概而論。

因人制宜更不可忽略。清初名醫徐大椿說：「天下有此一病，而治此則效，治彼則不效，且不惟無效，而反有大害者，何也？則以病同而人異也。夫七情六淫之感不殊，而受感之人各殊，或氣體有強弱，質性有陰陽，生長有南北，性情有剛柔，筋骨有堅脆，肢體有勞逸，年力有老少，奉養有膏粱藜藿之殊，處境有夏勞和約之別，更加天時有寒暖之不同，受病有深淺之各異，一概施治，則病情雖中，而於人之氣體迥乎相反，則利害亦相反矣。故醫者必細審其人之種種不同，而後輕重緩急，大小先後之法，因之而定。」（《醫學源流論》卷上）

孫思邈還提到房中過勞所致之病，女人比男子更難醫治。他說：「男子者眾陽所歸，常居於燥，陽氣游動，強力於泄，便成勞損。損傷之病，亦以眾矣，若比之女子，則十倍易治。」（《千金要方》卷一）既然人有此種種不同，施治自應區別對待，是故「輕重緩急，大小先後之法，因之而定」（同上）。

具體情況具體對待，是辯證法的活的靈魂。在醫，「理法方藥」雖有大致之論，但卻不可以之為典為要，不可以為在任何情況下都能一概而治，必須因時因地因人制宜，此即《易》所謂「不可不典要，惟變所適」（《易・繫辭下》）之深意所在。

㈢分辨標本，萬舉萬當

標本這對範疇，張介賓曾下過這樣的定義：「標，末也；本，原也；猶樹木之有根枝也。分言之則根枝異形，合言之則標出乎本。」張介賓以本末之辨規定「標本」，較之今人以原因與結果或本質與現象等義詮譯「標本」似更貼切。本與標雖有先後之別，然先後相隨者並非都是原因與結果的關係。本與標雖有決定與被決定的關係，但決定與被決定也不等於本質與現象。而本末之辨既含先後之序又含決定與被決定之關係，因而以之說明本標關係是比較貼切的。

本標這對範疇在實際運用中有層次區別，因而是相對的，不是絕對的。如以病與醫的關係而言，「病為本，工為標，標本不得，邪氣不服」（《素問・湯液醪醴論》）。先有疾病之發生，而後才有醫工之療疾，這是本與標的先後之辨；醫工施治「惟順而已矣」（《靈樞·師傳》篇），順者，因也。因乎病之實際情況進行治療，則標本相得，疾病可解；若主觀臆斷，標本不得，則邪氣不服，病不可除。疾病的實際狀況決定著醫工的治療措施，此為本與標的決定與被決定之辨。如果以病與醫為醫學範圍內標本關係的最高層次，那麼，病與醫又各自存在著自身的標本關係，是標與本之中復含標本。

以病而言，六氣太過不及是致病之因，臟腑經絡發生病變是邪氣侵入之果，病因與病症相對而言，病因為本，病症為標。只有在這種情況下，援用因果關係詮釋標本才是適當的，且與本末之辨不相悖。《素問·陰陽應象大論》特別強調「治病必求於本」，既然病因是本，因此一病當前，審證求因便成為醫家之首務。徐大椿說：「凡人之所苦，謂之病；所以致此病者，謂之因。如同一身熱也，有風有寒，有痰有食，有陰虛火升，有鬱怒憂思，勞怯蟲蛀，此謂之因。知其因，則不得專以寒涼治熱病矣。蓋熱同，而所以致熱者不同，則藥亦異。凡病之因不同，而治各別者盡然，則一病而治法多端矣。而病又非止一症，必有兼症焉，如身熱而腹痛，則腹痛又為一症。而腹痛之因又復不同，有與身熱相合者，有與身熱各別者。如感寒而身熱，其腹亦因寒而痛，此相合者也；如身熱為寒，其腹痛又為傷食，則各別者也，又必審其食為何食，則以何藥消之，其立方之法必切中二者之病源，而後定方，則一藥而兩病俱安矣。」（《醫學源流論》卷上）本與標的因果之辨，決定了審證求因在整個治療過程中的重要性。證是病的外部表現，凡一病必有數證之表現，有的病同而證異，有的證同而病異，有的證與病一致，有的證與病不一致，關鍵在於把握病因，不僅本病之病因，兼病之病因亦在務須把握之列。不問病因，只以為某方能治某病，一概施治，此類頭腦僵化之人，不足以為醫，強為之則必致誤人性命而已。

病因與病證又各有標本之分。以六氣致病的病因理論而言，寒暑燥濕風火為六氣之實，六氣分陰陽。三陰三陽之名由五運六氣而來，厥陰為木，運化風氣；少陰為君火，運化熱氣（亦即六氣之火）；太陰為土，運化濕氣；少陽為相火，運化暑氣；陽明為金，運化燥氣；太陽為水，運化寒氣。在天有六氣，而地僅五行，故在地之火又分君相，以運暑熱二氣。五行與六氣，「動靜相合，上下相臨，陰陽相錯，而變由生也」（《素問・天元紀大論》）。

所謂「五運陰陽」者，即五行運此六氣而已。故從標本關係上說，六氣為三陰三陽之本，三陰三陽為六氣之標。而萬物之化，有從本者，有從標者，亦有從中氣者，「從本者，化生於本；從標者，有標之化；從中者，以中氣為化也」（《素問・至真要大論》）。少陽本火（相火）而標陽，太陰本濕而標陰，二者標本同氣，故萬物之化當從本。少陰本熱（君火）而標陰，太陽本寒而標陽，二者標本異氣，其化則或從本或從標。陽明與太陰為表裡，故以太陰為中氣，燥金從濕土之化；厥陰與少陽為表

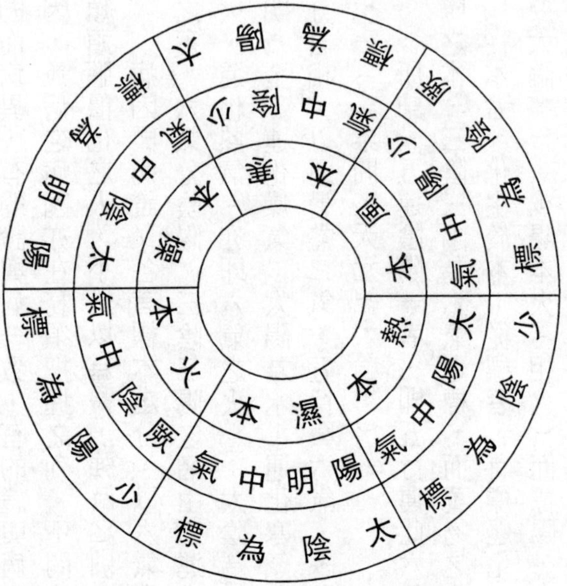

圖 6-1　上中下本標中氣圖

裡，故以少陽為中氣，風木從相火之化。三陰三陽皆有中氣。張介賓說：「中氣，中見之氣也，如少陽厥陰互為中氣，陽明太陰互為中氣，太陽少陰互為中氣，以其相為表裡，故其氣互通也。」（《類經》十卷）

陽明厥陰不從標本而從中氣者，以陽明燥金與太陰濕土、厥陰風木與少陽相火，其氣互通，相從而化也。少陽太陰亦有中氣而不從中化者，少陽之中氣厥陰為風木，木從火化，而非火從木化；太陰之中氣陽明為燥金，土金相生，燥從濕化，而非濕從燥化；所以少陽太陰之化從本而不從中氣。少陰太陽從本從標而不從中氣的道理也是一樣的。

人體自然也會受到六氣標本和中氣

圖 6-2　臟腑應天本標中氣圖

生化功能之影響，「是故百病之起，有生於本者，有生於標者，有生於中氣者」（《素問・至真要大論》）。人體臟腑經絡亦有標本中氣之分，臟腑居裡為本，十二經脈居表為標，表裡相絡者居中為中氣。所謂相絡，即表裡互相維絡，如足太陽膀胱經絡於腎，足少陰腎經絡於膀胱之類。人體臟腑經絡與天之六氣標本中氣之化相應（見圖6—1與圖6—2），故治病之法，「有取本而得者，有取標而得者，有取中氣而得者，有取標本而得者」（同上）。取者，求也。病生於本者，治求之於本；病生於標者，治求之於標；病生於中氣者，治求之於中氣；病或生於本或生於標者，必或本或標求而治之。

疾病之標本，還有一種相對區分，

即以病之先受者為本，病之後變者為標，抓住了疾病的發生和變化的先後次序，也就抓住了病變的本末。孫思邈說：「夫百病之本，有中風傷寒、寒熱濕瘧、中惡霍亂、大腹水腫、腸澼下痢……此皆大略宗兆，其間變動枝葉，各依端緒以取之」，故醫者「不可不知其本末」（《千金要方》卷一）。施治的先後程序取決於病變的客觀實際，或先治其本，或先治其標，並無一成不變之局。一般說，本為病之根源，標則是由於根源為害所致，本之不拔，病無癒日。故《靈樞．終始》說：「治病者先刺其病所從生者也」，「病先起陰者，先治其陰而後治其陽；病先起陽者，先治其陽而後治其陰」。但先治本也不能絕對化，拔本可以求取於本，亦可反求取之於標，即所謂「治反其本，得標之方」（《素問．至真要大論》），故治標之妙用，乃是反向求取的拔本之道。

標本的先後之治，主要依據對以下幾個因素的綜合判斷。

1. 四季陰陽升降與疾病之關係

《靈樞．師傳》說：「春夏先治其標，後治其本；秋冬先治其本，後治其標。」一春夏之季，陽氣蒸騰，人體適應天時而陽氣生發向外，先治體表之標，可即時疏通人體陽氣生發之道；秋冬之季，陰氣隆盛，人體適應天時而精氣收斂閉藏，先治體裡之本，可收「陰平陽秘」之效。故張介賓說：「春夏發生，宜先養氣以治標；秋冬收藏，宜先固精以治本。」（《類經》十二卷）

2. 病氣有強弱之別，本標有先後之治

《素問・標本病傳論》說：「病發而有餘，本而標之，先治其本，後治其標；病發而不足，標而本之，先治其標，後治其本。」病發之氣有餘，必然侮及相關臟腑之氣，因本以傳標，所以必須先治其本；病發之氣不足，必然受到相關臟腑之氣的侵侮，因標而傳本，所以必須先治其標，以避免標病造成本病的惡化。

3. 凡本病直接派生並決定標病者，全力治本

《素問・標本病傳論》說：「先病而後逆者治其本；先逆而後病者治其本；先寒而後生病者治其本；先病而後生寒者治其本；先熱而後生病者治其本」。逆，謂氣血之逆。先病而後逆者，先病為本，後逆為標；先逆而後病者，先逆為本，後病為標；先寒熱而後病者，先寒熱為本，後病為標；先病而後寒熱者，先病為本，後寒熱為標。張介賓說：「有因病而致血氣之逆者，有因逆而致變生之病者，有因寒熱而生為病者，有因病而生為寒熱者，但治其所因之本原，則後生之標病，可不治而自癒矣。」（《類經》十卷）此外，《素問・標本病傳論》還提到「先病而後泄者治其本，先泄而後生他病者治其本」，其理同上。

4. 標本先後之治與維持人體正常生理功能之關係

吸收和排泄是人體十分重要的兩大功能，這兩大功能一旦受阻，無論其在本在標，都必須首先疏通。《素問・標本病傳論》說：「先病而後生中滿者治其標，先中

滿而後煩心者治其本」。中滿者，邪在胃之證。脾胃為後天之本，胃中滿則藥食之氣不能行，嚴重影響到食物的消化和藥效的發揮，臟腑得不到充分的營養供給，故先治中滿實乃當務之急。此外，大小便的利與不利關係到排泄功能的正常與否，若二便不通，亦為危急之候，故「小大不利治其標，小大利治其本」，「先小大不利而後生病者治其本」（同上）。中滿與小大不利二症，皆因其急而不得不先治之，無論其在標在本，概莫能外。離開人體生理功能的正常發揮，籠統地說「急則治其標，緩則治其本」，足以誤人性命。

分辨標本，是治療的一大原則。《素問・至真要大論》說：「夫標本之道，要而博，小而大，可以言一而知百病之害。言標與本，易而勿損；察本與標，氣可令調，明知勝復，為萬民式，天之道畢矣。」從六氣與三陰三陽，而知標本勝復之化；從病之標本，而知先後主次之治。大至天道，小至人身，無不具有標本之別。所謂「為萬民式」者，強調的是本與標這對範疇的普遍性。在《易》，太極為天地萬物之本根，天地萬物為太極所衍生之枝蔓；再下一層次，乾（天）坤（地）為萬物之本根，天地氤氳而化生萬物，故萬物為天地所衍生之枝蔓；乾坤又可以擬之為父母，震巽坎離艮兌為六子。故八卦之象不是並列的，乾坤為震巽坎離艮兌之本，震巽坎離艮兌為乾坤之末。《易・繫辭下》說：「天地之道，貞觀者也；日月之道，貞明者也；天下之動，貞夫一者也。」一者，動之根源。天下萬物之動皆有其本根，都可分層次尋出，而究天下之動的總根源則無不出於太極。在《易》，太極「生兩儀，兩儀生四象，四象生八卦」（《繫辭上》），八卦生六十四卦，生三百八十四爻，太極為本根，餘皆其枝蔓而已。太極無形象可睹，而兩儀、四象、八卦云云，皆象徵有形有象之物，魏王輔嗣倡「以無為本」之論，蓋以太極為無而以天地萬物為有。西漢初期，易學中講求義理之風盛行，周王孫、丁寬、楊何等都是當時講求義理的著名易學家。到西漢中期，孟喜、京房氏出，漢代易學象數派崛起，很快占領了整個易學舞臺，直到王輔嗣黜象數崇義理的《易注》問世，象數遂微。王氏的「有無」本末之辨，抑或直接間接得之於漢初易家之說，惜乎他們的說《易》注《易》之作已經蕩然無存，欲以確證王氏之《易注》與漢初易家之間的思想聯繫便成為一件十分困難的事情。

儘管如此，《易・繫辭》提出的「貞一之道」無疑包含了本末或標本之辨，歷代易學家都在這個意義上大肆發揮，顯見是自然成章的。醫家的標本之辨，正是醫家由《易》啟迪而得的「貞一之道」，即與天道一致的「言一而知百病之害」的醫療原則。醫家認為這是從客觀實際中總結出來的由博返約、馭繁執簡的原則，故「知標本者，萬舉萬當，不知標本，是謂妄行」（《素問・標本病傳論》）。

㈣正反逆從，疏氣令調

針對病變的實際情況，傳統醫學在用針用藥方面有正反逆從之辨。《素問・至真要大論》說：「微者逆之，甚者從之。逆者正治，從者反治。從少從多，觀其事也。」證候是對病變的反映，在病變尚不嚴重時，證候與病變成正向吻合狀態，如熱病現熱證，寒病現寒證，實病現實證，虛病現虛證等，施治的方法是熱者寒之；寒者熱之，實者泄之，虛者補之，與病變之證候相逆，即所謂「微者逆之」，逆其病氣之性以折之攻之，所以稱之為正治。正治是治療中最常見的治療方法，以其真形可見，病情尚不嚴重，易於把握，是病變發生早期有效的治法。

《素問‧至真要大論》所說的「寒者熱之，熱者寒之；溫者清之，清者溫之；散者收之，抑者散之；燥者潤之；急者緩之；堅者軟之，脆者堅之；衰者補之，強者瀉之」；「客者除之，勞者溫之，結者散之，留者攻之」，「損者益之，逸者行之，驚者平之」等等，都是常用的正治之法。

反治之法一般是在熱病反見寒象，寒病反見熱象，實病反見虛象，虛病反見實象的情況下採用的治療方法。病氣之性出現相反的證候，是病情惡化的結果。這時所出現的熱象、寒象、實象、虛象，都是假象，是證候在病情惡化時出現的物極必反的特殊現象。反治之法即從其證候之象而治之，熱者熱之，寒者寒之，實者補之，虛者泄之，此即所謂「甚者從之」之法。

正治（即逆治）和反治（即從治）的運用，必須根據病變的實際情況而定，不可一概用正治，亦不可一概用反治。病情有微甚，證候有順逆，治法有正反，故醫者不可不謹慎分辨。病情微甚之證候儘管不同，但微與甚的病氣之性則相同，故治療的關鍵在於把握病機，掌握病變發生的決定性因素，而證候只是醫者的入手契機。《素問・異法方宜論》說：「聖人雜合以治，各得其所宜。故治所以異而病皆癒者，得病之情，知治之大體也。」得病之情是治療的關鍵，而正治反治則貴在運用得宜。

張介賓說：「故治法雖異，而病無不癒，知通變之道者，即聖人之能事也。」通與變是《易・繫辭》提出的一對範疇。這對範疇將事物運動變化的形式概括為兩個基本的類型，即「一闔一辟謂之變，往來不窮謂之通」（《繫辭上》）。「一闔一辟」之類的變化，驟然發生，而且顯現為一種由闔轉辟由辟轉闔的反向運動；而「往來不窮」之類的運動則是一種或往或來的順向運動，表現為較長的過程。《易》為了通俗地說明通變之道，曾取譬於春夏秋冬四時的交替運動，認為「變通配四時」（《繫辭上》），「變通莫大乎四時」（《繫辭下》）。配者，匹配也，即謂變通之道與四時交替運動相當，故欲說明變通之義，「四時」應當是最好的例證。四時，以四象言，則春為少陽，夏為老陽，秋為少陰，冬為老陰。由冬到春，即由寒變溫，老陰轉生少陽，氣溫呈逆向運動，為變；春到夏，由溫至暑，陽氣漸長，少陽積而為老陽，氣溫呈順向運動，為通；夏到秋，由暑變涼，老陽轉生少陰，氣溫又呈逆向運動，又為變；秋到冬，由涼至寒，陰氣漸長，少陰積而為老陰，氣溫又呈順向運動，又為通。四季陰陽之升降凡兩變兩通，年年如此，循環往復，以至無窮，《繫辭下》所謂「窮則變，變則通，通則久」，正是此意。證候的變化同樣具有通與變兩種形式。以熱證為例，當其微時證候見熱象，熱象繼續發展，呈順向運動，為通；一旦熱象轉化為寒象，出現逆向運動，則為變。這是就人體自身抗病能力與病邪遭遇的過程而言，即有勝氣則必有復氣；如果人體自我調控功能不足以制服勝氣，那就必須借助醫工的治療，幫助人體的來復之氣祛除病邪，使之恢復健康。

對於客觀事物運動中出現的驟變與漸變、逆向和順向的認識和把握，正是一個人通變能力強弱高下的表現。《繫辭上》說：「化而裁之謂之變，推而行之謂之通，舉而措之天下之民謂之事業」；「化而裁之存乎變，推而行之存乎通，神而明之存乎其人」。化而裁之，即改而制之，亦即當事物出現逆向運動之機，因其變而改制之；反之，當事物出現順向運動之機，則可因其通而推行。化裁與推行是否得當，取決事物的運動方向和時機。如事物之運動方向是向惡、向凶，即使是順向的通，也不可推而行之，這是就把握方向而言；在認準時機上，《繫辭下》所謂「變通者，趣時者也」，正是強調的對時機的把握，也就是認準事物的運動正處在哪一個階段上。不當用通時用通，不當用變時用變，或當用通時誤用變，當用變時誤用通，問題大都出在對事物的運動方向和時機的把握上。後人將通變之道理解為隨機應變，是從思想方法上對這對範疇的進一步抽象，意在反對頭腦呆板僵化。所謂「神而明之存乎其人」，指對通變之道的應用能夠達到「神而明之」境界的，除了那些頭腦靈活並且善於隨機順通應變的人之外，僵化死板之人不足以當之。醫以逆治應證候之通，故稱名為正治，以從治應證候之變，故稱名為反治。何以逆治之法被稱為正治，而從治之法又被稱為反治呢？正治反治之名諸家之解多有牽強之嫌，若以通變之意界定，則更清晰而順理成章。逆治從治取義於證候之象，而正治反治則取義於通變之時。

以上中醫的基本治則，都與《易》理有著密切的聯繫。或許有論者會說，理雖相通，直接聯繫未必有蹤跡可尋。由於文獻不足，這個問題不是一下子可以解決的。我在本節並非刻意要援《易》說醫，實則非如此不足以盡醫之義。《易》對醫之影響有直接與間接之分，有直接的證據當然更好；沒有直接的證據未嘗不可以採用邏輯的方法加以論證。

二、《易》與藥物治療

藥物治療是中醫臨床中的一種主要治療手段。這一手段的運用，涉及到藥物性質、患者機體的生理功能及其生化過程與生化形態、病氣的性質等三個方面的互動量，因而是一個複雜的問題。傳統藥學中的藥物主要取材於天然產物，如動物性藥、植物性藥和礦物性藥，其中以草木類居多，故傳統藥學通稱為本草學。

在公元一世紀前後，由於煉丹術的興起，由人工煉製出許多種丹藥：如黃丹，亦名鉛丹（Pb_3O_4）；丹砂，亦名靈丹（HgS）等，這些都是世界上最早運用人工合成方法煉製而成的化學藥品。鉛丹有外敷之用，丹砂則可內服療疾❷。若不顧人體生理機能之間的具體的互動效應，盲目亂服，便會導致身體的嚴重損傷，乃至死亡。傳統醫藥學並未因此而對丹藥採取一概否定的態度，而是在分辨這些丹藥各自的性情功效之後，將可以入藥的盡皆納入本草學的著作之中。

傳統醫學在藥物治療上，根據人體、藥物、疾病三者之間的互動關係，制定了許多蘊義深刻的用藥原理。這些原理看上去只是臨床實踐的產物，而濃厚的《易》理同樣滲透其間。

㈠草木各得一太極論

吳瑭說：「蓋蘆主生，幹與枝葉主長，花主化，子主收，根主藏，木也；草則收藏皆在子。凡子皆升，蘆勝於幹；凡葉皆散，花勝於葉；凡枝皆走絡，須勝於枝；凡根皆降，子勝於根；由蘆之升而長而化而收，子則復降而升而化而收矣。此草木各得一太極之理也。」（《溫病條辨》卷六）他把太極看做是草木自身蓬勃擴展的完整過程，在這個過程的每一階段都有獨自的特性表現出來。因此，太極在整體上呈現為平衡態，而在每一個具體的階段都有所偏勝，因而是不平衡的。援草木入藥，或取其根，或取其幹、枝、葉、花、籽，所取部位不同，藥性也就相異。「凡藥有獨異之形，獨異之性。得獨異之名者，必有獨異之功能，亦必有獨異之偏勝也」。「用藥治病者，用偏以矯其偏。以藥之偏勝太過，故有宜用宜避者，合病情者用之，不合者避之而已。無好尚，無畏忌，惟病是從」（同上）。

㈡方有君臣佐使，治有遠近緩急

藥物的配伍方劑，是藥物治療的一大學問。自北齊醫家徐之才根據藥物和方劑的性能創制了「十劑」分類法以來，經唐代陳藏器進一步發展，逐步成為歷代醫家遵循的分類原則。十劑指的是宣劑、通劑、補劑、泄劑、輕劑、重劑、澀劑、滑劑、燥劑、濕（潤）劑。宋代寇宗奭加入「寒、熱」二劑，計為十二劑，明代繆希雍再增「升、降」二劑，共成十四劑。傳統醫學在漫長的發展過程中，積累了相當豐富的方劑，至李時珍修《本草綱目》時所附經方、時方、單方、驗方、秘方已達一萬一千有餘。以十劑或十二劑、十四劑對這些方劑進行分類，不僅有利於檢索，本身也是辨證論治的需要。十劑、十二劑、十四劑是根據方劑的一般性能功效作出的分類，具體用於施治，則因時因人因病，既要選用精當，又應善於變通。

所謂方劑，一般都是由兩味以上的藥物組成的。這些不同藥物在一個方劑中呈現為一種複雜的共居關係，藥性相須相使者有相互促進之用，亦有藥性相反相惡相畏相殺者之間的相互制約。根據方劑中各味藥物對疾病的不同作用，《內經》將對證之要藥稱之為君，君藥味數少而分量重；將加強君藥的藥物稱之為臣，味數稍多而分量稍輕，佐使之藥分量更輕，起通行向導的作用，使君藥臣藥順利通達疾病所在部位並能充分發揮藥力效用，即起藥物歸經之用❸。

《素問・至真要大論》說：「近者奇之，遠者偶之；汗者不以奇，下者不以偶。」王冰注謂「汗藥不以偶方，泄下藥不以奇制」，與經相反，而王注合於奇偶之用，經文似誤，張介賓據此改，今從張。改原作為「汗者不以偶，下者不以奇」。上言近者奇之，藥在食後，遠者偶之，藥在食前，是用方的常法。若以病情之輕重言，則無論近者遠者皆有陰陽表裡之分，故治遠之方和治近之方則各有奇偶相兼之妙用。所謂「平氣之道，近而奇偶，制小其服也；遠而奇偶，制大其服也。大則數少，小則數多。多則九之，少則二之」（同上），指方奇者其分量為偶，方偶者其分量為奇，方劑大的藥味數少而量重，方劑小的藥味數多而分量輕。一般情況下，病所近者用方小，病所遠者用方大。無論方劑大小，其分量皆有奇偶之分。治療一般先取分量輕之奇方，「奇之不去則偶之，是謂重方」（同上）。偶之者，指分量加大成偶數。「偶之不去，則反佐以取之，所謂寒熱溫涼，反從其病也」（同上）。加大分量而客邪仍然留而不去，則是藥性不能到位所致，可以運用添加佐藥的辦法使主藥通達病所。佐藥的藥性與病氣的性質一致，即寒用寒佐，熱用熱佐，即所謂「反從其病也」。反佐之用，從其類而利導之，與《易・乾・文言》「同聲相應，同氣相求」及「各從其類」之意相合。以上「近而奇偶」，「遠而奇偶」，以及「重方」、「反佐」之用，都是執常應變的用方之法。

人所患之疾病必隨氣之盛衰而盛衰，隨氣之高下而有遠有近，故「治有緩急，方有大小」（同上），以「疏其血氣，令其調達，而致和平」（同上）。但病有不因於氣動而得者，如因留飲癖食、饑飽勞損、宿食霍亂、悲恐喜怒、想慕憂結之類而致病生於內者，或因瘴氣賊魅、蟲蛇蠱毒、風寒暑濕、斫射刺割捶撲之類而致病生於外者。治療這些病的組方配伍，有必須用毒而攻者，也有不必用毒而調引者；用方之或輕或重，或緩或急，或收或散，或潤或燥，或脆或堅，皆依其病為轉移❹。方制之大小，則以藥味數多者為大方，次之為中方，再次之為小方，即「君一臣二，制之小也，君一臣三佐五，制之中也，君一臣三佐九，制之大也」（同上）。調氣平氣之方，通常只用君藥臣藥，偶用佐藥，以藥物的分量分大小；非調氣之方則以藥物之味數分大小，佐藥之用較多。

上述調氣與非調氣之方都含君臣佐使之理。君藥為主攻之藥，臣藥為輔助之藥，佐藥為調劑之藥，三者合力，因病用量，無過無不及，隨時處中，用其所宜。方由藥組成，但方不是藥的簡單相加。驅除疾病和調理氣血，固然依靠藥物的效用，但要使藥性更好地適合病情，充分發揮其最佳效用，則全靠組方配伍之是否適當。因此，組方配伍實際上是一個系統工程，它所追求的是以藥物之間的最佳的結構組合，贏得最大限度的藥物性能的發揮，獲取最高治療效果。所以入方之藥不在於上中下品位之高低和價格之貴賤，惟一的著眼點只是看這些藥物性能之間的關係。故組方的藥味種類不是越多越好，也不是越少越好，只取其是否與病相宜而已。如上述用於調氣的方劑所含藥味，最多不過九味，最少僅只二味。徐大椿說：「若夫按病用藥，藥雖切中，而立方無法，謂之有藥無方；或守一方以治病，方雖良善，而其藥有一二味與病不相關者，謂之有方無藥。」（《醫學源流論・方藥離合論》）有藥無方和有方無藥，都是孤立看待藥物性能功效，不善於配製最佳結構組合之方的結果。

三、《易》與針刺治療

針刺，在臨床上可以稱得是與藥物治療同等重要的治療手段。明代編撰《針灸大成》的楊繼洲說：「夫治病之法，有藥餌或出於幽遠之方，有時缺少，而又有新陳之不等，真偽之不同，其何奏膚功、起沉疴也？惟精於針，可以隨身帶用，以備緩急。」他認為，疾病的部位和性質不同，治療的手段也應有所不同，如「疾在腸胃，非藥餌不能以濟；在血脈，非針刺不能以及；在腠理，非熨焫不能以達。是針灸藥者，醫家之不可缺一者也」（《針灸大成》卷三）。

針刺的生理依據是經絡腧穴系統，對治療病在血脈之證，效果奇佳。自《靈樞》

以來，臨床的辨證選穴和針刺手法等在長期的實踐過程中積累了相當豐富和成熟的經驗，對完善傳統醫學的理論體系起了重要的作用。

《素問·八正神明論》說：「凡刺之法，必候日月星辰四時八正之氣，氣定乃刺之。是故天溫日明，則人血淖液而衛氣浮，故血易瀉，氣易行；天寒日陰，則人血凝泣而衛氣沉。月始生，則血氣始精，衛氣始行；月郭滿，則血氣實，肌肉堅；月郭空，則肌肉減，經絡虛，衛氣去，形獨居。是以因天時而調血氣也。是以天寒無刺，天溫無疑，月生無瀉，月滿無補，月郭空無治。是謂得時而調之，因天之序，盛虛之時，移光定位，正立而待之。」這是用針的基本法則，即用針之道，在於「法天則地，合以天光」（同上）。具體說來，便是天氣寒冷時不宜針刺，而天氣溫和時則不必遲疑；月亮初生時不用瀉法，月亮滿圓時則不用補法，月黑無光時不宜針刺。後世根據日月星辰四時八正之氣用針的思想，逐漸形成了一些系統的用針取穴理論，其中著名的有子午流注法、靈龜八法和飛騰八法。這些理論的形成，就醫學自身的發展而言，是五運六氣學說進一步完善的結果，就其外部關係而言，則與漢、宋兩代易學象數派的影響有著密不可分的關係。

㈠子午流注針法

子午流注針法，是一種根據不同時間推算人體氣血周流盛衰和腧穴開闔情況，以決定某日某時用針時應取之穴位的針刺方法。取穴的推算由以下基本要素構成。

其一，十二經的氣血流注和五輸穴的陰陽五行配屬關係。《靈樞·本輸》說：「凡刺之道，必通十二經絡之所終始，絡脈之所別處，五輸之所留，六腑之所與合，四時之所出入，五臟之所溜處，闊數之度，淺深之狀，高下之所。」該篇對十二經脈在肘膝關節以下所始所終及沿途所經輸穴作了詳盡描述。以手太陰肺經為例，該篇說：「肺出於少商，少商者，手大指端內側也，為井木；溜於魚際，魚際者，手魚也，為滎；注於太淵，太淵者，魚後一寸陷者中也，為輸；行於經渠，經渠，寸口中也，動而不居，為經；入於澤，尺澤，肘中之動脈也，為合。手太陰經也。」其餘經脈皆有五輸之屬，詳見下表6—1。

其二，以干支相配，年上起月，月上起日，日上起時，得到年干支、月干支、日干支、時辰干支，俗稱四柱，有專用表格可查，故不詳論。干支之陰陽五行，本書第四章已經說及，可查閱。四柱是子午流注針法推算取穴時間的重要條件。子午流注針法的具體運用有納甲法、納子法和養子時刻法等多種按時取穴的方法，現僅以循經開穴法為例加以敘述。

循經開穴法，是根據患者就診之年月日時推算當開之穴的方法，一般規則是陽日陽時開陽經之穴，陰日陰時開陰經之穴。氣穴有開有閉，取穴當待穴開。氣穴得時為開，失時為閉。以循經開穴為例，十二經脈在十二個時辰中的流注，循環開啟相應的

圖 6-1　十二經脈五輸陰陽五行配屬表

五輸 ╲ 陰經	井（木）	滎（火）	輸（土）	經（金）	合（水）
手太陰肺	少商	魚際	太淵	經渠	尺澤
手少陰心	少衝	少府	神門	靈道	少海
足厥陰肝	大敦	行間	太衝	中封	曲泉
足太陰脾	隱白	大都	太白	商丘	陰陵泉
足少陰腎	湧泉	然谷	太谿	復溜	陰谷
手厥陰心包	中衝	勞宮	大陵	間使	曲澤

六輸 ╲ 陰經	井（金）	滎（水）	輸（木）	原	經（火）	合（土）
手陽明大腸	商陽	二間	三間	合谷	陽谿	曲池
手太陽小腸	少澤	前谷	後谿	腕骨	陽谷	小海
足少陽膽	竅陰	夾谿	臨泣	丘墟	陽輔	陽陵泉
足陽明胃	厲兌	內庭	陷谷	衝陽	解谿	三里
足太陽膀胱	至陰	通谷	束骨	京骨	崑崙	委中
手少陽三焦	關衝	液門	中渚	陽池	支溝	天井

說明：《靈樞・本輸》無手厥陰心包經，其五輸之穴列在手少陰心經內。表中五輸的五行以相生爲序。其配屬陽經與陰經不相同，陰經主柔始於木井，陽經主剛始於金井，是五輸各各皆含五行也。陽經五輸與陰經五輸同位相剋，如陽經之金井剋陰經之木井，餘仿此。

穴位，當其時而開者謂之得時，過其時則閉，閉者謂之失時。如甲日足少陽膽經，有六個時辰可以用針，在地支屬陽性：戌、子、寅、辰、午、申。依日上起時之法，甲日的這六個時辰為甲戌、丙子、戊寅、庚辰、壬午、甲申。與這六個時辰相應的循經開穴分別為

圖 6-2　經脈五輸時辰配屬表（一）

時辰	甲戌	丙子	戊寅	庚辰	壬午	甲申
經脈	膽	小腸	胃	大腸	膀胱	三焦
五輸	井(金)	滎(水)	輸(木)	經(火)	合(土)	滎(水)
穴名	竅陰	前谷	陷谷	陽谿	委中	液門

足少陽膽經之竅陰、手太陽小腸經之前谷、足陽明胃經之陷谷、手陽明大腸經之陽溪、足太陽膀胱經之委中、手少陽三焦經之液門。六輸井（金）、滎（水）、輸（木）、原、經（火）、合（土），以五行相生為序，「原」不配屬五行，故不入其序，在此例中若同開丘墟則有返本還原之用，故「合」之後起「滎」。以上各單項系列之間的對應關係如表6－2：

又如乙日足厥陰肝經，亦有六個時辰可以用針，在地支屬陰性：酉、亥、丑、卯、巳、未。依日上起時之法，乙日的這六個時辰為乙酉、丁亥、己丑、辛卯、癸巳、乙未。與這六個時辰相應的循經開穴分別為足厥陰肝經之大敦、手少陰心經之少府、足太陰脾經之太白、手太陰肺經之經渠、足少陰腎經之陰谷、手厥陰心包經之勞宮。五輸井（木）、滎（火）、輸（土）、經（金）、合（水），以相生為序，五行不及六經之數，故「合」之後復起「滎」。以上各單項系列之間的對應關係如表6－3：

其他陰經陽經取穴之時辰依上述二例均可推知。依據人體氣血運用與天道陰陽升降節律同步的思想決定開穴之時辰，合於《易》「與時偕行」之理。孟喜卦氣說中十二辟卦說、京房納甲說、鄭玄爻辰說，說的都是天道陰陽升降的邏輯程序，事實上這種邏輯程序是通過頻繁的上下波動實現的。針刺中的子午流注針刺法顯然受到這些程序框架的影響，因此用針者應知常知變，不可過於刻板僵化。

二 靈龜八法與飛騰八法

靈龜八法，是以奇經八脈的八個交會穴配屬九宮之八方，然後依用九用六之理與日時干支分別所取數字之和，推算當選之穴的針刺之法。

靈龜八法的生理學依據，主要是奇經八脈的八個交會穴的功能。所謂交經八穴，即公孫、內關、臨泣、外關、後谿、申脈、列缺、照海。這八個穴位是十二經脈與奇經八脈交會之關津。李時珍說：「蓋正經猶乎溝渠，奇經猶乎湖澤。正經之脈隆盛則溢於奇經，故秦越人比之天雨下降，溝渠溢滿，霈霈妄行，流於湖澤。」（《奇經八脈考》）奇經八脈者，任、督、沖、帶、陰蹻、陽蹻、陰維、陽維也。當代醫家多以任脈總任全身之陰脈、督脈總督全身之陽脈而為奇經八脈之綱領，李時珍則認為「陽維起於諸陽之會，

圖 6-3　經脈五輸時辰配屬表（二）

時辰	乙酉	丁亥	己丑	辛卯	癸巳	乙未
經脈	肝	心	脾	脾	腎	心包
五輸	井(木)	滎(火)	輸(土)	經(金)	合(水)	滎(火)
穴名	大敦	少府	太白	經渠	陰谷	勞宮

由外踝而上行於衛分；陰維起於諸陰之交，由內踝而上行於營分，所以為一身之綱維也」（同上）。兩種說法對奇經八脈各自的地位和作用倚重雖異，但對奇經八脈的整體功用則見識相同。奇經大都不直接與臟腑相通，但它們對疏通經絡，調節臟腑機能，卻起著十分重要的穩定平衡的作用。因為經絡的流溢之氣入於奇經之後，立即轉相灌溉，內溫臟腑，外濡膚理，有他經不可取代之用。

四 臨泣	九 列缺	二 照海
三 外關	五 奇經；正經	七 後谿
八 內關	一 申脈	六 公孫

圖 6-3　九宮八穴圖

分布在奇經上之穴位，大都於十二經脈交會，惟有任督二脈有部分穴位屬專穴。在奇經與十二經的交穴中，最為重要的穴位便是上面說到的交經八穴。金代醫家竇漢卿（一一九四—一二八〇）曾極力推崇交經八穴在經絡氣血流注中的地位，視交經八穴為針道之樞要。後谿穴是手太陽小腸經流溢之氣注入督脈的交會穴，列缺是手太陰肺經與任脈之交會穴，公孫是足太陰脾經與沖脈之交會穴，臨泣是足少陽膽經與帶脈之交會穴，照海是足少陰腎經與陰蹻之交會穴，申脈穴是足太陽膀胱經與陽蹻之交會穴，內關是手厥陰心包經與陰維之交會穴，外關是手少陽三焦經與陽維之交會穴。

九宮八穴按洛書九宮數位結構形態組成為一個整體功能模型（見圖6－3）。歷代多有將後天八卦配入此模型中者，實乃蛇足之舉。交經八穴是互相聯繫和溝通的，如公孫與內關相通，為父母關係，合於心、胃、胸，若配以八卦，公孫為乾，內關當為坤，而後天八卦方位八數之宮內關卻為艮；又如臨泣與外關相通，合於目銳眦、耳後、頰、頸、肩，為男女關係，若配以八卦，臨泣當為艮，外關當為兌，而後天八卦方位四數之宮臨泣卻為巽，三數之宮外關卻為震，餘皆同此，都不相類，故後天八卦以不入模型為佳。

天干地支配河圖數，為逐日干支取數法：天干甲己和地支辰戌丑未，配河圖數十，居中央土位；天干乙庚與地支申酉配河圖數九，居西方金位；天干丁壬與地支寅卯配河圖數八，居東方木位；天干戊癸與地支巳午配河圖數七，居南方火位；天干丙辛與地支亥子也配河圖數七。天干取五運化氣之意（見第四章），故與一般情況下天干的五行屬性取意不同。惟天干丙辛五運化氣本為水，配河圖數應為六，今用七而不用六者實為取穴運數之需要，從河圖數理上是很難圓通的。地支的五行屬性與一般情況同，惟亥子受丙辛之累，同樣用七而不用六。

天干地支依老陽數之理定數，為臨時辰干支取數法：天干順序甲乙丙丁戊己庚辛壬癸，壬為第九位，從甲至壬為九，乙為八，丙為七，丁為六，戊為五；己數同甲，庚數同乙，辛數同丙，壬數同丁，癸數同戊。地支順序為子丑寅卯辰巳午未申酉戌亥，申為第九位，從子至申為九，丑為八，寅為七，卯為六，辰為五，巳為四；午數同子，未數同丑，申數同寅，酉數同卯，戌數同辰，亥數同巳。

依數定穴之法：以陽日用九，陰日用六，除以當日當時的日時干支之和，所得餘數在九宮八穴圖中之穴位，即為當日當時之開穴。

以丙寅日癸酉時為例，丙七寅七，日干支之和為十四；癸五酉六，時干支之和為十一，日時干支之總和為二十五。丙寅為陽日，當用九除二十五，餘數為七，九宮八穴圖中，七為後谿穴。再以辛寅日乙亥時為例，辛七寅七，日干支之和為十四；乙八亥四，時干支之和為十二，日時干支之總和為二十六。辛寅為陰日，當用六除二十六，餘數為二，九宮八穴圖中，二為照海穴，以上所得後谿穴和照海穴，分別為當日當時應取之穴。如果運算的結果餘數為零，則依陽日用九陰日用六之理，陽日取九宮八穴圖中的九數列缺，陰日取六數公孫；如果運算的結果餘數為五，則其日其時無開穴可取，如癸未日乙亥時等即屬此例。

靈龜八法之取穴，實際上是從大量的臨床經驗中總結出來的。洛書九宮、河圖五行數、老陽之數、用九用六等等，只是總結者借用的易學框架。當這些框架的某些局部不適合實際經驗時，總結者可以對這些框架作必要的調整和更改，以力求與經驗內容相吻合。由此可見，易學為靈龜八法提供的結構框架只是一種經驗形式，是整合交經八穴用針實際經驗的手段和方法，因此，對於總結者所作出的某些更改，大可不必從經驗內容上試圖作出解說。

飛騰八法也是以奇經的交經八穴為生理基礎的一種針刺方法。它所採用的經驗形式是西漢孟喜卦氣說中的納甲法的結構框架。東漢魏伯陽所著《周易參同契》又以月相配納甲，其云：「三日出為爽，震受庚西方；八日兌受丁，上弦平如繩；十五乾體就，盛滿甲東方。蟾蜍與兔魄，日月無雙明；蟾蜍視卦節，兔魄吐精光。七八道已訖，屈折低下降。十六轉受統，巽辛見平明；艮直於丙南，下弦二十三；坤乙三十日，東方喪其明。節盡相禪與，繼體復生龍。壬癸配甲乙，乾坤括始終。七八數十五，九六亦相應，四者合三十，《易》象索滅藏。八卦布列曜，運移不失中。」納甲法以八卦之象，象徵月相在一個月之內死生盈虧的變化，說明一月內陰陽的消長升降。震象初三日月相始萌，兌象初八日月相上弦，乾象十五日滿月；巽象十六日月始缺，艮象二十三日月相下弦，坤象三十日月歸於晦。坎離象日月，故不取其象配入具體日期之內。八卦與天干相配：乾甲壬，坤乙癸，艮丙，兌丁，坎戊，離己，震庚，巽辛。所謂「壬癸配甲乙，乾坤括始終」，指乾坤既配天干首起之甲乙二干，又配天干結尾的壬癸二干。「節盡相禪與，繼體復生龍」，謂月相晦朔弦望終則有始的循環，龍為震卦之象，「復生龍」謂初三之月相復成震象。

飛騰八法不用進行日干支和時辰干支以及用九用六之類的運算，只用交經八穴配八卦納甲便能一目了然。公孫配乾納甲壬，內關配艮納丙，臨泣配坎納戊，列缺配離納己，照海配兌納丁。天干在這裡只表時辰，年月日皆可不論。凡時辰為甲為壬，則取公孫為開穴；時辰為丙，則取內關為開穴，餘皆類此。

三結　語

子午流注針法、靈龜八法、飛騰八法的共性是強調按時取穴。這些針法的形成，是傳統醫學長期探討人體氣血運行與天地日月運行的同步節律性的結晶，是世界上最早的時間醫學、生物鐘醫學。

關於針刺的手法，金代竇漢卿《針經指南》一書大致歸納為動、搓、進、退、搖、彈、捻、循、捫、攝、按、爪、切等十四法，至今仍為臨床所常用。操作雖復雜，但行針之數亦不過用九用六，或三九二十七數，或七七四十九數（少陽），或九九八十一數（老陽），陽數一般是補法的行針數；或三六一十八數，或六六三十六數（老陰），或八八六十四數（少陰），陰數一般是瀉法的行針數。元代徐鳳總結的三才分部法、調氣法、燒山火、透天涼，以及龍虎龜鳳飛經走氣四法等補瀉手法，大都運用了用九用六之數行針（見《針灸大成》）。《易》乾用九、坤用六，陽爻稱九、陰爻稱六，針刺之法以九六運數選穴，在針刺治療中量化的必要性與準確性，目前尚難通過實驗科學加以證明，因而仍屬經驗科學的範圍。

四、《易》與氣功

氣功起源甚早，老子《道德經》說的「摶氣致柔」，便是指由集氣的途徑，可以使身體回復到肉滑如飴的孩提狀態。《莊子》講「心齋」、「集虛」、「坐忘」，具體涉及到練習氣功的功法。「真人之息以踵，眾人之息以喉」（《大宗師》），「吹噓呼吸，吐故納新，熊經鳥申」（《刻意》）等，皆此之類。《管子》中之《心術》、《內業》等篇，進一步闡述了練氣養身的理論依據，即以氣化論為基礎的古代人體生理學。在先秦諸子中，練氣養身主要在道家中流布與發展，同時也對其他學派發生著影響。《孟子・公孫丑上》說：「志壹則動氣，氣壹則動志」，主張以仁義之心志養氣，方可養得「浩然之氣」，與老莊養氣的先決條件「絕聖棄智」、「忘仁忘義」說法正相反對。《荀子・修身》認為：「治氣養生」與「修身養心」皆以合於禮樂為惟一途徑，即所謂「治氣養心之術，莫徑由禮」，與孟子養氣之意同，只在仁義與禮樂上偏重有異。以上諸家都力圖將練氣養身之術納入自己學說的系統之中，足見氣功在當時的繁盛景況。

有學者認為《易經》艮卦記敘的是古代氣功養生術中的內視功法。如果此說不謬，那麼，氣功養生在《易》卦爻辭剛成篇時便與《易》結下緣分了。可惜，由於解釋與發揮《易經》的《易傳》取艮卦之象為山，其意接著又被引申為山靜止不動之「止」，這樣在以後相當長一段時間內，儘管氣功養生術不斷得到豐富和發展，但艮卦的內視之意卻反而湮沒無聞了。直到東漢中期，會稽隱士魏伯陽著《周易參同契》，才提出「大《易》」、「黃老」和內外丹術，「三道由一，俱出徑路」，氣功養生與《易》因此得續前緣。東漢魏晉至隋，《周易參同契》還只在少數人中流傳，重心偏向外丹術。唐宋以降，內丹術昌盛起來，《周易參同契》由此身價百倍，以《易》講論功法的圖書與箋注亦因此而蜂起，蔚為風氣，甚至釋家的有些功法也無法避開太極陰陽之類的道理。

氣功以氣化論為理論基礎。根據這個理論，人與天地皆由一氣而生，所以人身也是一個小天地。人可以透過調整呼吸，收斂心神的途徑，使自身氣場的陰陽升降與天地四時陰陽之升降同途；還可以採用仿生的方法，諸如龜息、熊經鳥申；還有利用人身與環境氣息的交換契機，採氣採光，吐故納新，排除病氣，充實體內元氣。氣功在自身的發展過程中創造出成百上千種具體功法和導引術，在增進人體健康，延年益壽，以及與疾病的抗爭中立下汗馬功勞。

㈠天、地、人三才合一的河圖模型

人體生命寓於宇宙之中，與日地時空之陰陽升降息息相通。《周易參同契》說：

「上察河圖文，下序地形流，中稽於人心，參合考三才。」這裡所說的河圖紋（文）當是一個由恆星串連而成的天象圖，與下地、中人相應稱，故有「參合考三才」之說。在天有青龍白虎朱雀玄武分居東西南北，三微居中；在地有木金火水分居東西南北，土居中；在人有肝肺心腎分居東西南北，脾居中；配干支，則卯酉午子分居東西南北，戊己居中。將上述這些相互對應的單相系列，分置於五行生成數方位圖中，便構成為一個三才合一的復合模型。

依據三才合一之理，這個復合模型的每一個單相系列，都是整體的濃縮，因此如果欲以圖形表示這個模型，那麼，五行生成數方位圖無疑可以為之提供簡單的結構。這個圖形中五行五方之數是用黑白點表示的，連綴起來可以模擬天上恆星五方分布之象；地上之五行，則可反映陰陽流行的次序。《中藏經・陰陽大要調中論》說：「陰陽者，天地之樞機；五行者，陰陽之終始。非陰陽則不能為天地，非五行則不能為陰陽。」陰陽以天地為體，天地以陰陽升降流行為用。陰陽與五行的關係亦同此理，即五行以陰陽為體，陰陽以五行為終始流行之用。

張介賓後來進一步加以發揮，他認為「五行即陰陽之質，陰陽即五行之氣，氣非質不立，質非氣不行。行也者，所以行此陰陽之氣也」（《類經圖翼・五行統論》）。他還以河圖所列五行五位與生成之數，說明五行都是由陰陽二氣所組成，由於生成之數不同，形成了五行之質的差異。河圖五位秩序井然，表示陰陽流行的有序

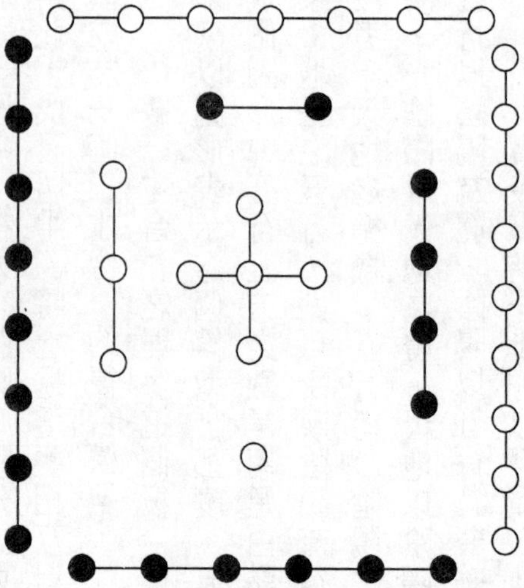

圖 6-4　《素問》和《契》的五行數圖

性；五位生數與成數有多寡，表示陰陽流行的氣數有盛衰。

《周易參同契》所採用的五行生成數與《素問》運氣說一樣，只有從一至九這九個數，即所謂「子南午北，互為綱紀，一九之數，終而復始」（見圖6—4）。《素問》與《參同契》雖然都利用了這個圖，但取義卻有不同。《素問．金匱真言論》以此圖外圈八七九六和中央五配肝心肺腎脾，與五方五色五季五星五味五畜五穀五音等多維單相系統組成一個復合模型，說明人與整個自然環境的同一性。《素問．六元正紀大論》則以此圖模擬五運之氣的太過與不及，其基本原則為「太過者其數成，不及者其數生，土常以生也」，即若五運之氣太過者用相應的成數表示，不及者用相應的生數表示。如甲子、甲午歲，「熱化二，雨化五，燥化四」，子午之歲少陰君火司天，少陰之氣為熱，二為火之生數，所云「熱化二」者，謂其氣之不及也。甲年為土運太過，雨為土濕之氣所成，五為土之生數，所云「雨化五」者，謂其氣之太過也；太過而不用成數十者，以「土常以生也」。子午年陽明燥金在泉，四為金之生數，所云「燥化四」者，謂其氣之不及也。又如：乙丑、乙未歲，「濕化五，清化四，寒化六」；丙寅、丙申歲，「火化二，寒化六，風化三」，丁卯、丁酉歲，「燥化九，風化三，熱化七」；戊辰、戊戌歲，「寒化六，熱化七，濕化五」；己巳、己亥歲，「風化三，濕化五，火化二」；庚午、庚子歲，「熱化七，清化九，燥化九」。辛未、辛丑歲，「雨化五，寒化一」；壬申、壬寅歲，「火化二，風化八」，以及癸酉、癸卯之歲，「燥化九，熱化二」，則是中運與在泉同氣。再起甲戌甲辰，甲申甲寅，不及太過皆有常數。《參同契》對此圖之用，取義與《素問》不同。分而言之，外圈八七九六這四個數象徵天道陰陽，九為老陽，七為少陽，八為少陰，六為老陰，故曰「九還七返，八歸六居」。陽性善動，故「九還七返」，少陰為陽中之陰，仍有動象，故謂「八歸」，陰性好靜，故云「六居」。母體內成胎前陰陽升降之狀況，正是天道陰陽「還」、「返」、「歸」、「居」在母體內的再現。內圈三二四一五，為人體之陰陽。中央五為戊己真土，東三卯木，南二午火，西四酉金，北一子水，象徵人體正常的生理狀態。木三為肝，火二為心，金四為肺，水一為腎，土五為脾。與《素問・金匱真言論》比較，除中五皆配脾之外，《素問・金匱真言論》其他四臟皆配成數，而《契》則配生數。內丹之術追求的是返本歸樸，故取義與《素問》有生成之別。

所謂「一九之數，終而復始」，說的是河圖內外圈即天人之間的陰陽轉換。一為人道之始，九為天道之終。一當右轉而接於四，二乃東旋而至於三，五居中位為意主，這是人體氣血運轉的正常秩序。陳摶《指玄》三十五章說：「人人氣血本通流，榮衛陰陽百刻周，豈在閉門學行氣，正如頭上又安頭。」說的正是人的自然特性本來如此，若氣血運行正常，何必煉什麼內丹。可惜由於種種原因，人們往往失去了自身的生活節制，造成人體陰陽的嚴重失調，破壞了人體坎離互含的正常格局與天人之間的授受節律。

因此，氣功的實質並不在於成神成仙之類的追求，而是在於恢復人們已經喪失了的天人相應的自然特性。模型中的九一之間，實乃天人相續之際，天有所降，人有所受，人天合節，隨時以禦神，如此則人體陰陽調平，病邪也就無所侵犯了。

(二)「坎離相合」、「三五與一」的練功模型

五代道士崔希範說：「神仙之學，不過修練性命，返本還原而已。」（《入藥鏡序》）如何由修練性命，達到返本還原的目的呢？依據道教的修練次序，大致可分為以下幾個階段：

第一階段為築基。這一階段的目的是祛除病魔，補足虧損，養性斂神，使人體陰陽之動與天道陰陽之升降合節。這一階段，一般稱之為練己，或養己。在模型中，戊己為中五土，主意。戊為坎中真土，己為離中真土，為性根之所寄，故所謂養己即在於修性養神，在於無念無私無慾。世人練功，多不知守神之重要，故《參同契》戒之曰：「一者以掩蔽，世人莫知之。」一者，守神專一之謂。清人朱元育說：「知中則知竅，知一則知竅之妙，便知本來祖性，便知守中抱一是養性第一步工夫。」（《參同契闡幽》）

第二階段為練精化氣。在人體經絡系統中，奇經督脈（起於尾閭，沿夾脊而上，經命門、玉枕、百會，過祖竅，至人中）總督全身陽脈；任脈（起人中，過重樓、關元，至會陰）總督全身陰脈。任督二脈居經絡系統的中心地位，在由整個經絡系統構成的對人體的調控機制中起樞紐的作用。因此，任督二脈暢通與否，便成為氣功首先關注的問題。內功家言「夾脊雙關至頂門，修行路徑此為尊」，從陽主陰輔的觀念出發，認為先打通督脈較之先打通任脈更為重要。事實上，練功之始究竟先通任脈還是先通督脈，一定要從實際出發。如築基功夫未到家且又患有高血壓者，切忌運轉河車，即不可將氣血經督脈源源不斷運至百會，壓迫大腦，而應補足築基功夫，且以先通任脈為宜。練精化氣階段所行功法謂之小周天功法，取日月往來循環轂轉之象，吸氣時內氣起尾閭走督脈，俗稱走河車（即腎水），升至百會；呼氣時內氣走任脈至下丹田。一呼一吸彷彿一次周天運轉。腎水經督脈而上交心火，沿途氣感若有若無，乍沉乍浮，在模型中為練一進四；氣沿任脈下入丹田，為練二歸三；如此往返升降，全賴中五戊己土（即意）引導，故《參同契》說：「三物一家，都歸戊己」，「三五與一，天地至精」。練一進四為一五，練二歸三為一五，戊己居中為一五，三五合而為一，則為小周天功夫有成（見圖6－5）。依模型方位而言，子右轉至午，午東旋至子，為一次小周天運轉，而內氣之動，則存於一呼一吸之間。右轉時吸，東旋時呼，東為青龍，西為白虎，故又謂之「龍呼於虎，虎吸龍精」（見圖6－6）。小周天功法的關鍵在於以意領氣，因此築基階段練己的好壞，決定了右轉東旋的成敗。

第三階段為練氣化神。這一階段所行功法謂之大周天功法。這一功法不走任督二脈，而是內視元氣氤氳於泥丸、腹臍、會陰之間。模型中，為北一、南二、戊己五一條直線。《參同契》說：「子午數合三，戊己數稱五，三五既和諧，八石正綱紀。」北一為子，南二為午，子午合而為三，與戊己中五和諧上下沉浮，為水火既濟，大丹有成之象（見圖6－7）。《參同契》有所謂「兩孔穴法」，其意為「上德無為，不以察求；下德為之，其用不休。上閉則稱有，下閉則稱無；無者以奉上，上有神德居。此兩孔穴法，金氣亦相須。」上德下德云云者，言坎離相交之情態。上德為離為心火，元神所居，靜待坎水來交，故「無為」；下德為坎為腎水，元氣所存（此氣為肺所生，故有「金氣亦相須」之說），上升以交離，故有所為而「其用不休」。下閉

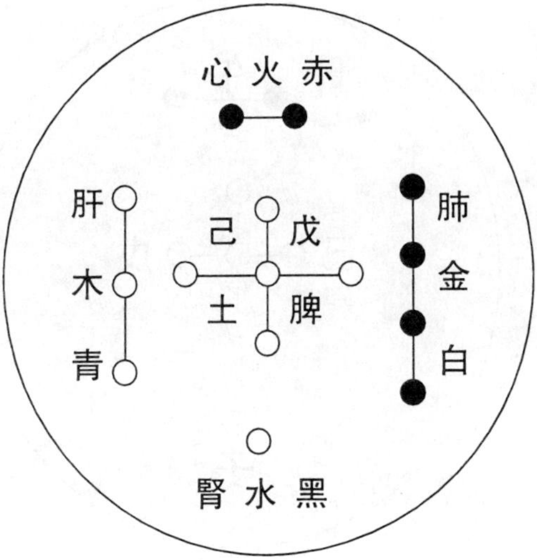

圖 6-5　三五與一圖

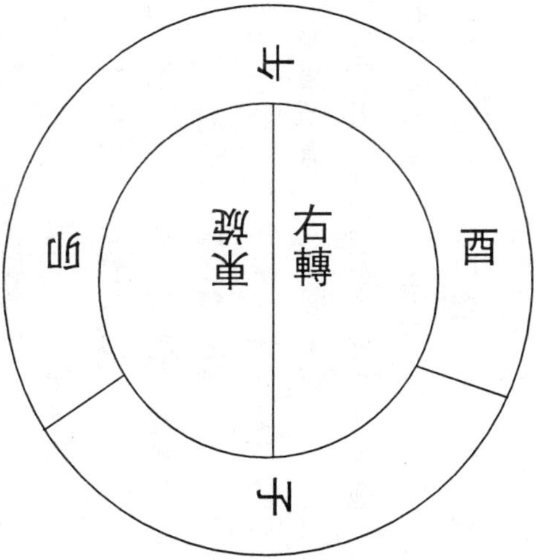

圖 6-6　右轉東旋圖

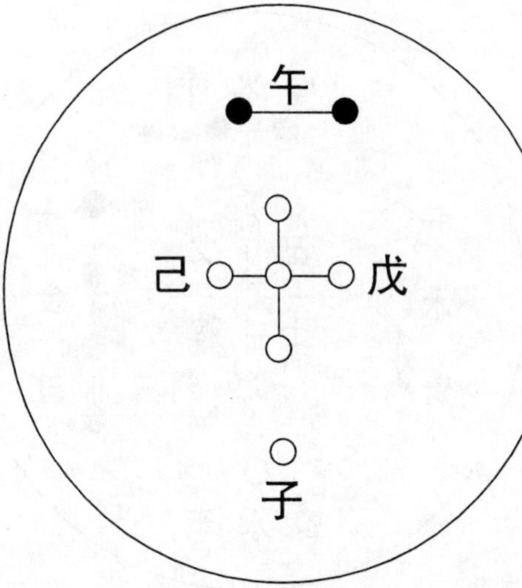

圖 6-7　三五和諧圖

則元氣已上升，故稱「無」；上閉則坎離合會，故稱「有」。這就是兩孔穴法，亦即練氣化神的大周天功法。

第四階段為練神還虛。這一階段，從功法的外表看，似乎又回復到築基階段，要求練功者之外三寶（耳、目、口）「閉塞勿發揚」，即坎不用聽，離不外視，兌不以言，內視營衛二氣之周流。外三寶閉塞，內三寶（精、氣、神）更不能外泄。意中無須領氣，同樣要求無思無念無欲，要杜絕房事，做到寢寐時形神相抱，覺醒時靜待陽存陰亡。宋末元初人俞琰說：「蓋一年處室，夜以繼日，功夫不輟，自然效驗顯發。其和氣周匝於一身，溶溶然如山雲之騰太虛，霏霏然似膏雨之遍原野，淫淫然若春水之滿四澤，液液然象河冰之將欲釋，往來上下，百脈沖融，被於谷中，暢於四肢，拍拍滿懷都是春，而其狀如微醉也。這是氣功修練的最高境界。至於到此境界，是否進而便能成神成仙，科學與謬誤，動機與效果，似乎直到這裡才發生了疑義。

氣功運用《周易》建構了許多模型，本節不過僅僅以《參同契》為主，約略提及一二而已。晉代葛洪《神仙傳・魏伯陽傳》說：「伯陽作《參同契》、《五相類》凡二卷，其說如似解釋《周易》，其實假借爻象以論做丹之意。」唐宋以後，以《周易》的象數結構講論內丹之術的風氣更盛，本節不足以盡敘。

【註釋】：

❶ 吳瑭認為發汗是仲景治傷寒之法，而治溫熱之病則「斷不可發汗」，其說見《溫病條辨》卷四。

❷ 李時珍《本草綱目・丹砂・發明》：「丹砂……其氣不熱而寒，……其味不苦而甘，……是以同遠志、龍骨之類，則養心氣；同當歸、黨參之類，則養心血；同枸杞、地黃之類，則養腎；同厚朴、川椒之類，則養脾；同南星、川烏之類，則祛風。可以明目，可以安胎，可以解毒，可以發汗，隨佐使而見功，無所往而不可。」

❸ 《素問・至真要大論》：「主病之謂君，佐君之謂臣，應臣之謂使，非上下三品之謂也。」

❹ 《素問・至真要大論》：「有毒無毒，所治為主，適大小為制也。」此處所謂方之大小，則以藥物味數的多少而定。

國家圖書館出版品預行編目資料

易學與中國傳統醫學／蕭漢明 著
——初版，——臺北市，大展，2005〔民 94〕
面；21 公分，——（易學智慧；17）
ISBN 957-468-402-4（平裝）
1. 易經—研究與考訂 2. 中國醫藥
121.17 94013097

【版權所有・翻印必究】

易學與中國傳統醫學

ISBN 957-468-402-4

主　　編／朱伯崑
著　　者／蕭漢明
責任編輯／諳　民・施　化
發 行 人／蔡森明
出 版 者／大展出版社有限公司
社　　址／台北市北投區（石牌）致遠一路 2 段 12 巷 1 號
電　　話／（02）28236031・28236033・28233123
傳　　真／（02）28272069
郵政劃撥／01669551
網　　址／www.dah-jaan.com.tw
E－mail／service@dah-jaan.com.tw
登 記 證／局版臺業字第 2171 號
承 印 者／高星印刷品行
裝　　訂／建鑫印刷裝訂有限公司
排 版 者／弘益電腦排版有限公司
授 權 者／中國書店
初版 1 刷／2005 年（民 94 年）9 月

定　價／280 元

●本書若有破損、缺頁敬請寄回本社更換●

一億人閱讀的暢銷書！

4 ～ 26 集　定價300元　特價230元

.大金塊　5.青銅魔人　6.地底魔術王　7.透明怪人　8.怪人四十面相　9.宇宙怪人

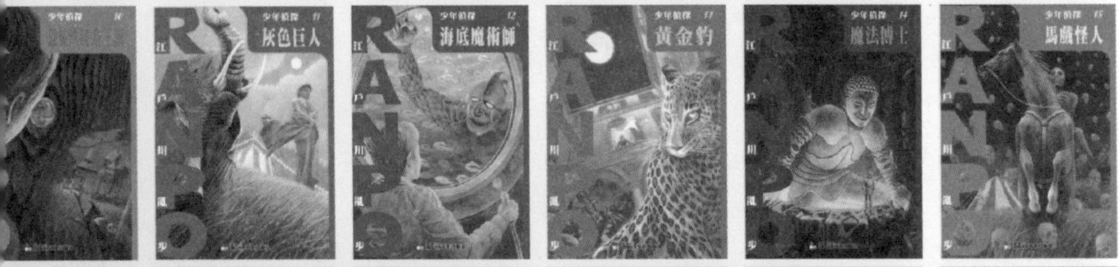

恐怖的鐵塔王國　11.灰色巨人　12.海底魔術師　13.黃金豹　14.魔法博士　15.馬戲怪人

.魔人銅鑼　17.魔法人偶　18.奇面城的秘密　19.夜光人　20.塔上的魔術師　21.鐵人Q

.假面恐怖王　23.電人M　24.二十面相的詛咒　25.飛天二十面相　26.黃金怪獸

品冠文化出版社

地址：臺北市北投區
致遠一路二段十二巷一號
電話：〈02〉28233123
郵政劃撥：19346241

推理文學經典巨著，中文版正式授權

名偵探明智小五郎與怪盜的挑戰與鬥智

名偵探柯南、金田一都讚嘆不已

日本推理小說鼻祖—江戶川亂步

1894年10月21日出生於日本三重縣名張〈現在的名張市〉。本名平井太郎。
就讀於早稻田大學時就曾經閱讀許多英、美的推理小說。
畢業之後曾經任職於貿易公司，也曾經擔任舊書商、新聞記者等各種工作。
1923年4月，在『新青年』中發表「二錢銅幣」。
筆名江戶川亂步是根據推理小說的始祖艾德嘉·亞藍波而取的。
後來致力於創作許多推理小說。
1936年配合「少年俱樂部」的要求所寫的『怪盜二十面相』極受人歡迎，
陸續發表『少年偵探團』、『妖怪博士』共26集……等
適合少年、少女閱讀的作品。

1～3集　定價300元　試閱特價189元